华东师范大学智库培育项目

上海师范大学休闲与旅游研究中心建设项目

休闲研究专著系列

中国城市休闲化发展研究报告(2019)

THE ANNUAL REPORT ON CHINA'S URBAN RECREATIONALIZATION DEVELOPMENT (2019)

楼嘉军　李丽梅　马红涛　陈彦婷等　著

上海交通大学出版社
SHANGHAI JIAO TONG UNIVERSITY PRESS

内容提要

本报告是华东师范大学"中国城市休闲化指数"课题组连续第9年完成的有关我国城市休闲化发展水平分析的研究报告。

本报告从经济与产业发展、休闲服务与接待、休闲生活与消费、休闲空间与环境和交通设施与安全等五个维度对我国4个直辖市、22个省会城市、5个自治区首府,以及5个计划单列市共36座城市休闲化指数的分布态势、演变特点和发展趋势进行了综合描述和深入分析。

主要由以下三部分组成。第一部分总报告,包括绪论、指标体系与评价方法、城市休闲化评价报告等内容;第二部分城市休闲化指数分析,包括分类指数评价与分析、36个城市的休闲化指数分析等内容;第三部分专题研究。

本报告对于我国城市坚持高质量发展、高品质生活的发展理念,积极推进休闲环境建设、人文精神打造,以及推动文旅融合不断深化发展,提供了一定的理论指导与实践借鉴。

本报告可以用作高等院校旅游、休闲、会展、文化以及社会学等专业师生的参考教材,也适合作为旅游管理、文化产业管理和城市公共服务管理部门的参考用书。

图书在版编目(CIP)数据

中国城市休闲化发展研究报告. 2019／ 楼嘉军等著
. —上海：上海交通大学出版社,2020
ISBN 978－7－313－23606－7

Ⅰ.①中… Ⅱ.①楼… Ⅲ.①城市—闲暇社会学—研究报告—中国—2019 Ⅳ.①D669.3

中国版本图书馆 CIP 数据核字(2020)第 144964 号

中国城市休闲化发展研究报告(2019)
ZHONGGUO CHENGSHI XIUXIANHUA FAZHAN YANJIU BAOGAO (2019)

著　　者：楼嘉军　李丽梅　马红涛　陈彦婷等
出版发行：上海交通大学出版社　　　　　　　　地　　址：上海市番禺路 951 号
邮政编码：200030　　　　　　　　　　　　　电　　话：021－64071208
印　　制：上海天地海设计印刷有限公司　　　　经　　销：全国新华书店
开　　本：710 mm×1000 mm　1/16　　　　　印　　张：14.25
字　　数：172 千字
版　　次：2020 年 9 月第 1 版　　　　　　　　印　　次：2020 年 9 月第 1 次印刷
书　　号：ISBN 978－7－313－23606－7
定　　价：68.00 元

丛书编委会

序　言

　　一般认为,有关休闲的理论自古希腊时起就已初步成型,至今已逾数千年。然而,作为一门相对独立的学科,休闲学科的发展历史并不很长,至今也就百余年的时间。由于休闲现象的复杂性,致使百余年来研究休闲的理论和方法总是处于不断的探索与完善之中,但从其演变的基本轨迹可以看出,休闲学科的发展勾勒了如下的发展和演变轨迹:由依附到独立,由单一学科到多学科,乃至由多学科到跨学科的发展过程。

　　休闲学科作为一个以跨学科为基础和特色的学科体系,一方面,在它发展的过程中,不间断地对相关的学科进行整合,并聚集于休闲学科的周围;另一方面,在休闲学科的发展过程中,在休闲学科与其他相关学科之间形成了围绕休闲学的多个分支学科,诸如休闲社会学、休闲心理学和休闲经济学等。此外,还需指出的是,由于休闲活动的常态性和广泛性,导致以休闲为研究对象的休闲学科除了以其他学科为依托之外,还与社会经济领域的相关产业,如与交通、商业、餐饮、会展等行业也都发生紧密联

1

系,进而成为推动休闲学科发展的外部产业支撑因素。

根据国际经验,一个国家或地区在人均GDP(国内生产总值)达到3 000～5 000美元发展阶段以后,就将步入这样一个时期,即在居民生活方式、城市功能和产业结构等方面相继形成休闲化特点的一个发展时期,或谓之休闲时代。正是基于这样的大背景,近年来我国社会经济持续健康发展和人们生活水平不断提高,极大地促进了居民休闲活动的蓬勃发展、休闲服务产业的兴旺发达与休闲理论研究的不断深入。与此相适应,国内一些研究机构、高校和出版社适时推出了多种形式的休闲研究丛书。这些丛书的出版已经产生广泛的学术影响,并将在推动我国休闲研究理论深化和休闲实践发展方面继续发挥比较重要的作用。"他山之石,可以攻玉。"于是,在上海交通大学出版社的协助下,结合我们自身特点,拟定了"休闲研究系列"的出版计划。

整个"休闲研究系列"包括休闲学教材系列、休闲研究著作系列与休闲研究报告(年度)等三部分内容。根据计划,研究系列的相关内容自2012年起陆续编辑出版。

我国正在迈向休闲时代,我国的休闲学科体系也处于不断完善之中。希望"休闲研究系列"的出版能够为我国休闲时代建设与休闲学科体系的完善尽微薄之力。

楼嘉军

前　言

2020 年，是中国实现建设全面小康社会发展战略目标的收官之年。而今我国经济发展总量已经达到百万亿级人民币的发展阶段，人均 GDP 也突破了 1 万美元的重要关口，借鉴国际经验，意味着我国的城市休闲化由此将跨入一个新的发展时期。进入后小康时代，表明中国总体上将步入环境高质量改善和生活高品质发展的新阶段，从而为城市休闲全域化发展提供新的历史契机。2020 年初，一场突如其来的新冠疫情席卷全球，并且还在持续，不仅对文化和旅游业产生前所未有的冲击，也对居民的生活理念、生活方式以及价值诉求产生一系列深远影响。即将到来的 2021 年，我们将迎来中国共产党建党 100 周年的重要时刻。毋庸置疑，今后一段时间，红色议题又将上升为文化和旅游融合发展的主旋律。

城市休闲化发展的落脚点在城市本身，而城市建设发展理念的变化则为城市休闲化研究的进一步深化发展提供了一个观察的视角。这里仅以我国特大城市上海为例，梳理一下近年来城市发展理念从"温度型"到

"两高型",再到"两城型"的变化轨迹。

坚持城市是有温度的理念。2017年,时任中共中央政治局委员、上海市委书记的韩正,在中共上海市第十一次代表大会报告中,在描述上海未来着力打造人文之城的发展愿景时明确指出,"中外文化交相辉映,现代和传统文明兼收并蓄,建筑是可阅读的,街区是适合漫步的,公园是最宜休憩的,市民是尊法诚信文明的,城市始终是有温度的。"

坚持高质量发展高品质生活理念。2018年1月15日,在《上海市城市总体规划(2017—2035年)》实施动员大会上,中共中央政治局委员、上海市委书记李强说"把高质量发展和高品质生活作为城市建设发展的根本落脚点。"同时指出,致力打造高品质生活,让所有工作生活在上海的人们都能感受到这座城市带来的获得感、安全感、幸福感。最后强调,着眼于高等级公共服务供给,建设一流文体设施,使上海成为具有国际吸引力的宜居之都。着眼未来城市对生态环境的更高要求、更严标准,打造更多优美的生态空间,让老百姓有更多机会亲近自然。

坚持人民城市人民建,人民城市为人民理念。2020年6月23日,在中国共产党上海市第十一届委员会第九次全体会议公报中,指出贯彻学习习近平总书记考察上海时提出的"人民城市人民建,人民城市为人民"重要理念,对标国际最高标准、最好水平,探索和开拓人民城市建设新境界,以共建为根本动力,以共治为重要方式,以共享为最终目的,努力打造人人都有人生出彩机会的城市、人人都能有序参与治理的城市、人人都能享有品质生活的城市、人人都能切实感受温度的城市、人人都能拥有归属认同的城市,不断提升中国特色社会主义城市的世界影响力。

站在后小康时代的大门前,回顾上海城市建设发展的理念,无不说明城市功能正在加速朝着满足居民美好生活需求的方向加速演进。在一定程度上讲,城市休闲化就是反映居民美好生活需要实现程度的一个标志。

因此,从理论与实践两个层面,加强城市休闲化指数与居民美好生活需要之间的内在联系与逻辑关系的研究,成为城市休闲化理论深化与实证优化发展的一个现实课题。

2019年的城市休闲化报告由以下三部分组成。第一部分是,总报告,包括绪论、研究对象与评价方法,以及城市休闲化报告等内容。第二部分是,城市休闲化指数分析,包括分类指数评价与分析、36个城市休闲化指数评价与分析等内容。第三部分是,专题研究。本报告得出以下几个结论。

第一,从整体发展水平看,中国36座城市的休闲化水平呈持续稳步增长态势,其中北京、上海、广州稳居前三,这是自2013年以来连续第7年位居排行榜前三位。

第二,从单个城市之间的比较看,中国城市休闲化发展水平差距依然非常显著。例如,排名第1的北京与位列末尾的拉萨,从城市休闲化指数测度值看,两者之间的发展差距依然有4.7倍。但是也应看到,与9年前的7.64倍相比,差距已经显著缩小。有力说明近年来各城市休闲化发展的综合能力有扎扎实实的提高。不过也要清醒认识到,要完全实现我国不同地区城市之间休闲化指数发展的和谐性与均衡性目标,依然任重道远。

第三,从区域格局看,东部地区的城市休闲化水平依然处于领先状态,中西部地区相对滞后,总体上呈现出由东向西递减的分布格局,与我国当前社会经济发展水平的分布格局大致吻合。这一发展态势从一定程度上揭示一个规律,社会经济发展水平是决定城市休闲化发展程度的重要基础条件,经济水平越高,城市休闲化程度也越高;反之,亦然。一方面,东中西部发展差异明显,位居前十位的城市是北京、上海、广州、重庆、深圳、成都、杭州、武汉、南京、西安。其中,东部城市6个,中部1个,西部

3个;另一方面,值得注意的是,在一带一路战略与西部开发政策的引导下,近年来西部地区城市休闲化的发展速度与发展质量出现了明显的加速态势,城市休闲化发展的整体均值水平高于中部,区域内部发展的协调度优于中部,"东部领先、西部崛起、中部洼地"成为中国城市休闲化发展过程中的一个新格局。

第四,从城市规模看,排在前三位的均是我国东部地区的超大或特大型城市,排在后三位的均位于我国西部地区的城市,属于小城市、Ⅰ型大城市和Ⅱ型大城市。也就是说,在目前城市规模与城市休闲化发展水平相关,也是影响城市休闲化指数高低的重要因素。

第五,在36个被列入观察的城市中,作为计划单列市的深圳、宁波、厦门、青岛和大连5个城市,虽然不属于省会城市,但是由于自身经济条件好,所以在城市休闲化指数排名方面,要高于大多数省会城市。特别是深圳,城市休闲化指数的综合排名一直处于第一梯队。

本报告撰写分工如下。第一部分,由李丽梅、楼嘉军负责完成。第二部分,由李丽梅、楼嘉军、陈彦婷和马红涛等负责完成。第三部分,由华钢、李丽梅、刘震、毛润泽和李佳仪等负责完成。此外,参加本报告沙龙讨论与材料收集还有孙晓东、朱立新、施蓓琦、马茜茜、贾增慧、赵才、张瑞鑫等。

本报告是由华东师范大学与上海师范大学相关教师与研究生组成的课题组共同完成的,也是《中国城市休闲化指数》课题组自2011年以来发布的第9份报告。2019年度报告得以顺利完成,与课题组全体成员近一年来的辛勤工作,以及以上各位老师和研究生同学的尽力配合密不可分。作为课题负责人,在此我谨向他们表示诚挚的敬意与真诚的感谢。2019年《中国城市休闲化指数》报告是在华东师范大学2019年度智库成果项目与上海师范大学 2019 年度休闲与旅游研究中心建设项目共同支持与培育下完成的,在此深表谢意。需要说明的是,2019 年《中国城市休闲化指数》研究成果是在 2019 年 10 月 19 日于杭州举行的"2019 世界休闲发展高峰论坛"上予以发布,期间得到了世界休闲组织的支持与杭州《休闲》杂志社的协助,在此谨表敬意。同时,还要感谢上海交通大学出版社的倪华老师和张勇老师对本报告的出版与审校工作付出的心血。由于本报告有关城市休闲化发展水平的评价工作涉及的研究数据采集量比较大,来源又多元化,加上我们认识的局限性,在理论阐述、数据处理、材料分析等方面难免会存在不足,敬请学者与读者批评指正。

楼嘉军

2020 年 8 月

目　录

第一部分　总报告

1

第一部分

总报告

第一章 绪 论

由华东师范大学和上海师范大学相关学者共同组成的课题组,完成了《中国城市休闲化发展研究报告(2019)》的编撰工作。这是"中国城市休闲化指数"课题组成立以来完成的第九份研究报告。在此,我们想针对城市休闲化的变化现象做一下简单的梳理。

2019年,我国整体人均地区生产总值突破1万美元。这10年,经济规模得到极大提升,意味着中国老百姓的生活水平也迈入了新的台阶。所以,我们能够看到为满足人民群众美好生活需要的产品越来越丰富、多样,如文化、旅游、健康、养老、体育、娱乐等等,相应地,中国城市休闲化进程也在稳中趋快地发展,其中变化的特征可以归纳为以下几点。

一、城市更加关注休闲场景构建

场景是指某个地点的美学意义。当你漫步在城市街头,看到咖啡馆里人们在开心地聊天或是静坐闲适地喝着咖啡,看到公园里老年人在唱歌跳舞,看到餐厅里人影交错高谈阔论,这些不同的场景背后富含的意义都很相似,即人们在度过休闲时光。休闲场景的出现,也正是为了能够满足人们的休闲需求。从2006年杭州西湖"还湖于民"举措开始,城市休闲这一功能就不断显现,成为各个城市热衷于打造的场景。以上海为例,2008年,作为世博会配套开发功能,徐汇滨江岸线开始打造亲民功能,迁移工业化设施,还江于民。之后,徐汇滨江水岸建设一步步不断打造出新的场景,如生态休闲区、自然体验区、梦工厂开发区等。除了硬件设施,还举办各类文化艺术活动,让整个滨江岸线充满了活力。不仅是一线大城市,其他城市打造休闲场景的步伐也从未停止过,比如重庆,这两年重庆一跃成为网红城市,这与其打造休闲场景的举措密不可分,洪崖洞和印制二厂的创意改造、长江索道功能的转换,无不引起人们对其背后的休闲文化内涵感兴趣。城市休闲场景的构筑,一方面提升了城市的活力,让生活在其中的人们感受到它带来的愉悦与舒适;另一方面也提升了城市的形象,让更多的人关注到它,从而吸引更多的人才流入到城市。

二、城市更加关注休闲环境建设

早在 2005 年,时任浙江省委书记的习近平同志就提出了"绿水青山就是金山银山"的科学论断。这一科学发展思想始终指引着"美丽中国"建设。如今的城市发展无一不在贯彻落实这一科学理念,随处可见的绿地、公园已经成为城市创造高品质生活的重要载体。我国西部的城市成都,2018 年在习近平总书记的重要指示精神下,开始探索公园城市建设。为此,成都专门成立公园城市研究院以及公园城市建设管理局,积极开展绿色生态建设,带来的结果是,成都的空气质量明显提升,同时也吸引了一大批优秀的人才进入,扩大了城市规模。在上海,绿化生态建设一直是上海坚持发展的理念,多年来,生态环境建设和城市环境建设都取得显著成效。在城市推进"绿化"建设的同时,上海也非常富有创意,从"绿化"逐渐走向"彩化",即在绿色植物的颜色、品质选择上下足功夫,让城市的绿化丰富多彩、形状各异,深得城市居民的欢心。当然,近年来,各个城市无不在加大力度全面落实生态文明建设,从发展水平的测度结果看,这一举措无疑是极大地改善了城市休闲环境面貌,提升了城市休闲环境质量。

三、城市更加关注休闲经济的影响力

欧美发达国家的城市休闲发展历程表明,休闲已经从居民的生活方式逐渐转变为推动城市经济增长的驱动力。如今,以创意为首的休闲产业已为英国创造了巨大的经济效益,同时也吸引着全世界的优秀创意人才涌入伦敦,使伦敦成为世界认可的"创意之都"。以体育、娱乐为主的休闲产业已经成为推动美国经济发展的重要动力。休闲经济的价值不言而喻,这已经引起中国各地区、各城市的重视。改革开放以来,我国休闲产业的产业规模逐渐扩大、产业门类也走向多元化,从早期的旅游业为主到如今的旅游业、体育业、餐饮业、文化业、娱乐业等百花齐放,无不体现出休闲经济的影响力。城市中的各类咖啡馆、艺术馆、餐馆、live house 等早已成为当下年轻人的生活选择。这些休闲经济符号既是年轻人生活新主张的体现,也是城市充满活力与吸引力的表现,所以,我们能够看到,北上广等一线大城市是年轻人所认为的工作机会与休闲机会并存重要的城市。显然,城市治理者也是意识到休闲经济对于城市的价值,因此,不遗余力地打造夜经济、推进社区休闲建设。这些俨然已经成为推动城市高质量发展、创造城市高品质生活的重要驱动力。在围绕城市休闲化研究的这些年里,对比每一年的数据变化,或许看不出很大的差异,但是拉长时间维度,看 10 年前后的变化,可以发现,中国城市休闲化发展水平在整体上已经呈现出逐渐抬升的趋势,发展进程也在逐步提速。城市间的差距已然在缩小。但也应看到,城市内部的休闲化结构仍然呈现出比较复杂的状态,即城市的休闲环境、休闲设施、休闲消费等发展不一。有的城市休闲环境发展较好,但居民休闲消费水平较低,如昆明,有的城市休闲设施发展较好,同样面临居民休闲消费水平低的问题。可见,城市休闲的不充分不均衡状态应该是未来城市建设努力的方向。

与此同时,在家庭收入持续增长、假期制度不断完善、政策红利连续释放,以及与居民休闲生活息息相关的科学技术不断进步的综合推动下,近年来城市居民生活休闲化的发展趋势也愈加明朗。首先,关于人均地区生产总值。2008 年,中国的人均地区生产总值刚刚跨越 3 000 美元大关,按照世界银行的划分标准,预示着中国在整体上开始步入中等以上发展水平的阶段。借鉴国际经验可知,也意味着中国开启了大众休闲时代的序幕,中国城市休闲化的进程全面启动。到了 2019 年,我国人均地区生产总值突破 10 000 美元关口,预示着我国居民休闲生活水平进入一个新的发展阶段。其次,关于休假制度。2008 年,中国对休假制度进行了调整。国定假日由以往的 10 天调整为 11 天,黄金周由 3 个调整为 2 个,并开始在全国范围内逐步推广实施带薪休假制度。基本形成了"1+2+5+45"的休假制度格局,即 1 个带薪假期、2 个黄金周、5 个 3 天小长假、45 个周末双休日。总体上讲,居民休闲时间进一步延长,每年的休闲时间在120 天左右。如今,一方面,各行各业的带薪假期制度正在全面推进,落地步伐逐渐加快;另一方面,每周工作 4.5 天,休息 2.5 天的工作制度也在多个省份试行。再次,关于休闲政策。2008 年后,中国的休闲政策出台频繁,2009 年出台《国务院关于加快发展旅游业的意见》,2013 年颁布《国民旅游休闲纲要》,2015 年发布《关于加快推进生态文明建设的意见》,2016年印发《关于进一步扩大旅游文化体育健康养老教育培训等领域消费的意见》,2018 年文化和旅游部成立。旅游、文化、体育、环境等与休闲发展相关的政策密集出台,以及管理体制的变革,充分表明休闲在国民经济和社会发展中的地位和作用日益突出。最后,关于休闲技术。2008 年后,城市移动网络配套设施建设进程加快,智能手机升级换代速率不断提高,使用普及率不断扩大,手机通信功能的重要性逐渐被娱乐功能替代,使得休闲娱乐真正进入数字时代。居民可以在任何时间、任何地点,动动手指就能欣赏电影大片、享受美食、互动游戏,各种在线云游活动铺天盖地滚滚而来。技术的变革使得居民的休闲娱乐空间、休闲娱乐产品、休闲娱乐体验充满前所未有的想象力。

在经济、时间、政策、技术等多重因素的影响下,中国城市居民的休闲生活不断丰富起来,与之相对应地,城市的休闲游憩环境、休闲设施规模、休闲消费场景等休闲供给也层出不穷、飞速发展。所以,我们如今看到公园城市建设在推进,"小而美"的休闲产品在出现,数字休闲场景在涌现……碎片化的休闲时间与多元化的休闲服务交织融合,让中国城市呈现出因休闲而带来的影响力与吸引力。

在此背景下,我国城市休闲化发展也需要关注以下两方面问题。第一,城市发展应当落实"全域休闲"的发展理念。2020年伊始,人类社会面临了一场考验。新冠疫情突如其来,打乱了人们的工作和生活节奏,也影响了整个社会很多行业的正常发展,其中受损失最大的或许就是以文化和旅游业为代表的休闲产业。很多休闲活动的开展需要在一定的休闲场所空间内,比如文化和旅游活动,它需要人的流动或聚集。显然,疫情背景下这种流动或聚集是有极大危险性。但是我们可以观察到,当人们无法正常地流动到他乡开展文化和旅游活动时,人们的"宅休闲"活动反而是可以便利开展的。疫情紧张初期,人们的休闲活动多在家中开展,家中散步、运动等。当然,需要指出的是,得益于移动互联网的发展,让人们可以在家中在线休闲。相关统计数据显示,2020年第一季度,人均单日 App使用时长达 6.7 小时,相比去年同期增长 2.4 小时。居家休闲娱乐内容主要是短视频、在线视频、移动 K 歌、在线阅读、动画动漫、手机游戏等。当疫情得到基本控制,人们逐渐走向社区公园、城市公园或郊野公园。本地日常休闲活动的开展,一方面透露出人们渴望走到户外休闲的心态,表明休闲已经成为人们生活重要的组成部分;另一方面,疫情背景下人们的休闲需要如何得到满足,城市的休闲产业如何有序恢复,也给城市休闲发展与管理带来一些思考。在清明、五一假期面前,我们没有看到旅游业报复性增长,但我们看到了本地居民在城市开展的各类休闲活动如火如荼地进行。那么,城市要思考的是,如何让城市的休闲空间、场所、设施等更充分一些,更便利一些,让居民在城市这个空间范围内能够自在地开展休闲活动。所以,在这场疫情危机面前,给城市管理者也带来了一些思考,我们的城市应该从以往的"全域旅游"发展思路逐渐走向"全域休闲"发展理念,让城市回归城市的本质,即城市让生活更美好。我们也相信,未来的城市应该是以发展城市、社区、街区休闲化场景的发展实践。

四、城市应该关注"居民生活休闲化"问题

城市休闲化指标体系内容中既包括了城市休闲供给,也包括了城市休闲需求,这一点主要表现在居民的休闲消费方面。我们的研究发现,城市居民的休闲消费水平是在逐年提升的,但相比城市休闲供给,居民的休闲消费指数仍然是偏低的。数据呈现给我们的判断是,城市的休闲供给是不充分、不平衡的,导致无法有效满足居民的休闲消费需求。或许,我们应该去观察一下城市居民的休闲生活,他们体现出来的休闲方式其实是非常丰富多彩的;应该去了解一下城市居民的休闲意愿,他们希望的休闲生活可能是与城市的休闲供给有偏差的。课题组在进行城市休闲化研究的同时,也在展开城市居民休闲方式的调研。研究结果发现,除了小长假期间人们选择旅游度假的比例高之外,其他的休闲活动在平时和周末的选择比例都是非常高的,如参观博物馆、看演唱会或电影、逛街购物、酒吧咖吧、养花养草、体育健身、阅读、社会公益活动,等等。同时,人们喜欢在公园、绿地、社区、文体娱乐场所、商场夜市、餐饮场所等开展休闲活动,但是休闲方式的趣味性、参与性,以及休闲设施质量、休闲服务水平、休闲

场所管理水平却不同程度地制约了他们的休闲参与。所以,我们的城市在发展休闲的时候,不应当仅停留在建造了一批休闲设施、开辟一片休闲绿地等浅层形式上,而是更应当走进居民,倾听居民的意愿,了解居民的需求,让居民的生活休闲化问题能够切实落实到城市的休闲管理中。

2020 年是中国实现全面小康社会发展目标的收官之年,表明经济持续健康发展、人民民主不断扩大、文化软实力显著增强、人民生活水平全面提高、资源节约型环境友好型社会建设取得了重大进展。

可以预计,随着我国社会经济持续健康发展和后小康时代日益临近,从生活层面的休闲方式、精神层面的休闲理念、物质层面的休闲设施,乃至于经济层面的产业结构,中国无不深受席卷全球的休闲化浪潮的广泛影响,预示着中国城市休闲化发展必将进入新的发展阶段。

第二章　指标体系与评价方法

第一节　指标体系

结合城市休闲化的内涵与特征,本研究认为城市休闲化是经济、交通、服务、环境、消费综合作用的过程。为进一步测度城市休闲化发展水平,本文将城市休闲化指标归纳为经济与产业发展、休闲服务与接待、休闲生活与消费、休闲空间与环境、交通设施与安全五个方面,共涵盖 44 个具体指标,见表 2-1。

表 2-1　中国城市休闲化评价指标体系

一级指标	二级指标	三级指标	单位	变量	属性
经济与产业发展	经济水平	地区生产总值	亿元	X1	正向
		人均生产总值	元	X2	正向
	城市化水平	城市化率	%	X3	正向
	产业发展	第三产业占地区生产总值比重	%	X4	正向
		第三产业就业人数占全部就业人数的比重	%	X5	正向
		社会消费品零售总额	亿元	X6	正向
		住宿和餐饮业零售总额	亿元	X7	正向
		批发、零售、住宿和餐饮业从业人数	人	X8	正向
		限额以上批发、零售、住宿和餐饮业企业个数	个	X9	正向

（续表）

一级指标	二级指标	三　级　指　标	单位	变量	属性
休闲服务与接待	文化设施	博物馆数量	个	X10	正向
		公共图书馆数量	个	X11	正向
		文化馆数量	个	X12	正向
		剧场、影剧院个数	个	X13	正向
		国家重点文物保护单位数量	个	X14	正向
	休闲旅游接待	旅行社数量	个	X15	正向
		星级饭店数量	个	X16	正向
		国家4A级及以上景区数量	个	X17	正向
		公园个数	个	X18	正向
	游客接待规模	国内旅游人数	万人次	X19	正向
		入境旅游人数	万人次	X20	正向
休闲生活与消费	居民消费	城镇居民家庭恩格尔系数	%	X21	负向
		城市居民人均可支配收入	元	X22	正向
		城市居民消费价格指数（以上一年为100）	%	X23	负向
		城市居民家庭人均消费性支出	元	X24	正向
		城市居民人均家庭设备用品及服务消费支出	元	X25	正向
		城市居民人均医疗保健消费支出	元	X26	正向
		城市居民人均交通通信消费支出	元	X27	正向
		城市居民人均教育文化娱乐服务消费支出	元	X28	正向
	家庭休闲设备	每百户城镇常住居民家庭年末彩色电视机拥有量	台	X29	正向
		每百户城镇常住居民家庭年末家用电脑拥有量	台	X30	正向
	游客消费	入境过夜旅游者人均花费	美元/人/天	X31	正向

(续表)

一级指标	二级指标	三 级 指 标	单位	变量	属性
休闲空间与环境	居住空间	市区人均居住面积	平方米	X32	正向
	城市绿化	城市(建成区)绿化覆盖率	%	X33	正向
		城市绿地面积	公顷	X34	正向
		城市人均公园绿地面积	平方米	X35	正向
	城市环境	空气质量达到及好于二级的天数	天	X36	正向
		国控主要城市区域环境噪声	等级声效	X37	负向
	环境荣誉	国家荣誉称号数	个	X38	正向
交通设施与安全	城市交通	公共汽车、电车客运量	万人次	X39	正向
		轨道交通客运量	万人次	X40	正向
		公路运输客运量	万人次	X41	正向
		铁路运输客运量	万人次	X42	正向
		民用航空旅客发送量	万人次	X43	正向
	交通安全	交通事故发生数	起	X44	负向

第一类,经济与产业发展,是城市休闲化发展的先决条件,主要反映城市居民进行休闲消费的宏观环境。包括地区生产总值,人均生产总值,城市化率,第三产业占地区生产总值比重,第三产业就业人数占全部就业人数的比重,社会消费品零售总额,住宿和餐饮业零售总额,批发、零售、住宿和餐饮业从业人数,限额以上批发、零售、住宿和餐饮业企业个数等,合计9项。

第二类,休闲服务与接待,是城市休闲化发展的内在驱动。主要反映城市为满足本地居民和外来游客需求而提供的休闲旅游设施以及城市的休闲旅游接待能力,包括博物馆数量,公共图书馆数量,文化馆数量,剧场、影剧院个数,国家重点文物保护单位数量,旅行社数量,星级饭店数量,国家 4A 级及以上景区数量,公园个数,国内旅游人数和入境旅游人数。这是表征一座城市休闲功能水平的重要指标,合计 11 项。

第三类,休闲生活与消费,是城市居民休闲生活质量的体现,也是城市休闲化发展的核心内容。主要反映城市居民生活质量和休闲消费结构,包括城镇居民家庭恩格尔系数,城市居民人均可支配收入,城市居民消费价格指数,城市居民家庭人均消费支出,城市居民人均家庭设备用品及服务消费支出,城市居民人均医疗保健消费支出,城市居民人均交通通信消费支出,城市居民人均教育文化娱乐服务消费支出,每百户城镇常住居民家庭年末彩色电视机拥有量,每百户城镇常住居民家庭年末家用电脑拥有量和入境过夜旅游者人均花费,合计 11 项。

第四类,休闲空间与环境。主要反映城市居民的居住条件和城市绿化环境等,包括市区人均居住面积,城市(建成区)绿化覆盖率、城市绿地面积、城市人均公园绿地面积,空气质量达到及好于二级的天数,国控主要城市区域环境噪声和国家荣誉称号数。这可以保证人们接触到更多的休闲机会,是城市休闲化发展的重要载体,合计 7 项。

第五类,交通设施与安全。主要反映城市内外交通的便捷程度和安全性,包括公共汽车、电车客运量,轨道交通客运量,公路运输客运量,铁路运输客运量,民用航空旅客发送量和交通事故发生数。这是城市居民和外来游客开展休闲活动的前提,是城市休闲化发展的基础条件,合计 6 项。

第二节　研究对象与评价方法

一、研究对象

本报告的研究对象包括国内 22 个省会城市、5 个自治区首府城市、4

个直辖市和 5 个计划单列市（大连、青岛、宁波、厦门、深圳），共计 36 个城市。

选择这 36 个城市的原因在于：第一，考虑到数据的可获得性和全面性，本报告选择了数据相对完整的城市；第二，考虑数据的连续和纵向比较性。

纳入监测的 36 座城市，合计人口为 32 415.17 万人，约占全国总人口的 23.32%；合计面积为 529 033.47 平方公里，约占全国总面积的 5.49%；合计国内生产总值（地区生产总值）为 331 755.43 亿元，约占国内生产总值（地区生产总值）的 40.11%。

华东师范大学休闲研究中心和上海师范大学休闲与旅游研究中心自 2011 年首次发布城市休闲化发展指数报告以来，一直持续跟踪研究上述 36 个城市的休闲化发展状况。研究对象的一致性有利于把握中国城市休闲化发展的总体趋势和变化特点。

本研究数据均来自《中国统计年鉴》《中国城市统计年鉴》《中国第三产业统计年鉴》《中国交通年鉴》《中国文化与文物统计年鉴》，以及各省、自治区、直辖市国民经济和社会发展统计公报等国家和省级有关管理部门公开出版或发布的统计数据。

二、评价方法

（一）数据标准化处理

本研究所有指标口径概念均与国家统计局制定的城市基本情况统计制度保持一致，以保证评价结果的客观公正性。按照评价指导思想与评价原则要求，所有指标分为两类：一是正向指标，即指标数据越大，评价结果越好；二是负向指标，即这类指标的数值与评价结果呈反向影响关系，指标数值越大，评价结果就越差。本报告中的"交通事故发生数""城镇居

民家庭恩格尔系数""城市居民消费价格指数"等属于此类。本研究对负向指标进行一致化处理,转换成正向指标,具体采用如下公式

$$X' = \frac{1}{x}(x > 1)$$

并对所有负向指标的 X 数据进行变化,统一为正向指标。

(二)指标赋权方法

在以往相关研究文献中,计算权重通常采用主观判断法和客观分析法。前者通过对专家评分结果进行数学分析实现定性到定量的转化,后者则通过提取统计数据本身的客观信息来确定权重。主观判断法对先验理论有很强的依赖性,受调查者往往以某种先验理论或对某种行为的既定认识来确定指标权重,所以使用主观判断法会造成指标选取和权重确定上的主观性和随意性,从而降低综合评价分析的科学性。客观分析法是通过对评价指标数据本身的客观信息进行提取分析,从而确定权重大小,其特点是客观性强,但其忽略了专家经验在确定权重中应用的重要性,赋权结果有时说服力不强。

在本指标体系中指标较多,数据信息量较大,为避免数据处理的失真,本文主要按照客观分析法,依靠可得性客观数据,并运用基于客观数据分析的"差异驱动"原理,对我国 36 个城市的休闲相关变量进行赋权,目的在于消除人为因素的影响,提高评价的科学性(杨勇,2007)[①],将指标变量数列的变异系数记为

$$V_j = S_j / \overline{X}_j$$

其中
$$\overline{X}_j = \frac{1}{36} \sum_{i=1}^{36} X_{ij}$$

---

① 杨勇.中国省际旅游业竞争力分析——ARU 结构与影响因素[J].山西财经大学学报,2007(10):53-60.

$$S_j = \sqrt{\frac{1}{36}\sum_{i=1}^{36}(X_{ij}-\overline{X_j})^2} \quad (i=1,\ 2,\ 3,\ \cdots,\ 36;\ j=1,\ 2,\ 3,\ \cdots,\ 44)$$

由此,变量的权重为

$$\lambda_j = V_j \Big/ \sum_{j=1}^{44} V_j \tag{2-1}$$

(三)综合评价模型

变量集聚是简化城市休闲化评价指标体系(Urban Recreationalization Index,简称 URI)的有效手段,即指数大小不仅取决于独立变量的作用,也取决于各变量之间形成的集聚效应。非线性机制整体效应的存在,客观上要求经济与产业发展(EI)、休闲服务与接待(SH)、休闲生活与消费(LC)、休闲空间与环境(SE)、交通设施与安全(TS)全面协调发展,产生协同作用。

本评价指标根据柯布道格拉斯函数式构建如下评价模型

$$\text{URI} = \text{EI}_j^a + \text{SH}_j^b + \text{LC}_j^c + \text{SE}_j^d + \text{TS}_j^e \tag{2-2}$$

式中,a、b、c、d、e 分别表示经济与产业发展、休闲服务与接待、休闲生活与消费、休闲空间与环境、交通设施与安全的偏弹性系数。从式(2-2)中可以看出,该函数体现的是城市休闲化各变量指标之间的非线性集聚机制,强调了城市休闲化各指标协调发展的重要性。

在指标数据处理上,由于评价指标含义不同,各指标量纲处理差异比较大,所以不能直接使用各指标数值进行评价。为了使数据具有可比性,采用最大元素基准法对指标数据进行无量纲处理,将实际能力指标值转化为相对指标,即

$$Y_{ij} = \left(X_{ij} \Big/ \max_{\substack{1 \leqslant j \leqslant 44 \\ 1 \leqslant i \leqslant 36}}[X_{ij}]\right)$$

经过处理后的城市休闲化评价模型为

$$\text{URI} = \sum_{j=1}^{9} Y_{ij}^{a} + \sum_{j=10}^{20} Y_{ij}^{b} + \sum_{j=21}^{31} Y_{ij}^{c}$$
$$+ \sum_{j=32}^{38} Y_{ij}^{d} + \sum_{j=39}^{44} Y_{ij}^{e} \qquad (2-3)$$

　　总的来说,城市休闲化评价指标的非线性组合评价法具有以下特点:一是强调了城市休闲化评价指标变量间的相关性及交互作用;二是着眼于系统性观点,突出了评价变量中较弱变量的约束作用,充分体现了城市休闲化水平的"短板效应",即城市休闲化水平就像 44 块长短不同的木板组成的木桶,木桶的盛水量取决于长度最短的那块木板;第三,因采用了指数形式,导致变量权重的作用不如线性评价法明显,但对于变量的变动却比线性评价法更为敏感。

第三章　城市休闲化评价报告

第一节　综合评价

一、城市休闲化指数排名

根据对经济与产业发展、休闲服务与接待、休闲生活与消费、休闲空间与环境、交通设施与安全等五个方面,共计 44 个指标相关数据的统计与分析,得出了全国 36 座城市 2019 年城市休闲化发展指数的综合结果(见图 3-1)。其中,北京、上海、广州、重庆和深圳排名前 5 位,表明其城

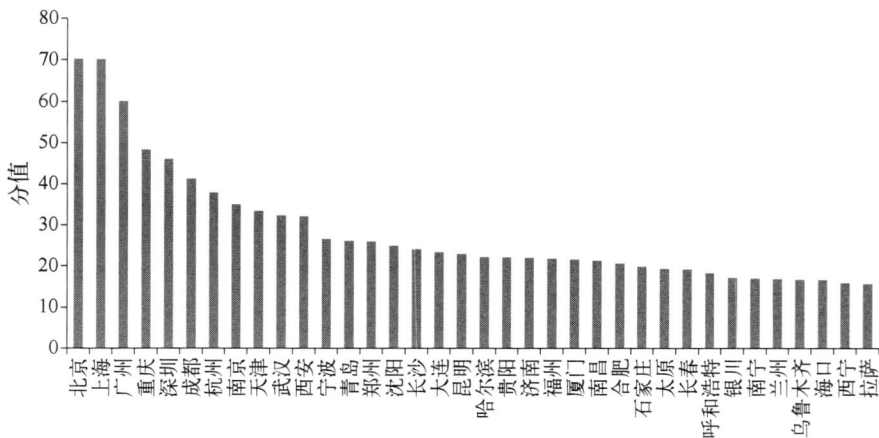

图 3-1　36 个城市休闲化综合水平排名

市休闲化程度位居全国前列。这一排名也与上述省市在全国的社会经济发展排名相符合,体现了经济与休闲互动发展的和谐特征。成都、杭州、南京、天津和武汉进入城市休闲化指数评价排名前十强,表明这些城市休闲化发展的和谐性、均衡性也比较显著,所以能够成为我国城市休闲化发展的领先城市。而兰州、乌鲁木齐、海口、西宁和拉萨则位列后5位,反映了这5个城市在城市休闲化发展的整体性方面还存在诸多不足。

二、发展特征

2019年我国城市休闲化水平呈现如下特征。

第一,从整体发展水平看,36座城市的休闲化水平呈持续稳步增长态势,其中北京、上海、广州稳居前三,这是自2013年以来连续第7年位居排行榜前三位。

第二,从单个城市之间的比较看,中国城市休闲化发展水平差距依然非常显著。例如,排名第1的北京与位列末尾的拉萨,从城市休闲化指数测度值看,两者之间的发展差距依然有4.5倍。但是也应看到,与9年前的7.64倍相比,差距已经显著缩小。有力说明近年来各城市休闲化发展的综合能力有扎扎实实的提高。不过也要清醒认识到,要完全实现我国不同地区城市之间休闲化指数发展的和谐性与均衡性目标,依然任重道远。

第三,从区域格局看,东部地区的城市休闲化水平依然处于领先状态,中西部地区相对滞后,总体上呈现出由东向西递减的分布格局,与我国当前社会经济发展水平的分布格局大致吻合。这一发展态势从一定程度上揭示一个规律,社会经济发展水平是决定城市休闲化发展程度的重要基础条件,经济水平越高,城市休闲化程度也越高;反之,亦然。一方面,东中西部发展差异明显,位居前十位的城市是北京、上海、广州、重庆、深圳、成都、杭州、南京、天津、武汉。其中,东部城市 7 个,中部 1 个,西部 2 个;另一方面,值得注意的是,在一带一路战略与西部开发政策的引导下,近年来西部地区城市休闲化的发展速度与发展质量出现了明显的加速态势,城市休闲化发展的整体均值水平高于中部,区域内部发展的协调度优于中部,"东部领先、西部崛起、中部洼地"成为中国城市休闲化发展过程中的一个新格局。

第四,从城市规模看,排在前三位的均是我国东部地区的超大城市,排在后三位的城市分别位于我国东部地区和西部地区,属于 II 型大城市和 I 型小城市。也就是说,在目前城市规模与城市休闲化发展水平相关,也是影响城市休闲化指数高低的重要因素。

第五,在 36 个被列入观察的城市中,作为计划单列市的深圳、宁波、厦门、青岛和大连 5 个城市,虽然不属于省会城市,但是由于自身经济条件好,所以在城市休闲化指数排名方面,要高于大多数省会城市。特别是深圳,城市休闲化指数的综合排名一直处于第一梯队。

第二节　分类评价

一、分类指标权重

从城市休闲化指数评价的五个一级指标的权重看,休闲服务与接待指标权重最高(32.68%),其后依次是交通设施与安全(29.63%)、经济与产业发展(21.68%)、休闲生活和消费(8.39%),休闲空间与环境的权重最低(7.62%)。显然,在目前城市休闲化过程中,休闲服务与接待指标对城市休闲化的影响力最大,这也从一个侧面表明,休闲产业正在发挥越来越重要的促进作用(见图3-2)。与此同时,休闲空间与环境指标对城市休闲化的影响作用相对较小,实际上反映出当前正在推进的生态文明建设非常及时,必将有力改善城市休闲生态环境,为居民与游客提供环境优良的户外游憩空间。

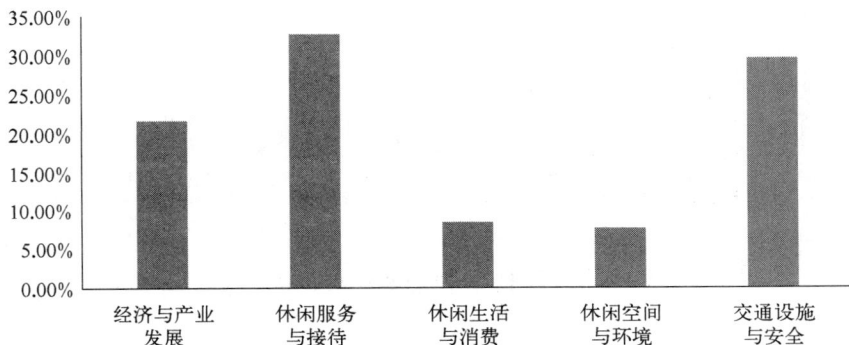

图3-2 城市休闲化五大指标权重

二、分类指标分析

(一)经济与产业发展

经济与产业发展是促进城市休闲化进程的前提条件。从经济与产业分类指数看,上海、北京、广州、深圳和成都排名前5位,表明上述城市经济发展实力雄厚,为城市休闲化发展奠定了扎实的基础。而呼和浩特、贵阳、海口、西宁和拉萨则排名后5位,表明经济发展的相对薄弱制约了上述城市休闲化发展的水平,见图3-3。

(二)休闲服务与接待

城市的休闲文化、娱乐、旅游等设施是重要的休闲消费场所,接待规模是城市休闲吸引力的重要表现。在休闲服务与接待分类指数排名中,上海、北京、重庆、广州和杭州进入前5位,表明这5个城市休闲

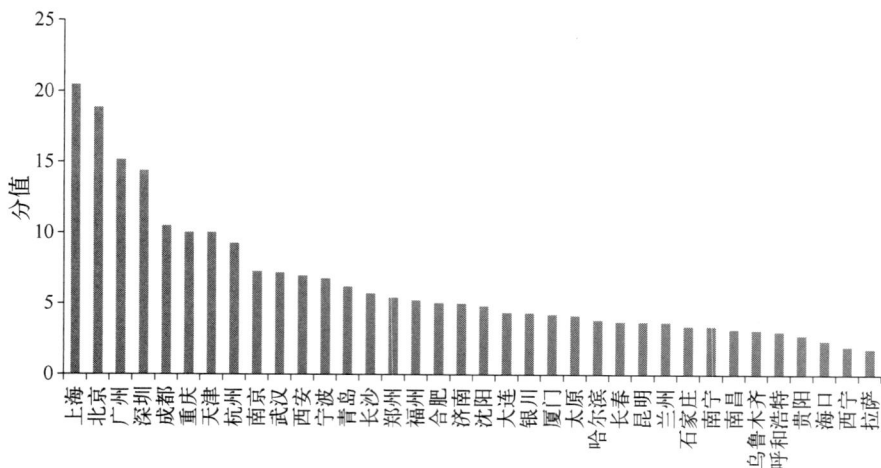

图 3-3 经济与产业发展水平排名

娱乐和文旅融合发展结构相对成熟,休闲文化产业发展的整体性优势
比较明显。而西宁、拉萨、乌鲁木齐、银川和海口位居后 5 位,虽然以
上城市在某些具体的文化、旅游方面有优势,但是在整体性发展方面
存在诸多薄弱环节,影响了休闲服务与接待类别指数的排名,见
图 3-4。

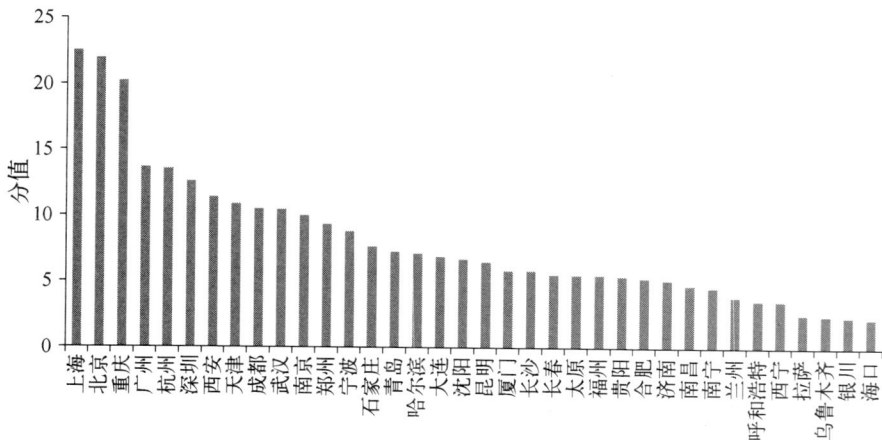

图 3-4 休闲服务与接待水平排名

（三）休闲生活与消费

城市居民的消费结构、家庭休闲设备、外来游客花费是反映城市休闲化质量的关键指标。从休闲生活与消费分类指数排名看，上海、北京、广州、长沙和杭州排名前5位，反映了上述城市休闲娱乐和文旅市场繁荣，居民用于与休闲相关的综合性消费能力比较强，游客消费支出比较旺。而太原、南昌、合肥、南宁和拉萨位于最后5位，表明休闲娱乐、文化旅游综合消费能力不足，是城市休闲化发展过程中的一个突出瓶颈因素，见图3-5。

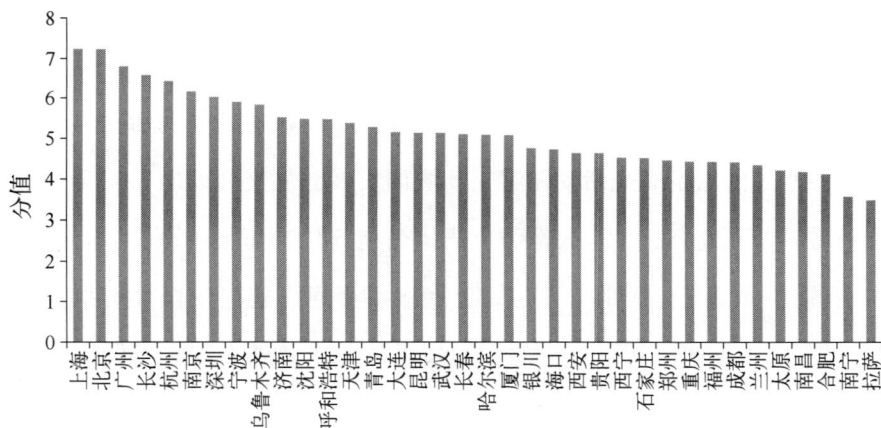

图3-5　休闲生活与消费水平排名

（四）休闲空间与环境

空气质量、城市绿化覆盖率等指标代表一个城市自然环境建设和发展的水平，成为衡量居民与游客从事户外游憩活动载体环境质量的重要指数。从休闲空间与环境分类指数排名看，广州、上海、南京、深圳和北京名列前5位。而石家庄、长春、太原、西宁和兰州则处于排名的最后5位，一定程度上表明以上5个城市户外游憩环境总体质量不尽如人意，成为城市休闲化发展的短板，见图3-6。

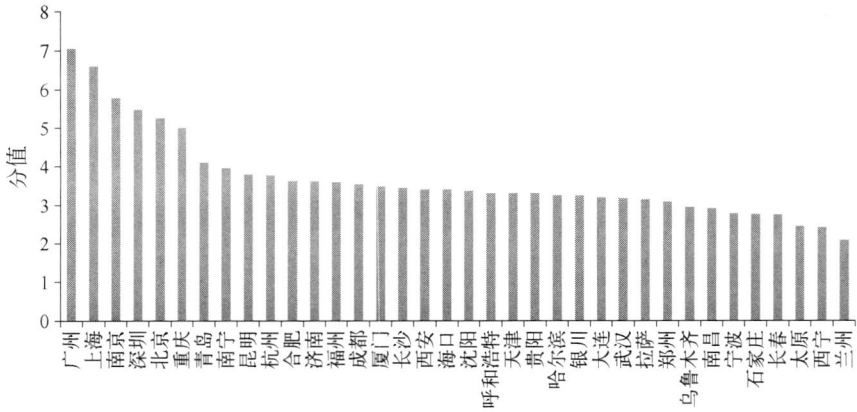

图 3-6 休闲空间与环境水平排名

（五）交通设施与安全

交通条件完善，枢纽功能强大，使得本地居民日常的休闲活动与外来游客在当地的旅游观光活动能够互动协调发展。从交通设施与安全分类指数看，广州、北京、上海、成都和重庆排名前 5 位。而银川、乌鲁木齐、长春、石家庄和南宁位居最后 5 位。上述城市交通设施与安全评价指数相对较弱，对本地居民从事日常的休闲娱乐活动以及外来游客开展观光度假活动都会产生相应的抑制作用，见图 3-7。

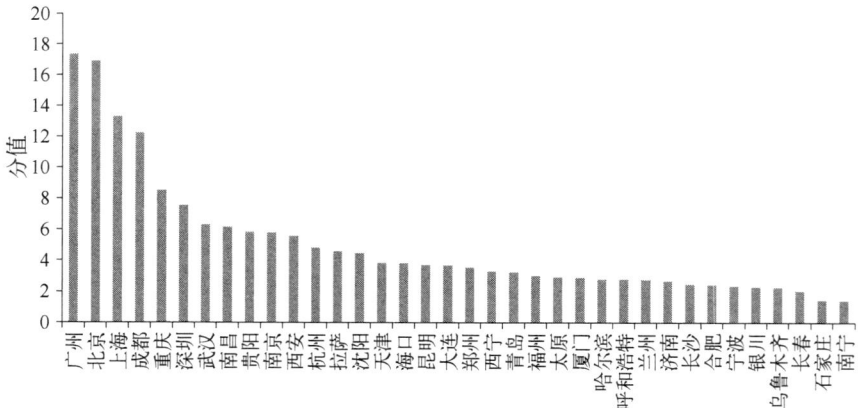

图 3-7 交通设施与安全水平排名

第三节　演变趋势

一、36座城市休闲化指数排名变化趋势

将2019年36座城市的休闲化指数与2011、2012、2013、2014、2015、2016、2017、2018年进行比较,反映出如下几个特点。

第一,北京、上海、广州、重庆、深圳的城市休闲化水平始终名列前五。其中,北京和上海的排名始终是位居前二,广州自2013年来也始终保持第三,重庆、深圳的排序呈现交替变换态势。

第二,自2015年以来,成都和杭州的排名位次紧邻。成都和杭州都拥有良好的休闲氛围和休闲底蕴,政府比较注重城市休闲化建设,致力于改善人居环境、加快休闲相关产业发展,使得城市休闲品质大幅度提升。

第三,中部大多数城市休闲化排名有所下跌,但郑州逆风翻盘,在经历了两年的顺位下跌后,2019年明显上升。郑州自身的文化旅游产业较为发达,近年来更是在产业、交通等举措的推进下,郑州城市休闲化发展效果显著。

第四,西部地区的排名整体靠后,这与西部地区的经济发展水平有关。不过,随着西部大开发政策深入,以及在一带一路政策红利的引导下,西部地区的城市休闲化速度会进一步加快,见表3-1。

表3-1　中国36个城市休闲化水平排序(2011—2019年)

年 份	北京	上海	广州	深圳	重庆	成都	杭州	南京	武汉
2011	1	2	4	3	5	9	6	7	10
2012	1	2	4	3	5	1	6	7	8
2013	1	2	3	5	4	9	6	7	10
2014	1	2	3	5	4	8	6	7	11

（续表）

年份	北京	上海	广州	深圳	重庆	成都	杭州	南京	武汉
2015	1	2	3	4	5	6	7	8	9
2016	1	2	3	5	4	6	7	9	8
2017	1	2	3	4	5	6	7	8	9
2018	1	2	3	4	5	7	6	8	9
2019	1	2	3	5	4	6	7	8	10

年份	天津	西安	昆明	沈阳	大连	宁波	青岛	福州	长沙
2011	8	11	18	17	12	13	15	22	21
2012	9	12	14	16	11	13	17	20	21
2013	8	11	16	14	13	12	17	21	20
2014	9	10	16	18	14	13	20	12	19
2015	10	11	12	15	17	13	14	19	18
2016	11	10	14	15	21	12	13	19	20
2017	10	11	12	13	14	15	16	17	18
2018	10	11	17	16	13	12	14	20	15
2019	9	11	18	15	17	12	13	22	16

年份	厦门	济南	哈尔滨	郑州	贵阳	南昌	合肥	长春	石家庄
2011	19	20	14	16	28	30	26	27	23
2012	19	23	18	15	27	28	25	26	22
2013	23	19	18	15	29	31	25	24	22
2014	22	23	17	15	26	28	24	27	21
2015	20	22	21	16	23	28	24	27	25
2016	23	22	18	16	17	27	24	26	25
2017	19	20	21	22	23	24	25	26	27
2018	21	18	19	22	23	25	24	26	27
2019	23	21	19	14	20	24	25	28	26

（续表）

年份	太原	南宁	乌鲁木齐	呼和浩特	银川	兰州	海口	西宁	拉萨
2011	29	25	34	24	32	35	33	36	31
2012	29	24	33	30	36	32	31	34	35
2013	28	26	33	27	36	32	30	34	35
2014	29	25	32	30	35	33	31	34	36
2015	32	30	29	31	33	35	26	36	34
2016	30	28	31	29	33	34	32	36	35
2017	28	29	30	31	32	33	34	35	36
2018	28	32	30	31	34	33	29	35	36
2019	27	31	33	29	30	32	34	35	36

二、36 座城市休闲化指数等级变化趋势

运用百分制等级划分法进行分类,共分为 5 个等级。等级以 A 为好(80～100),B 为较好(60～79),C 为一般(40～59),D 为较低(20～39),E 为低(1～19)。对我国 36 个城市连续 8 年来的城市休闲化指数水平的等级进行比较,具体发展状况如表 3－2 所示。

表 3－2 中国 36 个城市休闲化水平等级划分(2011—2019 年)

等级	2011	数量	2012	数量	2013	数量
A	—	0	—	0	北京	1
B	北京	1	北京、上海	2	上海	1
C	上海、广州、深圳	3	广州、深圳	2	广州、重庆	2
D	重庆、杭州、南京、天津、成都、武汉、西安、宁波、大连	9	重庆、杭州、南京、天津、成都、武汉、西安、宁波、大连	9	深圳、杭州、南京、天津、成都、武汉、西安、宁波、大连、沈阳、郑州、昆明、青岛、哈尔滨、济南	15

（续表）

等级	2011	数量	2012	数量	2013	数量
E	沈阳、郑州、昆明、青岛、哈尔滨、济南、长沙、福州、石家庄、厦门、长春、合肥、南宁、呼和浩特、太原、贵阳、海口、南昌、兰州、乌鲁木齐、西宁、拉萨、银川	23	沈阳、郑州、昆明、青岛、哈尔滨、济南、长沙、福州、石家庄、厦门、长春、合肥、南宁、呼和浩特、太原、贵阳、海口、南昌、兰州、乌鲁木齐、西宁、拉萨、银川	23	长沙、福州、石家庄、厦门、长春、合肥、南宁、呼和浩特、太原、贵阳、海口、南昌、兰州、乌鲁木齐、西宁、拉萨、银川	17

等级	2014	数量	2015	数量	2016	数量
A	—	0	—	0	—	0
B	北京、上海	2	北京、上海	2	北京、上海	2
C	广州、重庆、深圳	3	广州、深圳、重庆	3	广州、重庆、深圳	3
D	杭州、南京、天津、成都、武汉、西安、宁波、大连、沈阳、郑州、昆明、青岛、哈尔滨、长沙、福州	15	成都、杭州、南京、武汉、天津、西安、昆明、宁波、青岛、沈阳、郑州、大连、长沙、福州、厦门、哈尔滨	16	成都、杭州、武汉、南京、西安、天津、宁波、青岛、昆明、沈阳、郑州、贵阳、哈尔滨、福州、长沙、大连、济南、厦门	18
E	济南、石家庄、厦门、长春、合肥、南宁、呼和浩特、太原、贵阳、海口、南昌、兰州、乌鲁木齐、西宁、拉萨、银川	16	济南、贵阳、合肥、石家庄、海口、长春、南昌、乌鲁木齐、南宁、呼和浩特、太原、银川、拉萨、兰州、西宁	15	合肥、石家庄、长春、南昌、南宁、呼和浩特、太原、乌鲁木齐、海口、银川、兰州、拉萨、西宁	13

等级	2017	数量	2018	数量	2019	数量
A	北京	1	—	0	—	0
B	上海、广州	2	北京、上海	2	北京、上海	2
C	深圳、重庆、成都	3	广州、深圳、重庆	3	广州、重庆、深圳、成都	4

（续表）

等级	2017	数量	2018	数量	2019	数量
D	杭州、南京、武汉、天津、西安、昆明、沈阳、大连、宁波、青岛、福州、长沙、厦门、济南、哈尔滨、郑州、贵阳	17	杭州、成都、南京、武汉、天津、西安、宁波、大连、青岛、长沙、沈阳、昆明、济南、哈尔滨、福州、厦门、郑州、贵阳	18	杭州、南京、天津、武汉、西安、宁波、青岛、郑州、沈阳、长沙、大连、昆明、哈尔滨、贵阳、济南、福州、厦门、南昌、合肥	19
E	南昌、合肥、长春、石家庄、太原、南宁、乌鲁木齐、呼和浩特、银川、兰州、海口、西宁、拉萨	13	合肥、南昌、长春、石家庄、太原、海口、乌鲁木齐、呼和浩特、南宁、兰州、银川、西宁、拉萨	13	石家庄、太原、长春、呼和浩特、银川、南宁、兰州、乌鲁木齐、海口、西宁、拉萨	11

通过梳理可以发现，第一，经过多年的发展，E级城市数量在逐年减少，D级以上城市数量在不断增加。这说明，随着社会经济的持续健康发展，我国城市休闲化水平整体上在缓慢提升。第二，西部地区大部分城市休闲化水平都处于E级，这与该区域的经济、地理环境、人口规模等都有一定的关系。第三，东部地区的北京、上海，城市休闲化进程一直领先国内其他城市，从一定意义上讲，经济水平、人口规模等因素对城市休闲化发展水平的影响是至关重要的。

三、区域城市休闲化指数变化趋势

本研究进一步从东中西部区域发展角度，对2011—2019年来东中西部地区城市休闲化指数水平进行归纳与分析，发现以下发展与变化特征。

第一，从整体看，三大区域的城市休闲化水平均有所提升，但中部城市和西部城市的休闲化水平提升速率要高于东部。说明中部、西部城市的休闲化发展空间要大于东部城市，以及东部城市目前的休闲化发展水平已达到一定规模,其具有更好的地理位置和资源,因此如何将自身优势融入城市休闲化的进程中,提升资源的利用效率成为东部城市继续发展的关键。而西部地区的重庆、成都城市休闲化水位于全国前列,且比一些东部城市的休闲化水平值还要高,但是兰州、乌鲁木齐、西宁、拉萨、银川等城市休闲化水平值较低,拉低了西部城市的平均水平。如何发挥区域核心城市的带动效应,协调区域发展,成为提升西部城市休闲化水平的关键点。

第二,从连续 9 年来三大区域城市休闲化水平均值变化看,西部地区的兰州、乌鲁木齐、西宁、拉萨、银川等城市休闲化水平仍处于低水平状态,但从城市休闲化提升的发展速率来看,这些城市休闲化水平的增长速度逐渐加快,呈现出较大的发展潜力。

第三,从均值差异角度来看,东部城市休闲化综合水平明显高于中部和西部城市,而中部和西部城市休闲化水平均值比较接近,但西部均值已明显超越了中部地区,一定程度上说明西部在政策红利下,城市休闲化建设取得了明显效果,而中部地区却陷入城市休闲化发展"洼地"的特征,值得引起有关城市高度重视,见表 3-3。

表3-3　中国36个城市休闲化水平值(2011—2019年)

区域	城市	2019	2018	2017	2016	2015	2014	2013	2012	2011
东部	北京	70.2152	75.5850	77.8889	77.6303	72.9737	79.9832	80.3971	74.2282	74.5701
	上海	70.1418	69.8766	68.8860	68.5519	62.4184	62.5409	63.4098	60.8128	58.5271
	深圳	45.9739	47.3090	47.3175	47.4766	46.7816	42.4722	39.6253	45.2587	43.2603
	天津	33.4240	31.2149	32.0502	32.2724	26.6435	27.4814	27.6278	23.0020	25.0989
	南京	34.9725	32.1033	32.1420	32.2763	30.1663	30.6689	28.9902	27.2421	25.6920
	沈阳	24.8120	23.4614	24.9562	25.1280	21.7188	20.6810	21.8426	18.6763	18.8593
	杭州	37.7647	35.3891	37.0140	37.2510	30.3406	31.5902	31.3138	27.5546	26.6642
	福州	21.7101	21.5055	22.6703	22.8549	20.1201	22.8082	19.3933	17.1893	16.6333
	广州	60.0155	54.2740	57.6057	57.5580	50.9193	47.6588	49.0940	44.9341	42.6122
	海口	16.5710	17.1280	14.4867	14.6260	16.6388	12.1677	13.9347	11.8089	11.1137
	大连	23.2529	24.5506	25.0283	25.2322	20.7126	22.2006	23.4021	22.7101	21.5187
	厦门	21.4959	21.2125	22.1554	22.3450	19.8091	17.8531	17.9745	17.4286	17.2906
	宁波	26.5481	25.4695	24.6780	24.9091	22.5279	22.6017	24.2001	20.4095	20.0384

(续表)

区域	城市	2019	2018	2017	2016	2015	2014	2013	2012	2011
东部	青岛	26.021 8	24.468 0	24.527 4	24.754 8	22.446 2	20.360 8	21.256 3	18.113 0	19.237 0
	济南	21.878 5	22.706 1	21.314 9	21.558 3	18.865 3	17.236 3	20.299 1	16.096 4	16.889 3
	均值	35.653 2	35.083 6	35.514 8	35.628 3	32.205 5	31.887 0	32.184 0	29.697 6	29.200 3
中部	长春	19.114 1	18.255 3	18.296 7	18.486 0	16.360 2	14.418 0	17.733 7	13.160 5	13.317 6
	合肥	20.486 3	19.485 3	18.566 0	18.736 7	16.909 0	15.667 5	16.399 4	13.328 7	13.373 8
	南昌	21.175 6	18.809 0	18.684 7	18.817 1	15.862 3	14.277 9	12.947 5	12.535 2	12.532 2
	郑州	25.854 5	21.019 1	20.350 1	20.521 9	21.501 9	21.979 2	21.427 7	19.232 2	19.219 7
	长沙	24.005 8	23.476 5	22.599 4	22.782 1	20.537 3	20.405 9	19.952 6	16.751 5	16.839 4
	太原	19.224 5	17.626 6	18.007 6	18.185 3	14.426 1	13.986 2	14.774 3	12.246 0	12.808 9
	哈尔滨	22.066 5	22.294 3	20.965 3	21.190 5	19.503 1	20.738 9	20.831 9	18.103 2	19.384 3
	武汉	32.221 9	31.844 9	31.006 5	31.181 9	26.775 2	26.032 3	26.164 7	24.051 0	23.678 4
	石家庄	19.765 8	18.149 4	18.415 9	18.619 4	16.782 1	19.698 2	19.387 2	16.433 9	16.352 9
	均值	22.657 2	21.217 8	20.765 8	20.946 8	18.739 7	18.578 2	18.846 6	16.204 7	16.389 7

（续表）

区域	城市	2011	2012	2013	2014	2015	2016	2017	2018	2019
	呼和浩特	13.963 2	12.184 5	14.914 0	13.879 5	14.504 8	16.685 7	16.523 6	16.983 7	18.176 4
	南宁	13.757 3	14.144 7	14.926 0	14.907 8	15.379 5	17.710 2	17.550 2	16.137 0	16.913 0
	成都	25.098 9	23.002 0	27.321 7	28.415 6	34.793 2	37.511 1	37.388 6	32.917 1	41.155 0
	西安	21.881 6	22.486 1	25.195 5	26.426 5	26.588 3	30.987 7	30.754 7	28.957 6	31.969 9
	西宁	9.473 0	10.538 6	11.255 8	11.024 7	11.271 5	13.928 7	13.796 8	14.495 8	15.801 4
	乌鲁木齐	10.567 4	10.923 0	11.340 5	11.969 1	15.546 7	16.997 3	16.829 1	17.070 5	16.614 4
西部	贵阳	12.952 2	13.026 1	14.186 8	14.751 6	17.474 7	19.494 4	19.287 2	20.379 7	21.964 5
	拉萨	11.734 8	10.438 1	10.555 1	10.021 8	11.833 9	12.627 3	12.497 4	11.807 1	15.553 9
	兰州	10.547 3	10.946 7	11.358 0	11.158 8	11.484 5	15.111 3	14.973 5	15.571 1	16.706 9
	银川	11.155 8	10.233 2	10.484 7	10.255 2	12.652 3	15.945 1	15.781 7	15.068 6	17.026 5
	重庆	36.900 3	38.919 8	44.700 3	43.432 9	39.626 8	47.494 8	47.248 0	46.551 2	48.248 8
	昆明	17.780 5	19.520 2	21.326 4	20.881 5	22.854 1	24.961 8	24.728 9	23.135 0	22.787 0
	均值	16.317 7	16.363 6	18.130 4	18.093 8	19.500 9	22.454 6	22.280 0	21.589 5	23.576 5

参考文献

［1］岳华.英国城市滨水公共空间的复兴[J].国际城市规划,2015(02)：130－134

［2］郝静婷.济南老城区滨水空间浅析[J].城市建筑,2013(22)：12－13.

［3］邓彦,宋端.城市滨水景观设计中人的心理需求[J].城市规划设计,2008(03)：52－58.

［4］Norman Bradburn, Seymour Sudman.问卷设计手册[M].重庆大学出版社,2010：194－195.

［5］张圆刚,余向洋等.基于 TPB 和 TSR 模型构建的乡村旅游者行为意向研究[J].地理研究,2017,36(09)：1725－1741.

［6］Hayes, Andrew F. Beyond Baron and Kenny：Statistical MediationAnalysis in the New Millennium[J]. Communication Monographs，2009,76(04)：408－420.

［7］韩春鲜.旅游感知价值和满意度与行为意向的关系[J].人文地理,2015(03)：137－144.

［8］党宁,吴必虎,张雯霞.计划行为还是理性行为？上海居民近城游憩行为研究[J].人文地理，2017(06)：137－145.

［9］郭安禧,黄福才.旅游动机、满意度、信任与重游意向的关系研究[J].浙江工商大学学报,2013(01)：78－87.

［10］何琼峰.沿海城市游客满意度的内在机制及提升战略[J].旅游科学,2012(05)：65－75.

第二部分

城市休闲化指数分析

第四章 36个城市的休闲化 指数分析

改革开放以来,随着国民经济的大力发展和工业化进程的不断推进,我国的城镇化已经取得巨大成就,城市数量和规模都有了明显增长。2014年11月20日,国务院发布了《关于调整城市规模划分标准的通知》,这一通知对原有城市规模划分标准进行了调整,明确了新的城市规模划分标准以城区常住人口①为统计口径,将城市划分为五类七档:城区常住人口50万以下的城市为小城市,其中20万以上50万以下的城市为Ⅰ型小城市,20万以下的城市为Ⅱ型小城市;城区常住人口50万以上100万以下的城市为中等城市;城区常住人口100万以上500万以下的城市为大城市,其中300万以上500万以下的城市为Ⅰ型大城市,100万以上300万以下的城市为Ⅱ型大城市;城区常住人口500万以上1000万以下的城市为特大城市;城区常住人口1000万以上的城市为超大城市。依据这一划分标准,可以将本研究对象的36个城市划分为以下五类城市,超大城市4个,特大城市9个,Ⅰ型大城市12个,Ⅱ型大城市10个,Ⅰ型小城市1个,见表4-1。

---

① 常住人口:指全年经常在家或在家居住6个月以上,也包括流动人口在所在的城市居住。

表 4-1　36 个城市人口规模类型

城　　　市	城区人口(万人)	类　　　型
上　　海	2 418.33	超大城市
北　　京	1 876.60	超大城市
深　　圳	1 252.83	超大城市
广　　州	1 184.99	超大城市
武　　汉	868.48	特大城市
重　　庆	865.06	特大城市
天　　津	846.90	特大城市
成　　都	766.72	特大城市
南　　京	642.68	特大城市
郑　　州	637.82	特大城市
杭　　州	637.07	特大城市
长　　沙	532.03	特大城市
沈　　阳	511.91	特大城市
西　　安	493.86	Ⅰ型大城市
哈　尔　滨	492.57	Ⅰ型大城市
青　　岛	445.83	Ⅰ型大城市
长　　春	404.12	Ⅰ型大城市
济　　南	404.00	Ⅰ型大城市
大　　连	400.97	Ⅰ型大城市
合　　肥	395.90	Ⅰ型大城市
昆　　明	393.22	Ⅰ型大城市
太　　原	370.97	Ⅰ型大城市
厦　　门	347.37	Ⅰ型大城市
南　　宁	333.33	Ⅰ型大城市
宁　　波	332.82	Ⅰ型大城市
乌鲁木齐	294.94	Ⅱ型大城市
贵　　阳	285.00	Ⅱ型大城市

（续表）

城 市	城区人口（万人）	类 型
石 家 庄	283.97	Ⅱ型大城市
福 州	280.94	Ⅱ型大城市
南 昌	277.47	Ⅱ型大城市
兰 州	252.64	Ⅱ型大城市
呼和浩特	204.98	Ⅱ型大城市
银 川	157.13	Ⅱ型大城市
海 口	152.00	Ⅱ型大城市
西 宁	132.75	Ⅱ型大城市
拉 萨	40.75	Ⅰ型小城市

第一节 超大城市休闲化指数分析

超大城市的常住人口规模在1 000万以上，符合这一标准的城市有上海、北京、深圳、广州。从城市所属区域看，这4个城市皆为东部沿海城市。从城市行政级别看，在4个城市中，广州属于省会城市，北京和上海属于直辖市，深圳则属于计划单列市。一般来说，城市人口规模越大，城市的休闲娱乐资源也更为丰富，本部分接下来将分析这4个城市在44个指标属性方面呈现出来的特征。

一、上海

上海是我国的国际经济、金融、贸易和航运中心，蓬勃发展的经济环境为城市商业的繁荣、交通设施的完善等提供了良好的硬件保障，同时，海纳百川的多元文化为上海休闲设施的多样性发展奠定了坚实的文化基础，也为市民与游客提供了丰富多彩的休闲消费样式。从数据分析看，上海44个指标水平值区间在0～7,均值水平是1.594 1。高于均值水平的指标有16个,占指标总数的36%。主要有轨道交通客运量,批发、零售、住宿和餐饮业从业人数,住宿和餐饮业零售总额,入境旅游人数,城市绿地面积,限额以上批发、零售、住宿和餐饮业企业个数,博物馆数量,剧场、影剧院个数,地区生产总值,社会消费品零售总额,旅行社数量,民用航空旅客发送量,交通事故发生数,国内旅游人数,国家4A级及以上景区数量,公共汽车、电车客运量等。其中,指标水平值最高的是轨道交通客运量(6.166 8),其次是批发、零售、住宿和餐饮业从业人数(4.930 7)。从中可以看出,上海的公共交通客运规模、住宿餐饮业从业人员和零售规模、休闲旅游设施和景区规模等指标水平较好,表明上海的城市交通网络、游憩设施多样性和游客吸引力对城市休闲化进程作用显著。

低于均值水平的指标有28个,占总指标数量的64%。具体为公园个数,星级饭店数量,国家荣誉称号数,国家重点文物保护单位数量,文化馆数量(省、地市级+县级),公共图书馆数量,铁路运输客运量,城市居民人均医疗保健消费支出,每百户城镇常住居民家庭年末家用电脑拥有量,城市居民人均教育文化娱乐服务消费支出,城市居民人均可支配收入,城市居民家庭人均消费性支出,人均生产总值,城市居民人均交通通信消费支出,每百户城镇常住居民家庭年末彩色电视机拥有量,城镇居民家庭恩格尔系数,空气质量达到及好于二级的天数,城市居民人均家庭设备用品及服务消费支出,第三产业就业人数占全部就业人数的比重,城市化率,入境过夜旅游者人均花费,第三产业占地区生产总值比重,市区人均居住面积,城市人均公园绿地面积,城市(建成区)绿化覆盖率,公路运输客运量,国控主要城市区域环境噪声,城市居民消费价格指数等。从中可以发现,低于均值水平的指标主要体现在人均意义上的指标和文化设施规模方面。这说明上海目前的文化设施规模与供给状况,尚无法与上海这座城市在全球的地位相匹配,无法满足不同人群的休闲需求,表明上海的文化建设水平还有待提升,见图 4-1。

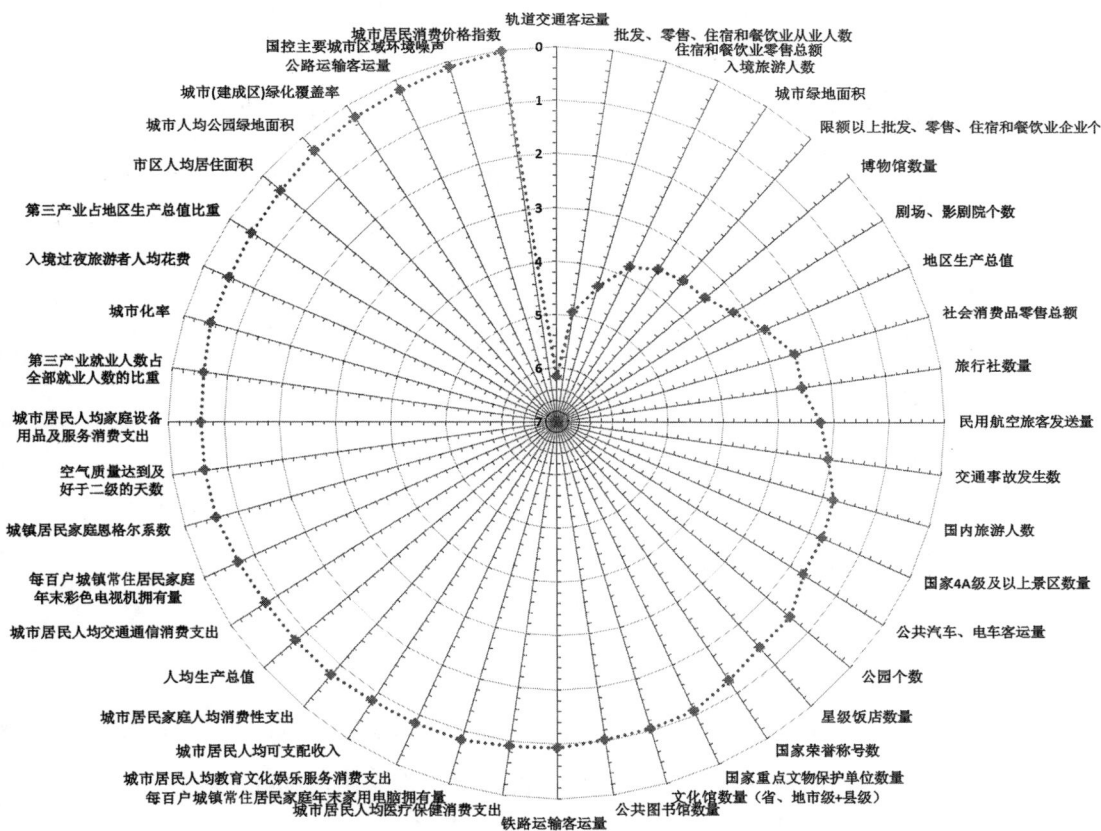

图 4-1　上海 44 个指标水平排列图

二、北京

北京作为我国的政治、文化和国际交往中心,其城市地位使得北京能够集中全国性的优秀公共资源,拥有相当丰富的商业文化服务设施、便捷的交通网络、多元的文化景观等。从数据分析看,北京 44 个指标水平值区间在 0~7,均值为 1.595 8。高于均值的指标有 19 个,占指标总数的

41

43%。具体是轨道交通客运量,住宿和餐饮业零售总额,限额以上批发、零售、住宿和餐饮业企业个数,民用航空发送量,星级饭店数量,批发、零售、住宿和餐饮业从业人数,国家重点文物保护单位数量,公路运输客运量,地区生产总值,国家4A级及以上景区数量,公共汽车、电车客运量,社会消费品零售总额,剧场、影剧院个数,城市绿地面积,博物馆数量,公园个数,旅行社数量,入境旅游人数,国内旅游人数等。其中,指标水平最高的是轨道交通客运量(6.585 1),其次是住宿和餐饮业零售总额(4.889 6)。从中可以看出,北京的交通、餐饮、住宿、文化娱乐、旅游、绿化等产业规模发展较好,尤其是城市内部的交通承载量和住宿餐饮销售状况,足以说明这座城市强大的人口流动性和消费水平。

　　低于均值水平的指标有25个,占总指标数量的57%。具体是铁路运输客运量,城市居民人均医疗保健消费支出,公共图书馆数量,国家荣誉称号数,城市居民人均交通通信消费支出,文化馆数量(省、地市级＋县级),城市居民人均家庭设备用品及服务消费支出,城市居民人均可支配收入,人均生产总值,城市居民人均教育文化娱乐服务消费支出,城市居民家庭人均消费性支出,第三产业就业人数占全部就业人数的比重,城市人均公园绿地面积,每百户城镇常住居民家庭年末家用电脑拥有量,第三产业占地区生产总值比重,城市化率,入境过夜旅游者人均花费,空气质量达到及好于二级的天数,交通事故发生数,每百户城镇常住居民家庭年末彩色电视机拥有量,城镇居民家庭恩格尔系数,市区人均居住面积,城市(建成区)绿化覆盖率,国控主要城市区域环境噪声,城市居民消费价格指数等。从中可以发现,低于均值水平的指标大部分为人均意义上的指标,这表明北京的人均消费水平、人均收入水平、人均绿化水平以及空气质量水平等还比较弱,即与人口规模相比,城市的休闲供给不充分不平衡,导致人均指标水平要弱于规模指标水平,见图4-2。

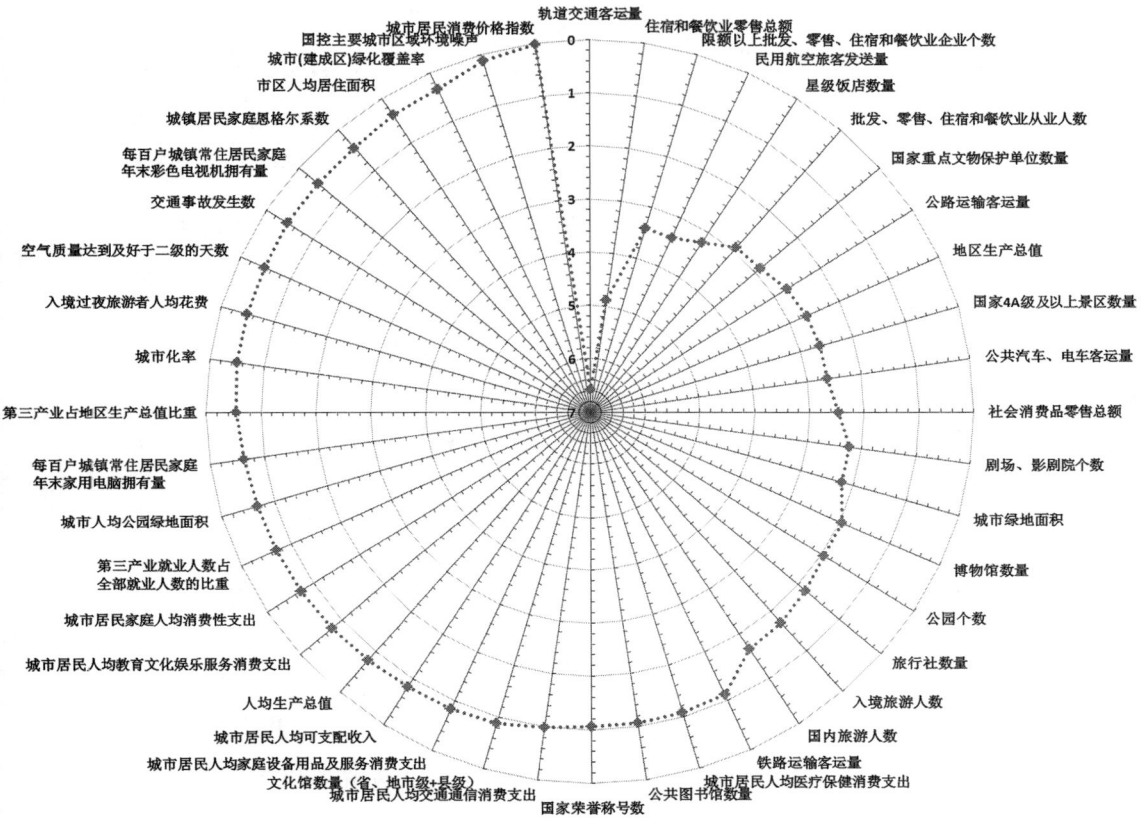

图 4-2　北京 44 个指标水平排列图

三、深圳

　　深圳是计划单列市,是中国经济特区,也是粤港澳大湾区四大中心城市之一。处于改革开放的前沿,具有制度性优势,外来移民较多。同时,深圳的城镇化率达 100%。是中国第一个全部城镇化的城市。从统计数据看,深圳 44 个指标值水平区间在 0~6 之间,均值水平为 1.044 9。高于均值水平的指标有 13 个,占指标总数的 30%。主要有入境旅游人数,批发、零售、住宿和餐饮业从业人数,限额以上批发、零售、住宿和餐饮业企业个数、轨道交通客运量、剧场、影剧院个数、城市绿地面积、地区生产总值、民用航空旅客发送量、住宿和餐饮业零售总额、公共汽车、电车客运量、社会消费品零售总额、公园个数、人均生产总值。其中，指标水平值最高的是入境旅游人数（5.268 2），其次是批发、零售、住宿和餐饮业从业人数（3.850 8）。从中可以看出，深圳的入境旅游业、住宿餐饮业零售规模、交通客运规模、文化娱乐设施规模、城市绿化环境等指标水平较好，表明深圳在城市休闲化进程中，比较重视城市的交通网络建设、城市生态环境建设和国际旅游业发展。

低于均值水平的指标有 31 个，占总指标数量的 70%。具体为城市居民人均交通通信消费支出、国家荣誉称号数、旅行社数量、每百户城镇常住居民家庭年末家用电脑拥有量、空气质量达到及好于二级的天数、星级饭店数量、城市居民人均可支配收入、城市居民家庭人均消费性支出、城市居民人均家庭设备用品及服务消费支出、城市人均公园绿地面积、城市居民人均教育文化娱乐服务消费支出、交通事故发生数、城市化率、铁路运输客运量、博物馆数量、每百户城镇常住居民家庭年末彩色电视机拥有量、公共图书馆数量、城市居民人均医疗保健消费支出、第三产业占地区生产总值比重、公路运输客运量、第三产业就业人数占全部就业人数的比重、入境过夜旅游者人均花费、文化馆数量（省、地市级＋县级）、城市（建成区）绿化覆盖率、城镇居民家庭恩格尔系数、国内旅游人数、国家 4A 级及以上景区数量、市区人均居住面积、国控主要城市区域环境噪声、国家重点文物保护单位数量、城市居民消费价格指数等。从中可以发现，深圳表现较弱的指标主要是人均意义上的指标和文化旅游配套设施的规模，说明深圳在城市休闲化进程中，居民的休闲消费水平还较低，城市的文化旅游服务设施供给也存在不充分性现象，见图 4-3。

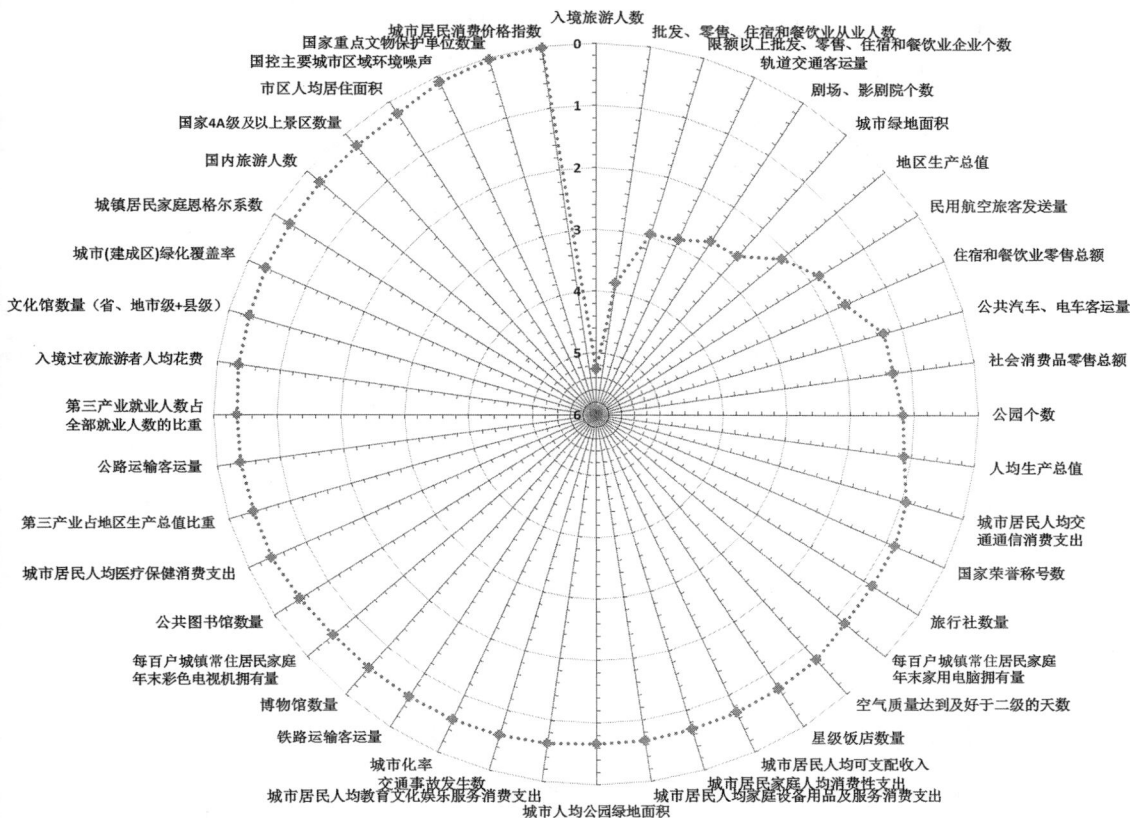

图4-3 深圳44个指标水平排列图

四、广州

广州是国际商贸中心和综合交通枢纽,也是我国著名的沿海开放城市和国家综合改革试验区,地处亚热带,温暖多雨,有"花城"之名。从数据分析看,广州44个指标的水平值区间在0~6之间,均值水平为1.3640。高于均值水平的指标有13个,占指标总数的30%。主要有公路运输客运量,轨道交通客运量,入境旅游人数,城市绿地面积,批发、零售、住宿和餐饮业从业人数,民用航空旅客发送量,限额以上批发、零售、住宿和餐饮业企业个数,剧场、影剧院个数,地区生产总值,社会消费品零售总额,公共汽车、电车客运量,住宿和餐饮业零售总额,公园个数。其中,指标水平值最高的是公路运输客运量(5.534 3),其次是轨道交通客运量(4.890 2)。从中可以看出,广州在城市休闲化进程中,交通优势明显,住宿餐饮业规模较大,国际游客吸引力强。

低于均值水平的指标有 31 个,占总指标数量的 70%。具体为铁路运输客运量,星级饭店数量,国家重点文物保护单位数量,国家荣誉称号数,城市居民人均教育文化娱乐服务消费支出,城市居民人均交通通信消费支出,国家 4A 级及以上景区数量,人均生产总值,城市居民人均家庭设备用品及服务消费支出,旅行社数量,博物馆数量,城市居民人均可支配收入,城市居民家庭人均消费性支出,每百户城镇常住居民家庭年末家用电脑拥有量,城市人均公园绿地面积,空气质量达到及好于二级的天数,交通事故发生数,城市居民人均医疗保健消费支出,公共图书馆数量,入境过夜旅游者人均花费,第三产业就业人数占全部就业人数的比重,文化馆数量(省、地市级+县级),城市化率,第三产业占地区生产总值比重,每百户城镇常住居民家庭年末彩色电视机拥有量,市区人均居住面积,国内旅游人数,城市(建成区)绿化覆盖率,城镇居民家庭恩格尔系数,国控主要城市区域环境噪声,城市居民消费价格指数。从中可以看出,广州在城市休闲化进程中发展较弱的指标主要是文化旅游娱乐接待设施规模、居民人均休闲消费水平以及城市绿化环境,这与广州建设国际大都市的定位还有一定的差距,见图 4-4。

从上海、北京、深圳、广州 4 个超大城市休闲化发展状况看,普遍存在规模指标水平较好,而人均消费类指标水平较弱的现象。这主要是由于城市人口规模过大而带来的发展问题,同时也映射出我国城市在休闲服务供给方面还确实存在不充分不平衡的特征,需要城市在休闲化进程中,

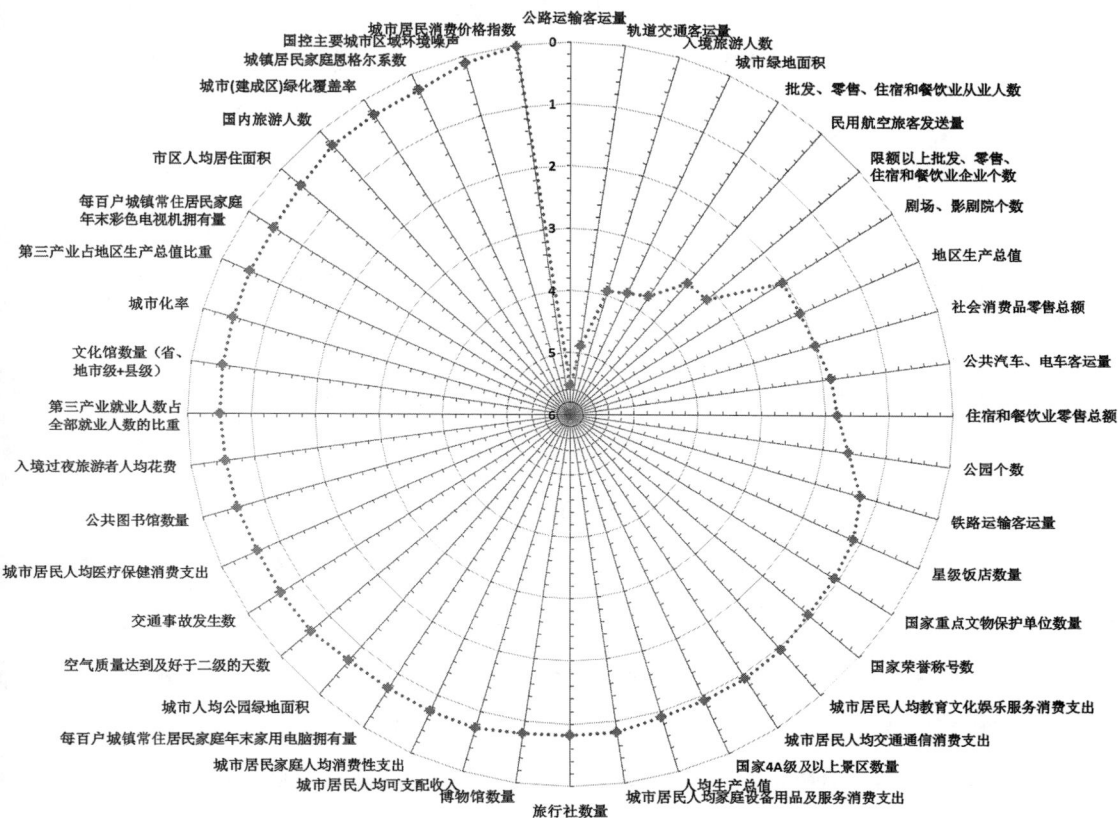

图4-4　广州44个指标水平排列图

除了确保对基础设施和高端空间的建设外，还要重视对多样化产品和服务的挖掘，以满足不同群体的休闲游憩需求。

第二节　特大城市休闲化指数分析

特大城市的常住人口规模在500万以上1000万以下，符合这一标准的城市有武汉、重庆、天津、成都、南京、郑州、杭州、长沙、沈阳等9个城市。从城市所属区域看，4个城市位于东部地区，3个城市处在中部地区，

2 个属于西部地区。从城市行政级别看，9 个城市中除重庆和天津是直辖市外，其余皆为省会城市。

一、武汉

武汉是全国重要的工业基地、科教基地和综合交通枢纽，也是国家历史文化名城、楚文化的重要发祥地。从数据分析可以看出，武汉 44 个指标的水平值区间在 0～2 之间，均值水平为 0.732 3。高于均值水平的指标主要 16 个，占指标总数的 36%。主要有博物馆数量，轨道交通客运量，铁路运输客运量，国内旅游人数，剧场、影剧院个数，社会消费品零售总额，地区生产总值，公共汽车、电车客运量，入境旅游人数，国家重点文物保护单位数量，限额以上批发、零售、住宿和餐饮业企业个数，交通事故发生数，国家荣誉称号数，住宿和餐饮业零售总额，批发、零售、住宿和餐饮业从业人数，人均生产总值。其中，指标水平值最高的是博物馆数量（1.959 9），其次是轨道交通客运量（1.615 5）。从中可以看出，武汉的综合交通枢纽地位明显，轨道交通客运量、铁路运输客运等显示城市内外交通运输量的指标均齐头并进。此外，如博物馆、影剧院等文化娱乐设施规模、旅游接待规模，以及住宿餐饮业规模指标水平也凸显优势，表明武汉的旅游业、文化业和商业等指标发展良好。

低于均值水平的指标有 28 个，占总指标数量的 64%。具体是公共图书馆数量，城市绿地面积，城市居民人均医疗保健消费支出，公路运输客运量，国家 4A 级及以上景区数量，文化馆数量（省、地市级＋县级），每百户城镇常住居民家庭年末家用电脑拥有量，民用航空旅客发送量，城市居民人均可支配收入，旅行社数量，城市居民人均交通通信消费支出，空气质量达到及好于二级的天数，城市居民人均教育文化娱乐服务消费支出，城市居民人均家庭设备用品及服务消费支出，城市居民家庭人均消费性支出,每百户城镇常住居民家庭年末彩色电视机拥有量,公园个数,城市化率,第三产业就业人数占全部就业人数的比重,星级饭店数量,入境过夜旅游者人均花费,城市人均公园绿地面积,市区人均居住面积,第三产业占地区生产总值比重,城镇居民家庭恩格尔系数,城市(建成区)绿化覆盖率,国控主要城市区域环境噪声,城市居民消费价格指数。从中可以看出,武汉在城市休闲化进程中,城市的绿化环境、居民的人均休闲消费水平、空气质量等还比较弱,未来需要着力加强城市的第三产业发展和生态文明建设,提升居民对本地城市的认同感和归属感,见图 4-5。

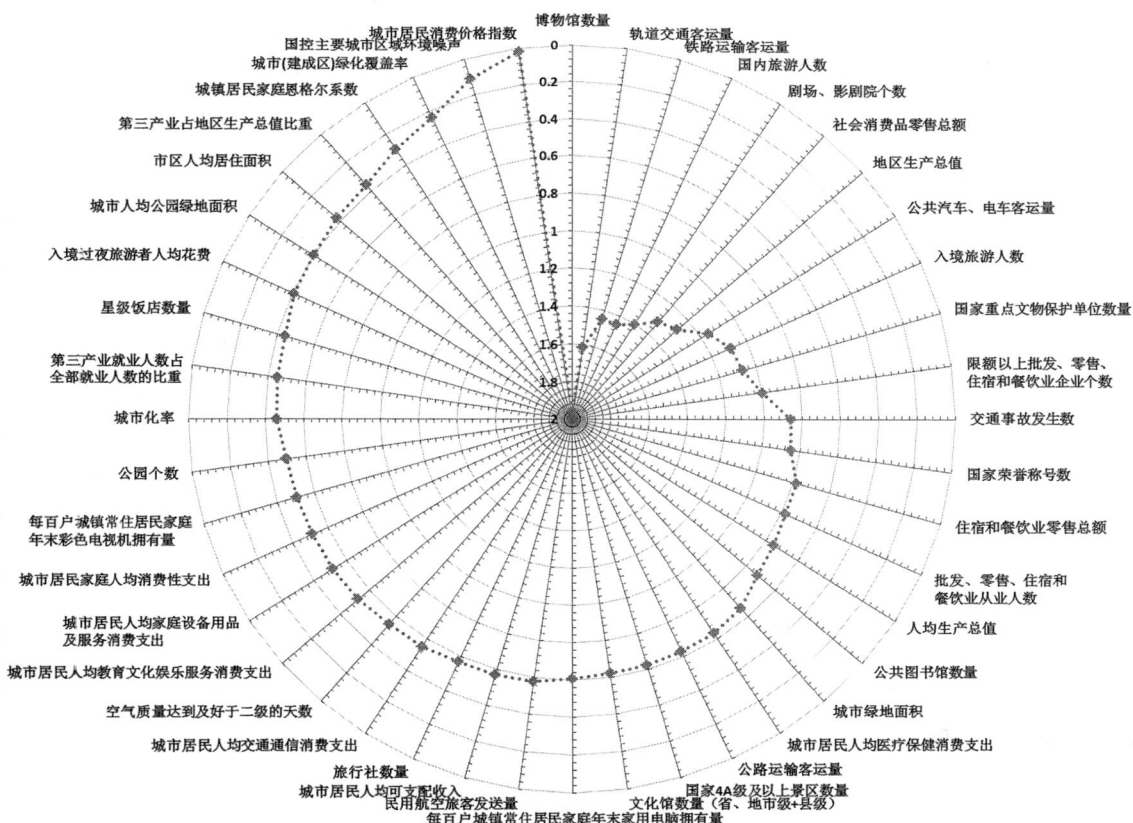

图 4-5　武汉 44 个指标水平排列图

二、重庆

重庆是中国西部地区唯一的直辖市,也是西南地区的经济、金融、科创、航运和商贸物流中心。作为国家历史文化中心,这里的旅游资源相对丰富,有长江三峡、武隆喀斯特等自然景观,也有巴渝文化、红岩精神等人文情怀。从数据分析看,重庆 44 个指标水平值区间在 0~3.5,均值为1.096 6。高于均值水平的指标有 18 个,占指标总数的 41%。主要有公路运输客运量,限额以上批发、零售、住宿和餐饮业企业个数,国内旅游人数,国家 4A 级及以上景区数量,公园个数,博物馆数量,公共汽车、电车客运量,国家重点文物保护单位数量,地区生产总值,公共图书馆数量,社会消费品零售总额,文化馆数量(省、地市级+县级),城市绿地面积,住宿和餐饮业零售总额,星级饭店数量,轨道交通客运量,国家荣誉称号数,民用航空旅客发送量。其中,指标水平值最高的是公路运输客运量(3.230 5),其次是限额以上批发、零售、住宿和餐饮业企业个数(3.108 0)。从中可以发现,重庆的交通客运规模、旅游设施和接待规模、住宿餐饮业规模、文化设施规模、城市绿化环境等指标发展较好,表明重庆在城市休闲化进程中,比较注重城市的旅游休闲吸引力和归属感建设。

低于均值水平的指标有 26 个,占总指标数量的 59%。具体为旅行社数量,入境旅游人数,城市人均公园绿地面积,城市居民人均医疗保健消费支出,空气质量达到及好于二级的天数,城市居民人均交通通信消费支出,铁路运输客运量,城市居民人均家庭设备用品及服务消费支出,每百户城镇常住居民家庭年末彩色电视机拥有量,第三产业就业人数占全部就业人数的比重,城市居民人均教育文化娱乐服务消费支出,每百户城镇常住居民家庭年末家用电脑拥有量,批发、零售、住宿和餐饮业从业人数,城市居民家庭人均消费性支出,市区人均居住面积,人均生产总值,入境过夜旅游者人均花费,城市化率,第三产业占地区生产总值比重,交通事故发生数,城市居民人均可支配收入,城镇居民家庭恩格尔系数,城市(建成区)绿化覆盖率,剧场、影剧院个数,国控主要城市区域环境噪声,城市居民消费价格指数。从中可以发现,重庆城市休闲化进程中发展较弱的指标主要是人均意义上的消费类指标、空气质量、环境质量、娱乐设施规模等,这说明重庆的人均休闲消费水平还比较低,休闲娱乐市场还不够活跃,空气环境还不够舒适宜人,见图4-6。

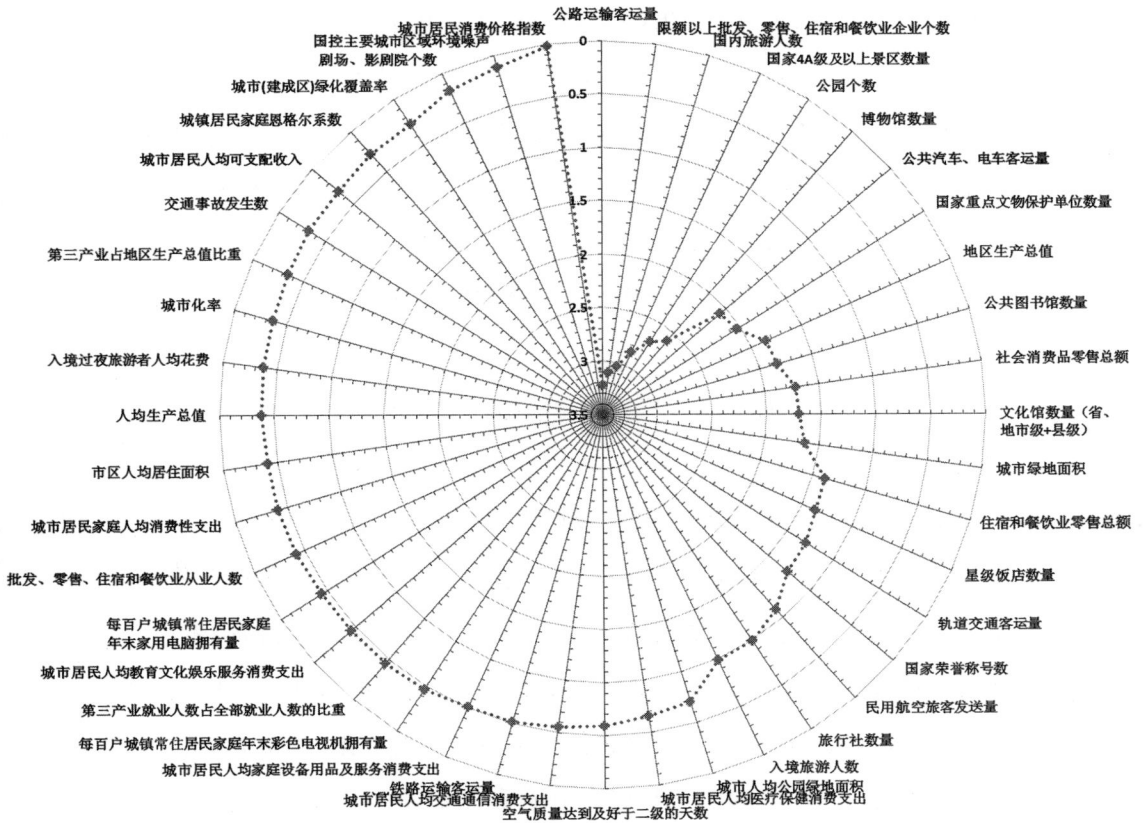

图4-6 重庆44个指标水平排列图

三、天津

　　天津是我国四大直辖市之一,东临渤海,北依燕山,地理位置优越。近年来,伴随着京津冀城市群的快速发展,未来天津的城市发展潜力也不容小觑。从统计数据看,天津 44 个指标的区间值在 0～4 之间,均值为 0.759 6。高于均值水平的指标有 14 个,占指标总数的 32%。主要有批发、零售、住宿和餐饮业从业人数,剧场、影剧院个数,地区生产总值,博物馆数量,社会消费品零售总额,城市绿地面积,国内旅游人数,国家4A 级及以上景区数量,公共汽车、电车客运量,公共图书馆数量,城市居民人均医疗保健消费支出,公园个数,文化馆数量(省、地市级＋县级),公路运输客运量。其中,指标水平值最高的是批发、零售、住宿和餐饮业从业人数(3.542 2),其次是剧场、影剧院个数(2.221 1)。从中可以发现,天津在城市休闲化过程中,批发零售业和住宿餐饮业规模、文化娱乐设施规模、国内旅游人数,以及公共交通客运规模发展较好,表明天津旅游和文化资源吸引力较强,生活性服务业发展态势良好,城市内部交通的便捷度较强。

　　低于均值水平的指标有 30 个,占总指标数量的 68%。具体是旅行社数量,民用航空旅客发送量,人均生产总值,城市居民人均交通通信消费支出,轨道交通客运量,星级饭店数量,第三产业就业人数占全部就业人数的比重,住宿和餐饮业零售总额,第三产业占地区生产总值比重,城市居民人均家庭设备用品及服务消费支出,限额以上批发、零售、住宿和餐饮业企业个数,城市居民家庭人均消费性支出,城市居民人均可支配收入,城市居民人均教育文化娱乐服务消费支出,城市人均公园绿地面积,城市化率,每百户城镇常住居民家庭年末家用电脑拥有量,空气质量达到及好于二级的天数,国家荣誉称号数,市区人均居住面

积,每百户城镇常住居民家庭年末彩色电视机拥有量,入境过夜旅游者
人均花费,铁路运输客运量,入境旅游人数,国家重点文物保护单位数
量,城镇居民家庭恩格尔系数,交通事故发生数,城市(建成区)绿化覆
盖率,国控主要城市区域环境噪声,城市居民消费价格指数。从中可以
发现,天津在城市休闲化进程中发展较弱的指标主要是城市外部交通客
运量、人均意义上的消费类指标、旅游接待与服务规模、空气质量、城市
绿化环境等,这说明天津的人均休闲消费水平还比较低,旅游活动的配
套设施有所欠缺,空气质量和城市生态环境质量较差,不利于户外休闲
游憩活动的开展,见图 4-7。

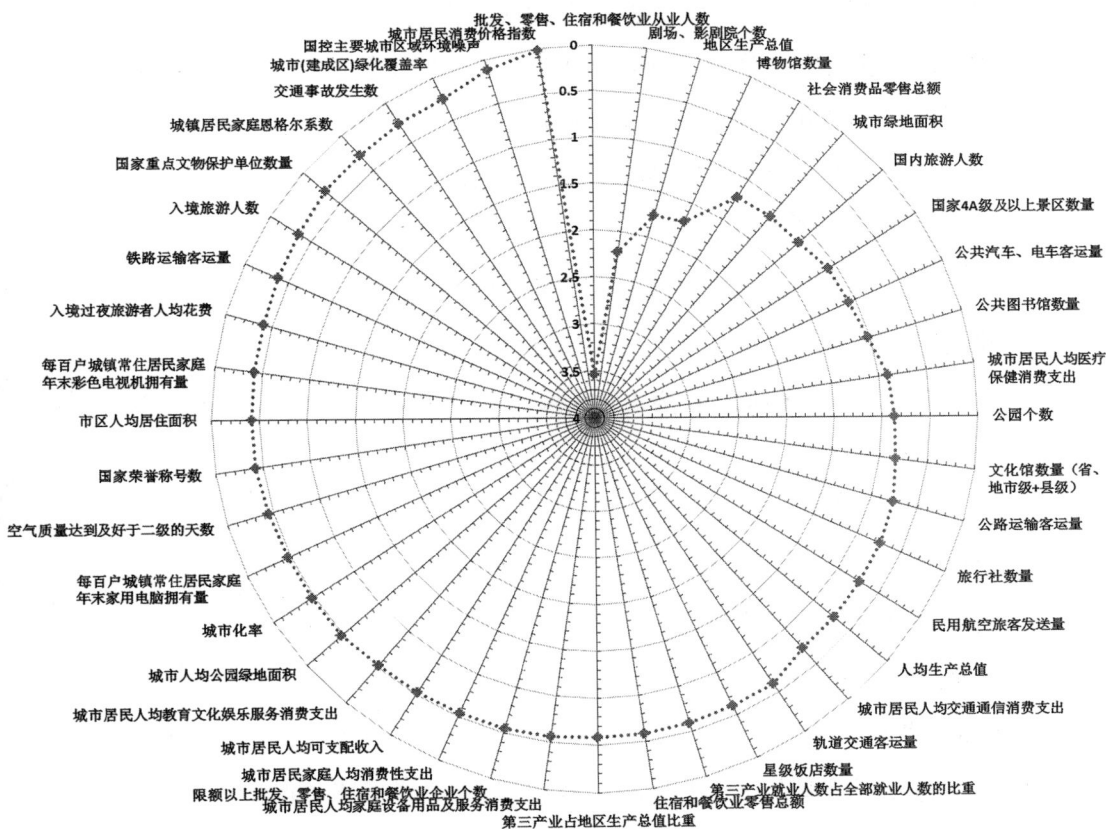

图 4-7　天津 44 个指标水平排列图

四、成都

成都自古享有"天府之国"的美誉,也是国家重要的高新技术产业基地、商贸物流中心和综合交通枢纽。近年来,成都发展速度较快,已经跻身中国新一线城市。成都的美食和旅游行业一直都是支撑成都发展的重要行业,每年都会吸引大批游客进入。从数据分析看,成都44个指标水平值区间在0~7之间,均值水平为0.935 3。高于均值水平的指标有15个,占指标总数的34%。主要有铁路运输客运量,批发、零售、住宿和餐饮业从业人数,民用航空旅客发送量,住宿和餐饮业零售总额,旅行社数量,轨道交通客运量,入境旅游人数,社会消费品零售总额,国家重点文物保护单位数量,地区生产总值,国内旅游人数,公园个数,公共汽车、电车客运量,限额以上批发、零售、住宿和餐饮业企业个数,公共图书馆数量。其中,指标水平值最高的是铁路运输客运量(6.747 4),其次是批发、零售、住宿和餐饮业从业人数(3.218 8)。从中可以看出,成都在城市休闲化进程中发展较好的指标主要是交通客运规模、住宿餐饮业规模、旅游接待和文化设施规模,充分体现成都地处西南,是连接中国东中部和西部地区的重要门户,其交通枢纽地位优势非常显著,同时成都的美食、旅游、文化资源优势也不甘示弱。

低于均值水平的指标有29个,占总指标数量的66%,具体为文化馆数量(省、地市级+县级),博物馆数量,城市绿地面积,城市人均公园绿地面积,国家荣誉称号数,星级饭店数量,公路运输客运量,城市居民人均交通通信消费支出,城市居民人均医疗保健消费支出,人均生产总值,城市居民人均可支配收入,市区人均居住面积,空气质量达到及好于二级的天数,城市居民家庭人均消费性支出,城市居民人均家庭设备用品及服务消费支出,每百户城镇常住居民家庭年末彩色电视机拥有量,第三产业就业人数占全部就业人数的比重,交通事故发生数,城市化率,每百户城镇常住居民家庭年末家用电脑拥有量,国家4A级及以上景区数量,城市居民人均教育文化娱乐服务消费支出,第三产业占地区生产总值比重,入境过夜旅游者人均花费,城市(建成区)绿化覆盖率,城镇居民家庭恩格尔系数,国控主要城市区域环境噪声,剧场/影剧院个数,城市居民消费价格指数。从中可以看出,成都在城市休闲化进程中发展较弱的指标主要集中在文化娱乐接待设施、居民人均休闲消费水平、城市绿化环境等,说明成都的休闲城市建设质量与其拥有的资源优势之间还有一定的差距,在创造城市高品质生活目标上还需要继续努力,见图4-8。

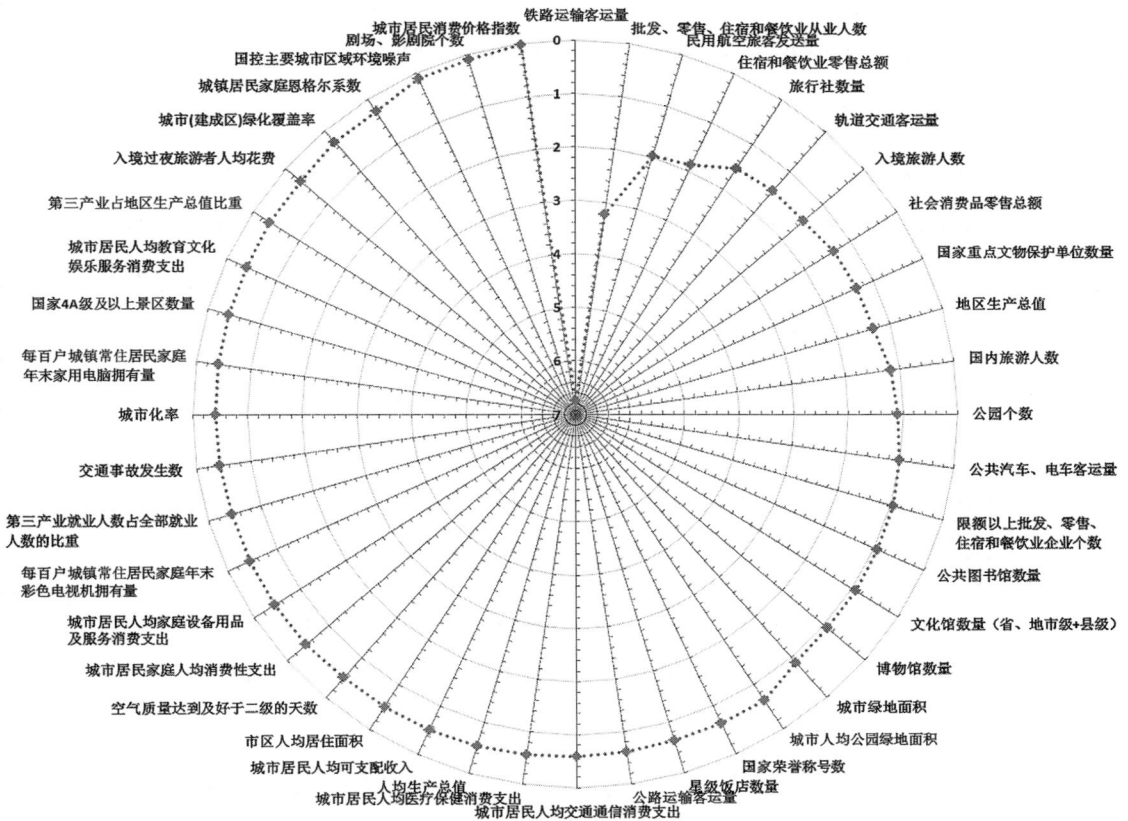

图4-8　成都44个指标水平排列图

五、南京

南京被冠以"六朝古都"之称,其历史文化资源丰厚,而今随着国家经济的飞速发展,南京的现代化建设也在逐步加快,现已成为长三角辐射带动中西部地区发展的国家重要门户城市。从数据分析看,南京44个指标的区间值在0～2.5之间,均值水平为0.794 8。高于均值水平的指标有16个,占指标总数的36%。具体有城市绿地面积,国家重点文物保护单位数量,轨道交通客运量,博物馆数量,交通事故发生数,限额以上批发、零售、住宿和餐饮业企业个数,国家荣誉称号数,社会消费品零售总额,剧场/影剧院个数,地区生产总值,民用航空旅客发送量,城市居民人均教育文化娱乐服务消费支出,旅行社数量,住宿和餐饮业零售总额,公园个数,人均生产总值。其中,指标水平值最高的是城市绿地面积(2.441 1),其次是国家重点文物保护单位数量(1.824 2)。从中可以看出,南京在城市休闲化进程中的城市绿化环境优美,文化底蕴浓厚,同时,住宿餐饮业规模、人均教育文化娱乐消费水平、文化娱乐设施规模发展较好,表明南京城市的休闲生活服务业发展蓬勃,居民的休闲娱乐意愿较强。

低于均值水平的指标有28个,占总指标数量的64%。具体是国家4A级及以上景区数量,城市居民人均交通通信消费支出,公共汽车、电车客运量,国内旅游人数,城市人均公园绿地面积,每百户城镇常住居民家庭年末家用电脑拥有量,公共图书馆数量,城市居民人均可支配收入,城市居民人均医疗保健消费支出,城市居民人均家庭设备用品及服务消费支出,每百户城镇常住居民家庭年末彩色电视机拥有量,文化馆数量(省、地市级＋县级),空气质量达到及好于二级的天数,批发、零售、住宿和餐饮业从业人数,星级饭店数量,城市居民家庭人均消费性支出,公路运输客运量,第三产业就业人数占全部就业人数的比重,城市化率,入境过夜旅游者人均花费,市区人均居住面积,铁路运输客运量,第三产业占地区生产总值比重,城镇居民家庭恩格尔系数,入境旅游人数,城市(建成区)绿化覆盖率,国控主要城市区域环境噪声,城市居民消费价格指数。从中可以看出,南京在城市休闲化进程中发展较弱的指标主要是旅游接待设施和规模、城市空气质量、交通客运规模等,反映出南京的对外旅游吸引力比较薄弱,见图4-9。

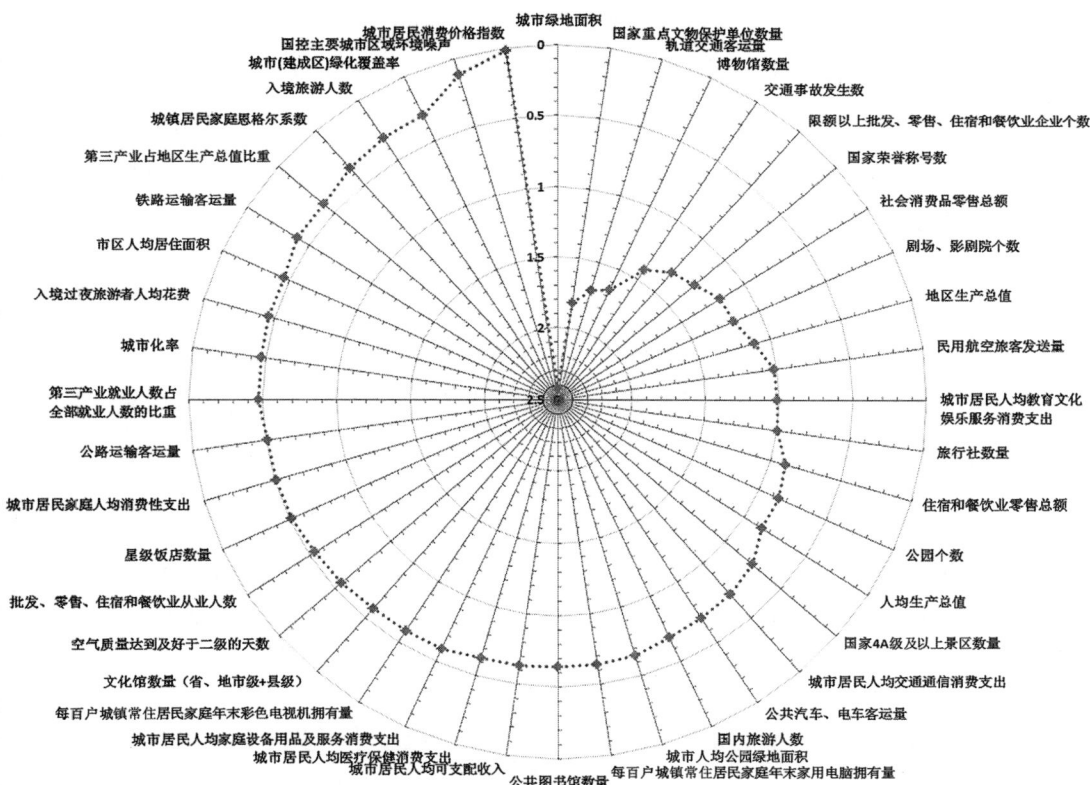

图4-9　南京44个指标水平排列图

六、郑州

郑州是华夏文明的重要发祥地,也是全国重要的铁路、航空、电力、邮政电信主枢纽城市。从数据分析看,郑州 44 个指标水平值区位在 0～3 之间,均值水平为 0.587 6。高于均值水平的指标有 13 个,占指标总数的 30%。具体为国家重点文物保护单位数量,交通事故发生数,剧场、影剧院个数,限额以上批发、零售、住宿和餐饮业企业个数,博物馆数量,地区生产总值,社会消费品零售总额,国家荣誉称号数,公共图书馆数量,城市居民人均家庭设备用品及服务消费支出,公园个数,公共汽车、电车客运量,住宿和餐饮业零售总额。其中,国家重点文物保护单位数量的水平值最高(2.740 0),其次是交通事故发生数(1.254 1),这充分反映出郑州在城市休闲化进程中,其文化设施规模、住宿和餐饮接待规模、人均休闲消费水平等指标发展良好,这与郑州自身丰厚的历史文化资源和城市人口规模有关。

低于均值水平的指标有 31 个,占指标数量权重的 70%,具体为文化馆数量(省、地市级+县级),人均生产总值,国内旅游人数,城市居民人均医疗保健消费支出,公路运输客运量,城市人均公园绿地面积,国家 4A 级及以上景区数量,星级饭店数量,城市绿地面积,每百户城镇常住居民家庭年末家用电脑拥有量,城市居民人均教育文化娱乐服务消费支出,旅行社数量,城市居民人均可支配收入,每百户城镇常住居民家庭年末彩色电视机拥有量,城市居民家庭人均消费性支出,市区人均居住面积,轨道交通客运量,铁路运输客运量,城市化率,第三产业就业人数占全部就业人数的比重,第三产业占地区生产总值比重,空气质量达到及好于二级的天数,城镇居民家庭恩格尔系数,入境过夜旅游者人均花费,城市(建成区)绿化覆盖率,入境旅游人数,批发、零售、住宿和餐饮业从业人数,民用航空旅客发送量,城市居民人均交通通信消费支出,国控主要城市区域环境噪声,城市居民消费价格指数。从中可以看出,郑州在城市休闲化进程中,发展较弱的指标主要集中在城市生态环境、旅游接待设施规模、交通设施规模等方面,说明郑州在城市的休闲环境、休闲服务方面的投入还比较低,未来随着郑州城市地位的提升,需要进一步加强城市自身吸引力要素的建设,见图 4 - 10。

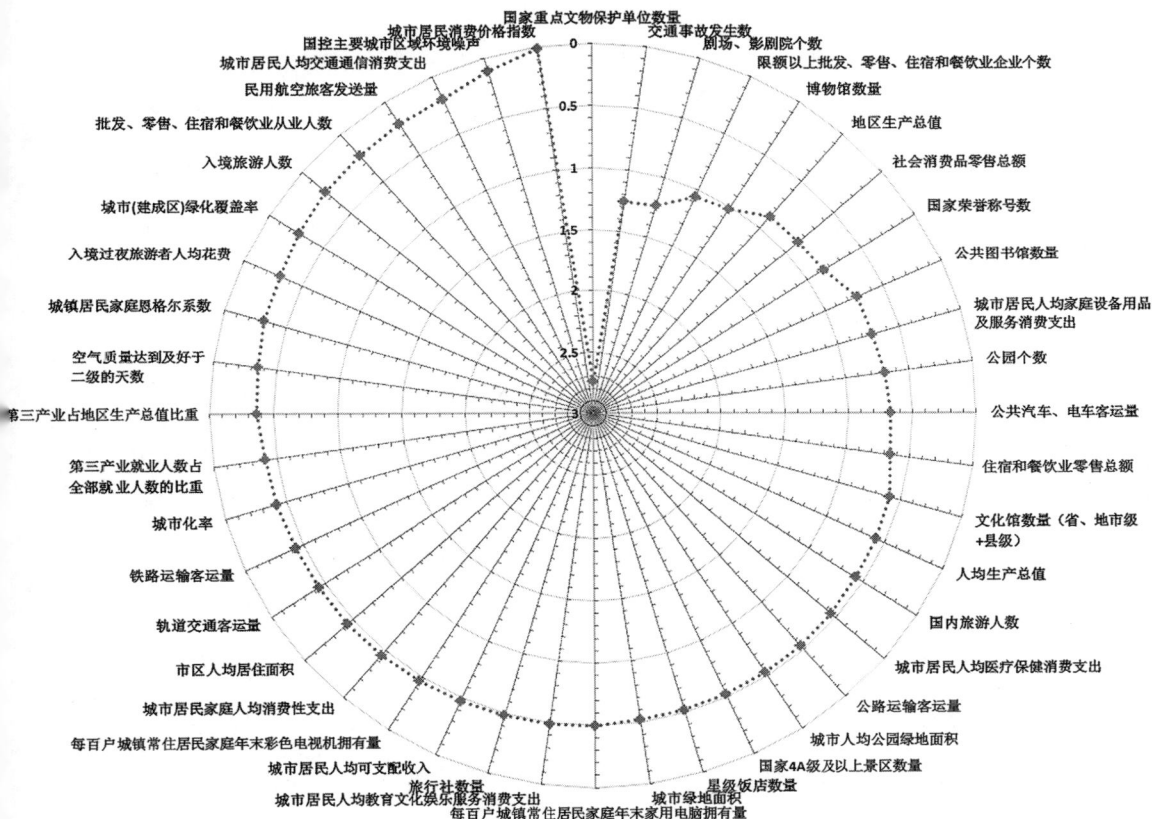

图 4 - 10　郑州 44 个指标水平排列图

七、杭州

杭州地处长三角区域,是国际重要的电子商务中心,人文古迹众多,素有"人间天堂"的美誉。从数据分析看,杭州 44 个指标水平值区间在 0~3 之间,均值为 0.858 3。高于均值水平的指标有 17 个,占指标总数的 39%。具体为限额以上批发、零售、住宿和餐饮业企业个数,入境旅游人数,博物馆数量,剧场、影剧院个数,公园个数,国家重点文物保护单位数量,国家荣誉称号数,旅行社数量,社会消费品零售总额,国家 4A 级及以上景区数量,地区生产总值,住宿和餐饮业零售总额,公共汽车、电车客运量,交通事故发生数,城市居民人均交通通信消费支出,国内旅游人数,星级饭店数量。其中,限额以上批发、零售、住宿和餐饮业企业个数水平值最高(2.914 0),其次是入境旅游人数(1.755 6)。从中可以看出,杭州在城市休闲化进程中,比较重视消费类商业的发展,文化娱乐设施和旅游接待设施的建设,且该城市的旅游资源对境外旅游者有较大的吸引力。

低于均值水平的指标有 27 个,占指标数量权重的 61%。具体为人均生产总值,公路运输客运量,城市居民人均医疗保健消费支出,民用航空旅客发送量,城市居民人均教育文化娱乐服务消费支出,每百户城镇常住居民家庭年末家用电脑拥有量,每百户城镇常住居民家庭年末彩色电视机拥有量,城市居民人均可支配收入,城市居民家庭人均消费性支出,批发、零售、住宿和餐饮业从业人数,公共图书馆数量,轨道交通客运量,城市居民人均家庭设备用品及服务消费支出,文化馆数量(省、地市级＋县级),空气质量达到及好于二级的天数,城市绿地面积,城市人均公园绿地面积,铁路运输客运量,入境过夜旅游者人均花费,城市化率,第三产业就业人数占全部就业人数的比重,第三产业占地区生产总值比重,市区人均居住面积,城镇居民家庭恩格尔系数,城市(建成区)绿化覆盖率,国控主要城市区域环境噪声,城市居民消费价格指数。从中可以看出,杭州城市休闲化进程中发展较弱的指标主要集中在交通客运规模、城市生态环境方面,说明杭州的交通通达能力、城市生态文明建设都需要大力加强,见图 4‐11。

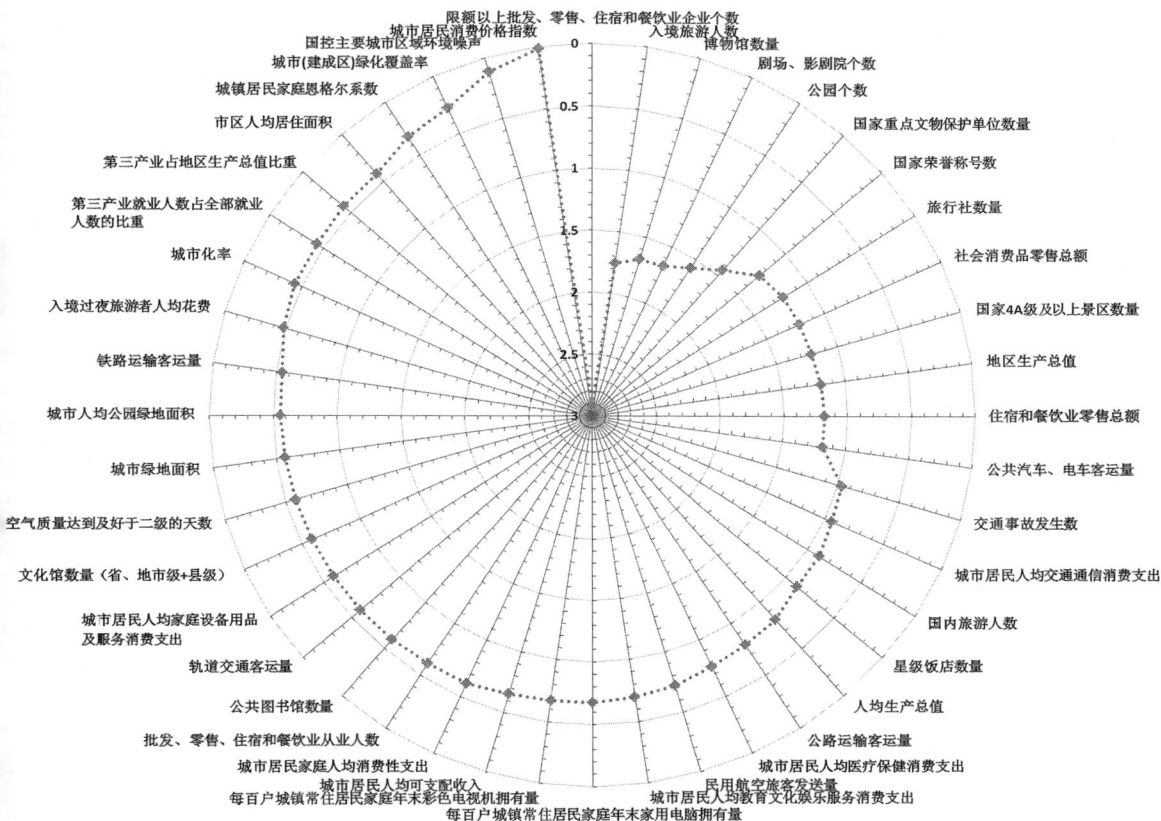

图 4-11　杭州 44 个指标水平排列图

八、长沙

　　长沙地处长江中游地区,是长江经济带重要的节点城市,文化传媒和休闲娱乐产业相对发达,打造了"电视湘军""出版湘军""动漫湘军"等文化品牌。从数据分析看,长沙 44 个指标水平区间在 0～1.5 之间,均值水平为 0.545 6。高于均值水平的指标有 15 个,占指标总数的 34%。具体为国家荣誉称号数,城市居民人均教育文化娱乐服务消费支出,地区生产总值,社会消费品零售总额,国家重点文物保护单位数

61

量,城市居民人均家庭设备用品及服务消费支出,城市居民人均交通通信消费支出,限额以上批发、零售、住宿和餐饮业企业个数,人均生产总值,城市居民人均医疗保健消费支出,国内旅游人数,国家4A级及以上景区数量,城市居民家庭人均消费性支出,入境旅游人数,空气质量达到及好于二级的天数。其中,国家荣誉称号数的水平值最高(1.270 5),其次是城市居民人均教育文化娱乐服务消费支出(1.121 0)。从高于均值水平的指标看,长沙在城市休闲化进程中表现较好的指标主要是人均休闲消费水平、娱乐设施规模,充分体现了长沙本地居民休闲娱乐需求的旺盛。

低于均值水平的指标有 29 个,占指标数量权重的 66%,具体为城市居民人均可支配收入,公共汽车、电车客运量,每百户城镇常住居民家庭年末家用电脑拥有量,旅行社数量,市区人均居住面积,公共图书馆数量,文化馆数量(省、地市级＋县级),博物馆数量,第三产业就业人数占全部就业人数的比重,住宿和餐饮业零售总额,城市化率,每百户城镇常住居民家庭年末彩色电视机拥有量,交通事故发生数,民用航空旅客发送量,轨道交通客运量,公路运输客运量,第三产业占地区生产总值比重,城市绿地面积,入境过夜旅游者人均花费,城镇居民家庭恩格尔系数,星级饭店数量,剧场/影剧院个数,城市人均公园绿地面积,批发、零售、住宿和餐饮业从业人数,城市(建成区)绿化覆盖率,铁路运输客运量,公园个数,国控主要城市区域环境噪声,城市居民消费价格指数。从中可以看出,长沙在城市休闲化进程中表现较弱的指标主要是住宿餐饮业等商业零售规模、文化设施规模、旅游接待规模和水平等,这说明,尽管长沙居民休闲娱乐需求旺盛,但相应的产业供给相对单一,同时城市的对外吸引力较弱,见图 4-12。

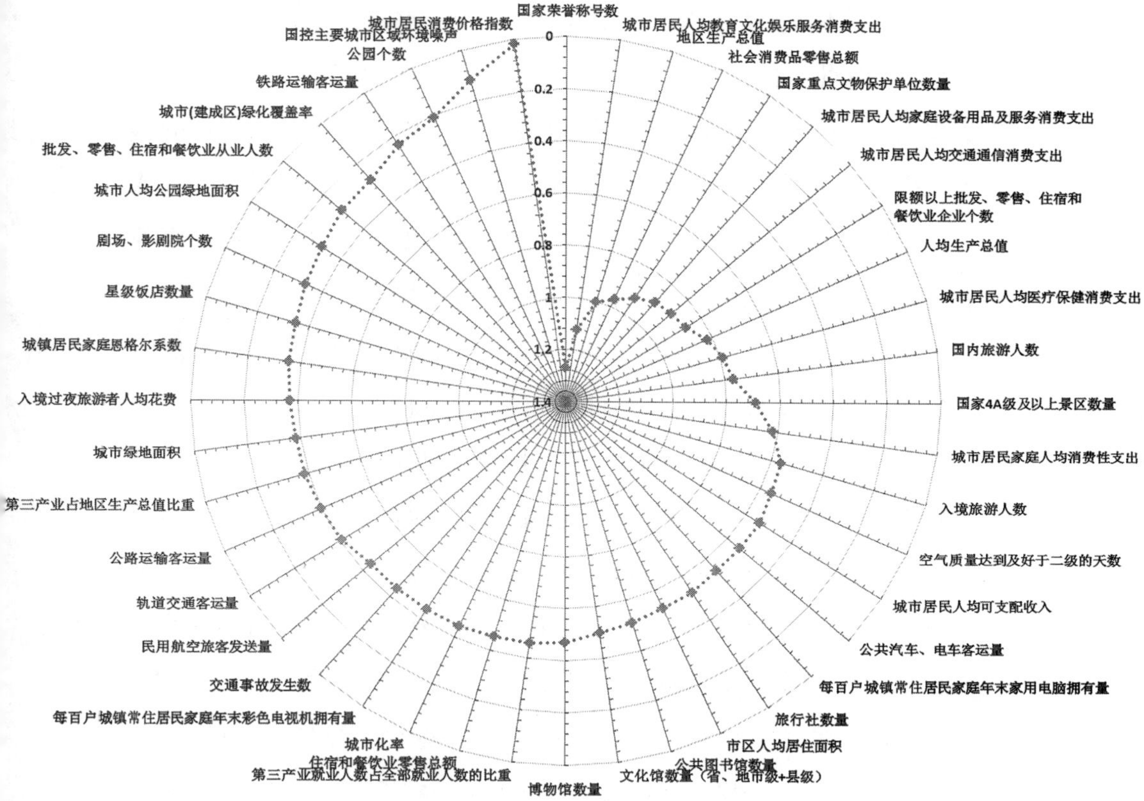

图 4-12　长沙 44 个指标水平排列图

九、沈阳

沈阳位于东北地区的中心地区,是先进装备制造业基地,同时拥有极其深厚的历史底蕴,文化资源丰厚。从数据分析看,沈阳 44 个指标水平区间在 0~2 之间,均值为 0.563 9。高于均值的指标有 17 个,占指标总数的 39%。具体是交通事故发生数,文化馆数量(省、地市级＋县级),国家荣誉称号数,公路运输客运量,公共图书馆数量,城市居民人均交通通信消费支出,社会消费品零售总额,公共汽车、电车客运量,公园个数,剧场、影剧院个数,限额以上批发、零售、住宿和餐饮业企业个数,城市居民人均家庭设备用品及服务消费支出,城市居民人均医疗保健消费支出,城市居民人均教育文化娱乐服务消费支出,批发、零售、住宿和餐饮业从业人数,国家重点文物保护单位数量,城市绿地面积。其中,交通事故发生数的水平值最高(1.517 7),其次是文化馆数量(省、地市级+县级)(1.206 1)。从中可以发现,沈阳的文化设施规模、人均休闲消费支出水平、客运规模等表现良好,反映出沈阳丰富的文化资源为该城市休闲化进程促进作用明显,同时由于沈阳城市人口规模较低,休闲文化设施供给与消费需求之间匹配良好,从人均消费水平看,人们的休闲获得感较高。

低于均值水平的指标有 27 个,占指标数量权重发的 61%。具体是国家 4A 级及以上景区数量,地区生产总值,空气质量达到及好于二级的天数,城市居民人均可支配收入,城市居民家庭人均消费性支出,轨道交通客运量,城市人均公园绿地面积,城市化率,星级饭店数量,住宿和餐饮业零售总额,第三产业就业人数占全部就业人数的比重,人均生产总值,每百户城镇常住居民家庭年末家用电脑拥有量,旅行社数量,国内旅游人数,每百户城镇常住居民家庭年末彩色电视机拥有量,第三产业占地区生产总值比重,铁路运输客运量,入境过夜旅游者人均花费,博物馆数量,市区人均居住面积,城镇居民家庭恩格尔系数,入境旅游人数,民用航空旅客发送量,城市(建成区)绿化覆盖率,国控主要城市区域环境噪声,城市居民消费价格指数。这些指标主要反映的是城市的生态环境质量、旅游接待规模、住宿餐饮业规模,说明沈阳在城市休闲化进程中,城市的环境建设、对外吸引力等方面还比较弱,见图 4-13。

从武汉、重庆、天津、成都、南京、郑州、杭州、长沙、沈阳 9 个特大城市休闲化发展状况看,发展较好的指标主要是文化设施规模、交通客运规模等,这主要得益于以上大多数城市都是处于重要交通节点,而且城市经济相对发达,第三产业发展相对较好,也为城市休闲化发展奠定扎实的基础。

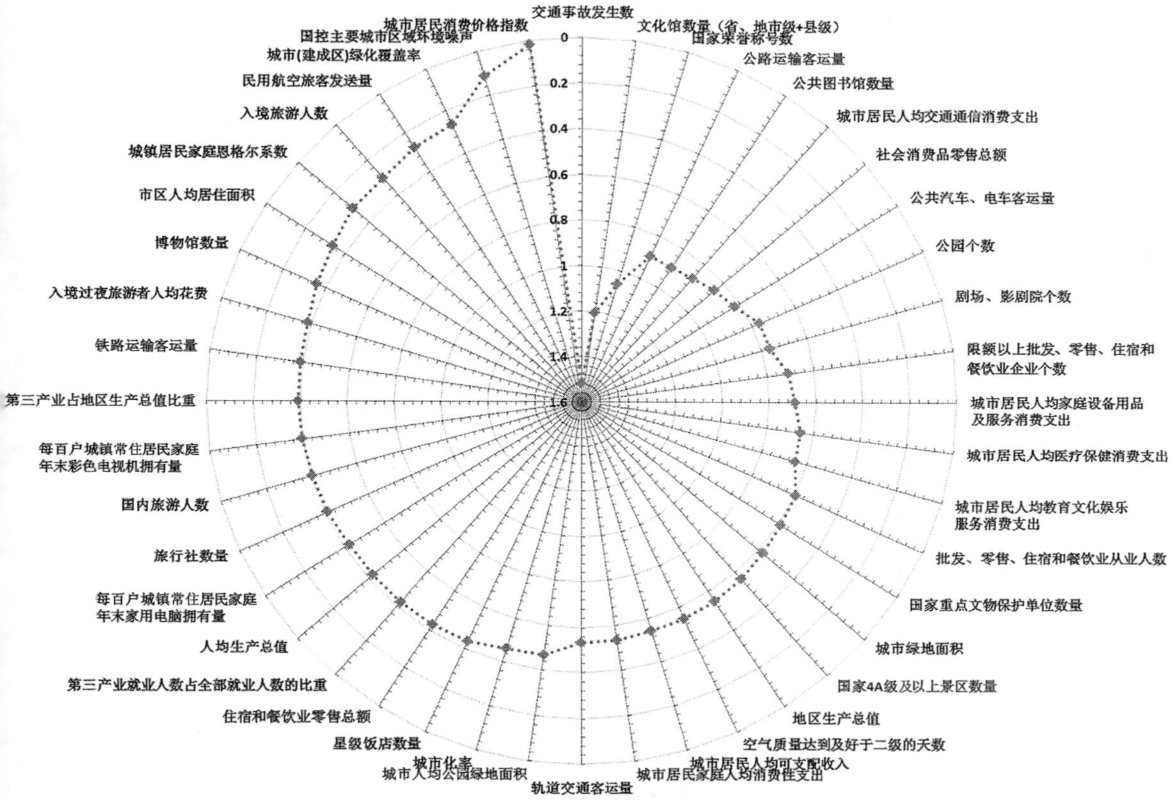

图 4-13　沈阳 44 个指标水平排列图

其中值得注意的是,南京、长沙、沈阳这 3 个城市的人均消费指标水平较高,存在潜在的休闲消费市场。同时,9 个特大城市在城市生态环境、空气质量等方面均表现不佳,说明目前对休闲空间环境的建设有所疏漏,这也是未来城市发展追求高质量发展、创造高品质生活需要重点注意的问题。

第三节　Ⅰ型大城市休闲化指数分析

常住人口规模在 300 万以上 500 万以下的城市为Ⅰ型大城市,符合这一标准的城市有西安、哈尔滨、青岛、长春、济南、大连、合肥、昆明、太原、厦门、南宁、宁波等 12 个城市。从城市区域分布看,东部城市有青岛、济南、大连、厦门、宁波 5 个城市,中部城市有哈尔滨、长春、合肥、太原 4 个城市,西部城市有西安、昆明、南宁 3 个城市;从城市行政级别看,12 个城市中除青岛、大连、厦门、宁波是计划单列市外,其余皆为省会城市。

一、西安

西安是国家重要的科研、教育、工业基地,拥有丰富的历史文化、教育资源,被评为中国最佳旅游目的地、中国国际形象最佳城市之一。从数据分析看,西安 44 个指标水平区间在 0～3.5 之间,均值水平为 0.726 6。高于均值水平的指标有 13 个,占指标总数的 30%。具体为博物馆数量,批发、零售、住宿和餐饮业从业人数,国家重点文物保护单位数量,民用航空旅客发送量,轨道交通客运量,公共汽车、电车客运量,国内旅游人数,公路运输客运量,社会消费品零售总额,国家 4A 级及以上景区数量,国家荣誉称号数,城市绿地面积,限额以上批发、零售、住宿和餐饮业企业个数。其中,博物馆数量指标水平值最高(3.340 1),其次是批发、零售、住宿和餐饮业从业人数(2.314 7),这充分体现出西安的历史文化资源优势。从高于均值水平的指标看,西安在城市休闲化进程中,表现良好的指标主要集中在文化设施规模、旅游设施规模、交通运输规模、餐饮住宿规模等,这些指标与西安本身的资源特性和地理区位有关,这一结果间接反映出西安城市产业自身的生产供给能力较弱。

低于均值水平的指标有 31 个,占指标数量权重的 70%。具体为旅行社数量,地区生产总值,入境旅游人数,城市居民人均医疗保健消费支出,公园个数,住宿和餐饮业零售总额,文化馆数量(省、地市级＋县级),星级饭店数量,公共图书馆数量,剧场、影剧院个数,城市居民人均家庭设备用品及服务消费支出,城市人均公园绿地面积,城市居民人均可支配收入,城市居民人均交通通信消费支出,交通事故发生数,人均生产总值,城市居民人均教育文化娱乐服务消费支出,每百户城镇常住居民家庭年末家用电脑拥有量,城市居民家庭人均消费性支出,市区人均居住面积,城市化率,第三产业占地区生产总值比重,每百户城镇常住居民家庭年末彩色电视机拥有量,空气质量达到及好于二级的天数,入境过夜旅游者人均花费,铁路运输客运量,城镇居民家庭恩格尔系数,城市(建成区)绿化覆盖率,第三产业就业人数占全部就业人数的比重,国控主要城市区域环境噪声,城市居民消费价格指数。从中可以发现,西安在城市休闲化进程中发展较弱的指标主要集中在城市环境、入境旅游接待规模和水平、人均休闲消费水平、家庭娱乐产品规模等,这说明西安在城市的对外吸引力、城市自身的休闲娱乐产品供给方面都还需要加强建设,见图4-14。

二、哈尔滨

哈尔滨位于东北地区,是中国东北北部政治、经济、文化中心,被誉为欧亚大陆桥的明珠,因历史原因吸收了西方的、俄国的、日本的城市建筑文化,形成了独特的城市风貌。从数据分析看,哈尔滨44个指标水平区间在0~1.5之间,均值为0.5015。高于均值的指标有18个,占指标总数的41%。具体为博物馆数量,国家荣誉称号数,公共汽车、电车客运量,国家4A级及以上景区数量,文化馆数量(省、地市级+县级),社会消费品零售总额,公共图书馆数量,城市居民人均医疗保健消费支出,城市居民人均交通通信消费支出,剧场、影剧院个数,地区生产总值,公园个数,城市居民人均教育文化娱乐服务消费支出,空气质量达到及好于二级的天数,第三产业就业人数占全部就业人数的比重,国家重点文物保护单位数量,旅行社数量,每百户城镇常住居民家庭年末家用电脑拥有量。其中,博物

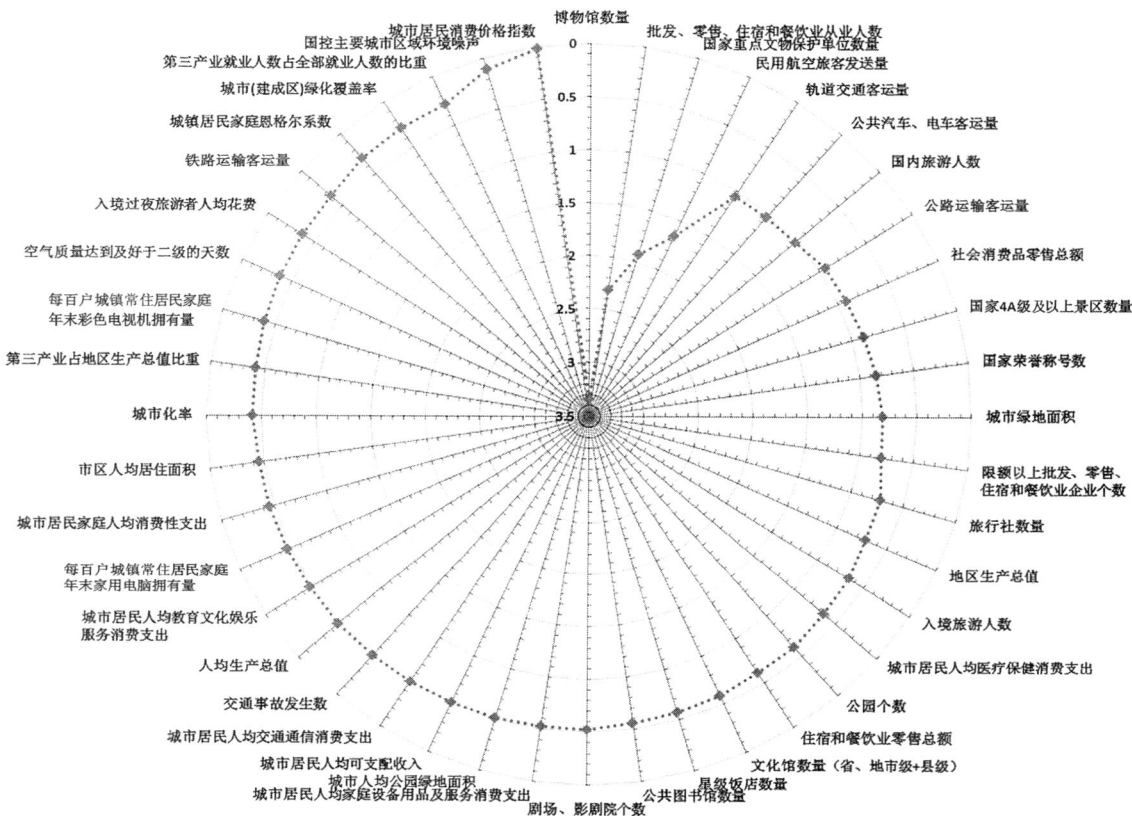

图 4-14 西安 44 个指标水平排列图

馆数量水平值最高(1.325 0),其次是国家荣誉称号数(1.270 5)。从中可以发现,哈尔滨的文化设施规模、人均休闲消费水平、旅游接待设施规模等指标表现良好,反映出哈尔滨在城市休闲化进程中,比较注重城市的文化建设和旅游产业发展。与此同时,由于人口规模较小,产业规模能够较好地满足人们的休闲文化娱乐需求。

低于均值水平的指标有 26 个,占指标数量权重的 59%。具体为城市居民人均家庭设备用品及服务消费支出,交通事故发生数,城市居民人均可支配收入,城市居民家庭人均消费性支出,国内旅游人数,公路运输客运量,星级饭店数量,人均生产总值,入境过夜旅游者人均花费,每百户城

第四章 36 个城市的休闲化指数分析

镇常住居民家庭年末彩色电视机拥有量,限额以上批发、零售、住宿和餐饮业企业个数,第三产业占地区生产总值比重,民用航空旅客发送量,城市人均公园绿地面积,城市绿地面积,铁路运输客运量,市区人均居住面积,城市化率,城镇居民家庭恩格尔系数,住宿和餐饮业零售总额,城市(建成区)绿化覆盖率,轨道交通客运量,国控主要城市区域环境噪声,入境旅游人数,批发、零售、住宿和餐饮业从业人数,城市居民消费价格指数。从中可以看出,哈尔滨在城市休闲化进程中发展较弱的指标主要集中在城市的绿化环境、旅游接待规模、住宿餐饮业规模等,说明哈尔滨城市的生态文明建设、对外吸引力都处于低水平状态,见图4-15。

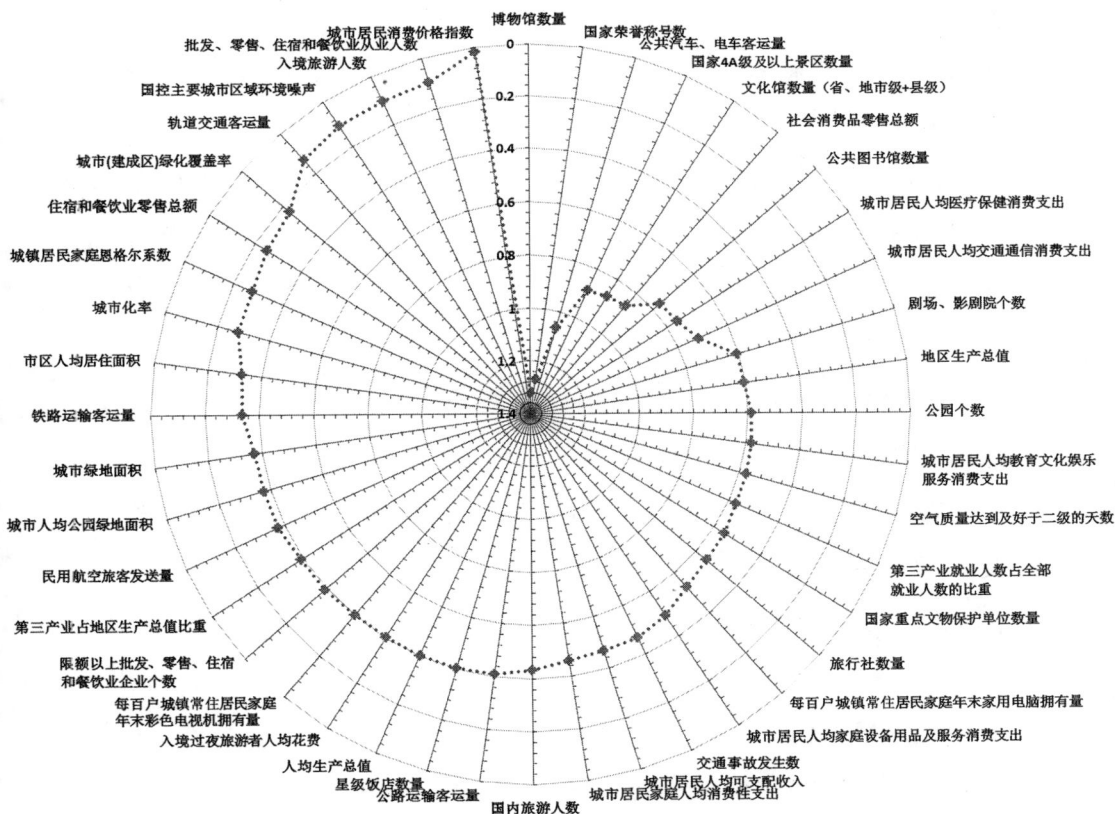

图 4-15 哈尔滨 44 个指标水平排列图

69

三、青岛

青岛地处山东,是中国五大计划单列市之一,也被评为中国最具幸福感城市,该市最大的优势是海洋资源。从数据分析看,青岛 44 个指标水平值区间在 0~1.5 之间,均值为 0.591 4 于均值水平的指标有 21 个,占指标总数的 48%。具体为公园个数,国家荣誉称号数,地区生产总值,社会消费品零售总额,城市绿地面积,批发、零售、住宿和餐饮业从业人数,民用航空旅客发送量,限额以上批发、零售、住宿和餐饮业企业个数,旅行社数量,交通事故发生数,国家 4A 级及以上景区数量,公共汽车、电车客运量,城市居民人均交通通信消费支出,剧场/影剧院个数,人均生产总值,城市人均公园绿地面积,城市居民人均家庭设备用品及服务消费支出,入境旅游人数,星级饭店数量,城市居民人均可支配收入,空气质量达到及好于二级的天数。其中,公园个数的水平值最高(1.128 3),其次是国家荣誉称号数(1.058 7)。从中可以发现,青岛的生态环境建设比较好,人均休闲消费水平也较好,这与青岛自身的地理位置、气候环境、人口规模有关。

低于均值水平的指标有 23 个,占指标数量权重的 52%。具体为城市居民人均医疗保健消费支出,国家重点文物保护单位数量,城市居民家庭人均消费性支出,公共图书馆数量,城市居民人均教育文化娱乐服务消费支出,文化馆数量(省、地市级+县级),国内旅游人数,每百户城镇常住居民家庭年末家用电脑拥有量,住宿和餐饮业零售总额,城市化率,第三产业就业人数占全部就业人数的比重,入境过夜旅游者人均花费,市区人均居住面积,第三产业占地区生产总值比重,每百户城镇常住居民家庭年末彩色电视机拥有量,博物馆数量,城镇居民家庭恩格尔系数,公路运输客运量,城市(建成区)绿化覆盖率,铁路运输客运量,轨道交通客运量,国控主要城市区域环境噪声,城市居民消费价格指数。从中可以看出,青岛在城市休闲化进程中发展较弱的指标主要集中在交通客运规模、文化设施规模、消费类商业发展规模等,说明青岛在对内的旅游吸引力和竞争力方面不够强,需要加强多元化休闲业态发展,突破单一的旅游产业模式,提升城市吸引力,见图4-16。

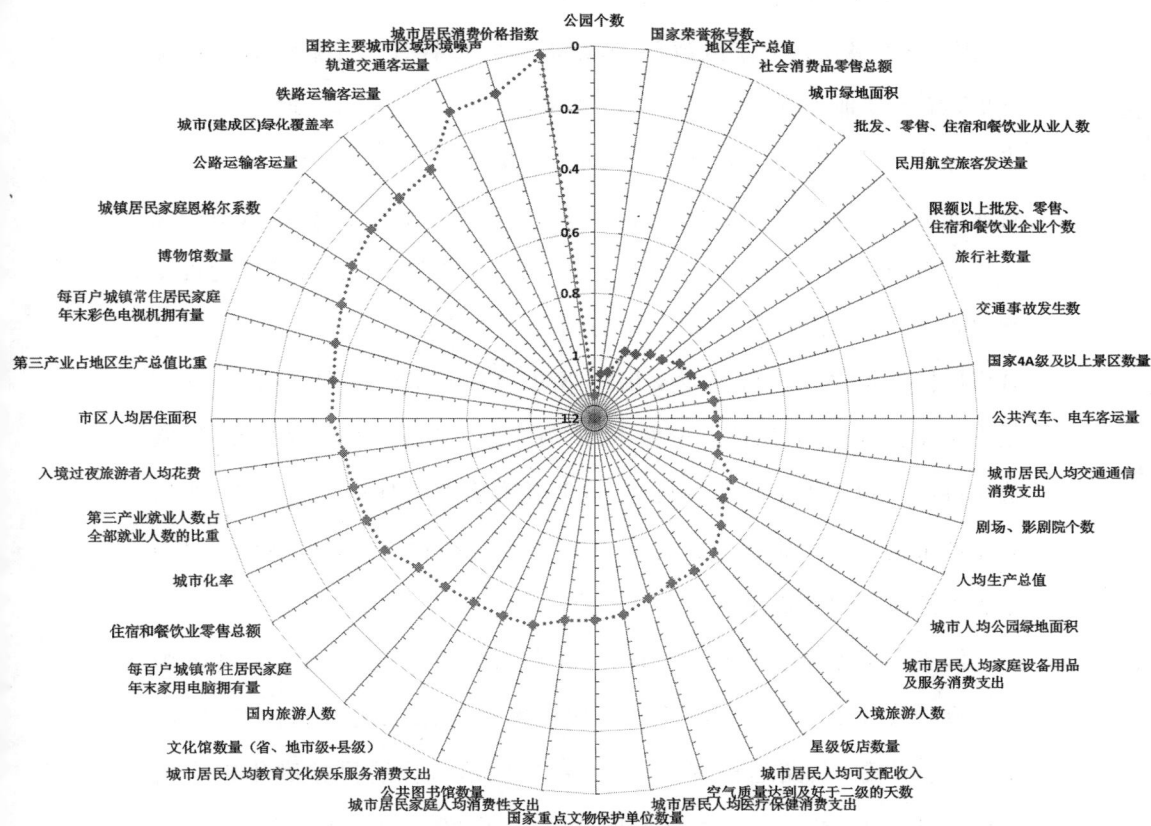

图4-16 青岛44个指标水平排列图

四、长春

长春是东北地区的中心城市之一,曾是伪满洲国首都,具有众多历史古迹、工业遗产和文化遗存。从数据分析看,长春44个指标水平区间在0~1之间,均值为0.434 4。高于均值的指标有23个,占指标总数的52%。具体为剧场、影剧院个数,城市居民人均医疗保健消费支出,公园个数,城市居民人均交通通信消费支出,博物馆数量,社会消费品零售总额,地区生产总值,限额以上批发、零售、住宿和餐饮业企业个数,空气质量达到及好于二级的天数,公共汽车、电车客运量,人均生产总值,国家4A级及以上景区数量,城市居民人均教育文化娱乐服务消费支出,城市绿地面积,公共图书馆数量,文化馆数量(省、地市级＋县级),城市人均公园绿地面积,城市居民家庭人均消费性支出,第三产业就业人数占全部就业人数的比重,入境过夜旅游者人均花费,城市居民人均家庭设备用品及服务消费支出,国内旅游人数,城市居民人均可支配收入。其中,剧场、影剧院个数的指标水平值最高(0.961 7),其次是城市居民人均医疗保健消费支出(0.882 7)。从中可以发现,长春的文化娱乐设施规模、人均休闲消费水平、城市空气质量、城市绿化环境、旅游接待设施规模等指标表现良好,说明长春在城市休闲化进程中,比较关注城市的文化与旅游产业发展,同时城市空间和产业规模能够满足当地居民的休闲消费需求。

低于均值水平的指标有21个,占指标数量权重的48%。具体为交通事故发生数,每百户城镇常住居民家庭年末家用电脑拥有量,国家荣誉称号数,公路运输客运量,每百户城镇常住居民家庭年末彩色电视机拥有量,城镇居民家庭恩格尔系数,市区人均居住面积,旅行社数量,国家重点文物保护单位数量,第三产业占地区生产总值比重,星级饭店数量,城市化率,城市(建成区)绿化覆盖率,铁路运输客运量,民用航空旅客发送量,入境旅游人数,轨道交通客运量,住宿和餐饮业零售总额,批发、零售、住宿和餐饮业从业人数,国控主要城市区域环境噪声,城市居民消费价格指数。从中可以看出,长春在城市休闲化进程中发展较弱的指标主要集中在住宿餐饮业规模、交通运输规模等,说明城市的消费类商业建设、交通通达度、对外吸引力等方面都需要继续加强,见图 4-17。

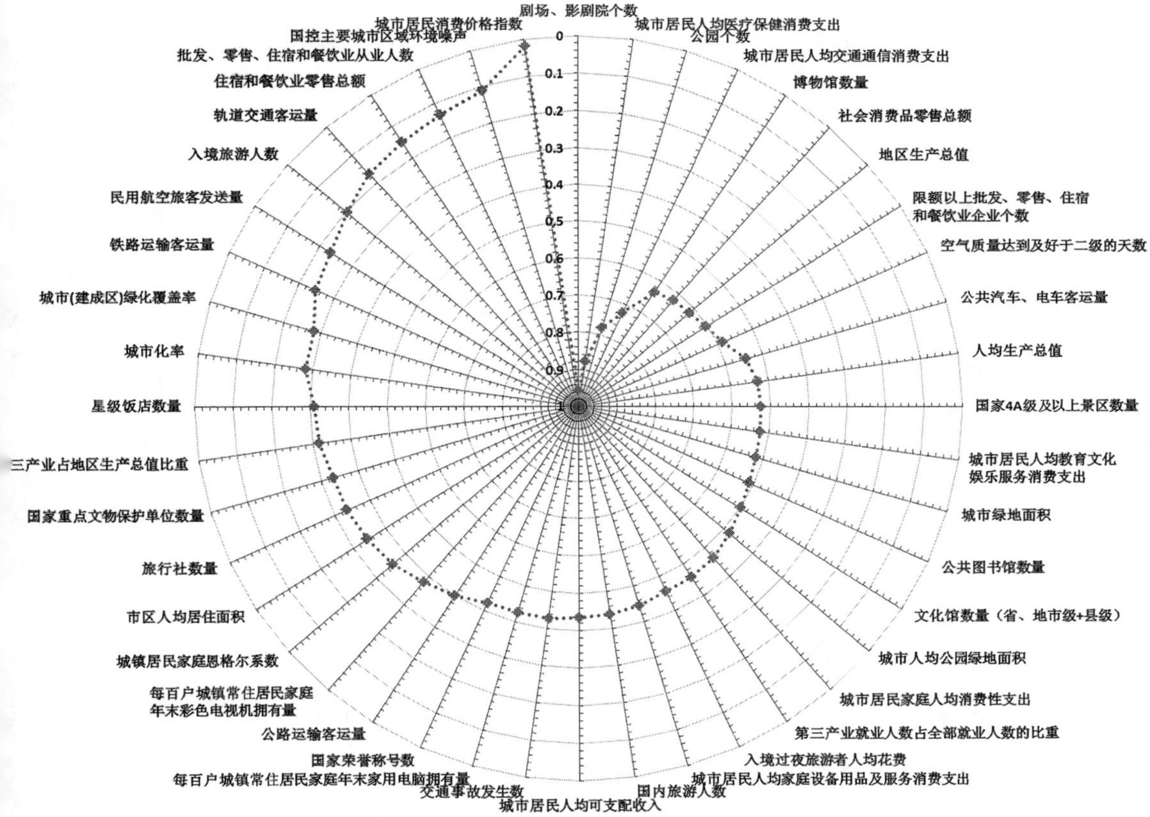

图 4-17　长春 44 个指标水平排列图

五、济南

济南是山东省省会城市,北连首都经济圈,南接长三角经济圈,是环渤海经济区和京沪经济轴上的重要交汇点,同时境内泉水众多,被称为

"泉城"。从数据分析看,济南44个指标水平值区间在0~1.5之间,均值为0.4972。高于均值水平的指标有21个,占指标总数的48%。具体为国家荣誉称号数,铁路运输客运量,社会消费品零售总额,限额以上批发、零售、住宿和餐饮业企业个数,国家重点文物保护单位数量,城市居民人均家庭设备用品及服务消费支出,城市居民人均交通通信消费支出,地区生产总值,城市居民人均医疗保健消费支出,城市居民人均可支配收入,公共汽车/电车客运量,人均生产总值,剧场、影剧院个数,博物馆数量,市区人均居住面积,城市居民家庭人均消费性支出,每百户城镇常住居民家庭年末家用电脑拥有量,城市居民人均教育文化娱乐服务消费支出,城市绿地面积,旅行社数量,公共图书馆数量。其中,国家荣誉称号数水平值最高(1.2705),其次是铁路运输客运量(1.0739)。从中可以看出,济南在城市休闲化进程中,比较重视城市的铁路建设、消费类商业建设、文化娱乐设施建设,同时由于城市人口规模较小,居民的人均休闲消费水平较高。

低于均值水平的指标有23个,占指标数量权重的52%。具体为批发、零售、住宿和餐饮业从业人数,城市人均公园绿地面积,交通事故发生数,国家4A级及以上景区数量,文化馆数量(省、地市级+县级),第三产业就业人数占全部就业人数的比重,入境过夜旅游者人均花费,国内旅游人数,第三产业占地区生产总值比重,城市化率,每百户城镇常住居民家庭年末彩色电视机拥有量,空气质量达到及好于二级的天数,星级饭店数量,城镇居民家庭恩格尔系数,公园个数,民用航空旅客发送量,城市(建成区)绿化覆盖率,住宿和餐饮业零售总额,公路运输客运量,入境旅游人数,国控主要城市区域环境噪声,城市居民消费价格指数,轨道交通客运量。从中可以看出,济南在城市休闲化进程中,发展较弱的指标主要是城市的生态环境、城市内部的交通能力以及旅游接待能力,反映出济南城市环境美化能力还不够强,城市内部的交通便捷程度还不够高,城市对外吸引能力也不够强大,见图4-18。

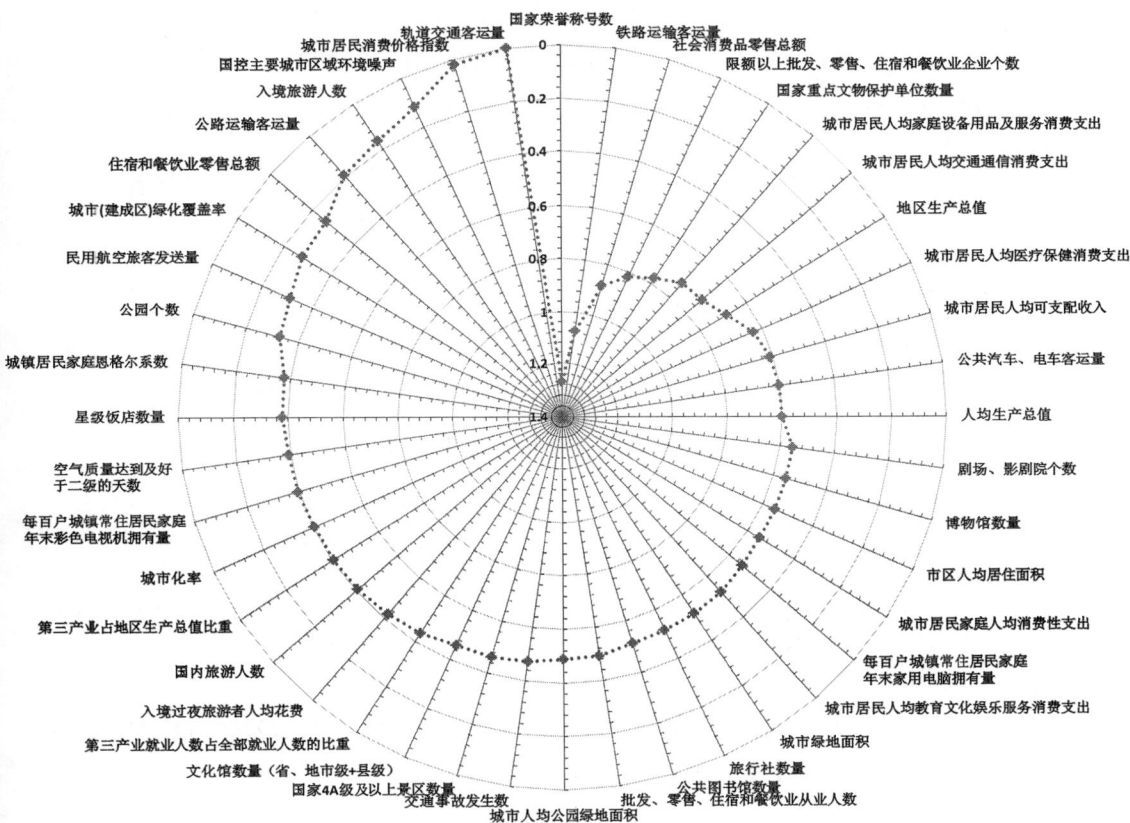

图4-18　济南44个指标水平排列图

六、大连

大连是中国5个计划单列市之一,其狭长的海岸线造就了众多的自然美景,旅游业发展较好。从数据分析看,大连44个指标水平区间在0~2之间,均值为0.5285。高于均值的指标有20个,占指标总数的45%。具体为交通事故发生数,星级饭店数量,国家荣誉称号数,城市居民人均医疗保健消费支出,国家重点文物保护单位数量,社会消费品零售总额,国家4A级及以上景区数量,公共汽车、电车客运量,旅行社数量,公园个数,城市居民人均交通通信消费支出,地区生产总值,空气质量达到及好于二级的天数,人均生产总值,公共图书馆数量,剧场、影剧院个数,文化馆数量(省、地市级＋县级),限额以上批发、零售、住宿和餐饮业企业个数,城市居民人均可支配收入,城市居民人均教育文化娱乐服务消费支出。其中,交通事故发生数的水平值最高(1.658 2),其次是国家重点文物保护单位数量(0.874 5)。从中可以发现,大连的交通安全情况有待改善,而人均消费水平、旅游设施和景区规模、文化娱乐设施规模、空气质量等表现较好,反映出大连在城市休闲化进程中,比较注重城市的旅游业和文化产业的规模化发展,人均休闲消费指标水平相对靠前。

　　低于均值水平的指标有24个,占指标数量权重发的55%。具体为城市居民人均家庭设备用品及服务消费支出,城市绿地面积,第三产业就业人数占全部就业人数的比重,城市居民家庭人均消费性支出,国内旅游人数,入境旅游人数,公路运输客运量,城市化率,入境过夜旅游者人均花费,每百户城镇常住居民家庭年末家用电脑拥有量,城市人均公园绿地面积,每百户城镇常住居民家庭年末彩色电视机拥有量,第三产业占地区生产总值比重,民用航空旅客发送量,市区人均居住面积,城市(建成区)绿化覆盖率,城镇居民家庭恩格尔系数,博物馆数量,轨道交通客运量,住宿和餐饮业零售总额,批发、零售、住宿和餐饮业从业人数,铁路运输客运量,国控主要城市区域环境噪声,城市居民消费价格指数。这些指标主要反映的是城市的绿化环境、旅游人数、交通客运规模、家庭娱乐设施、住宿餐饮业规模等,说明大连在城市休闲化进程中,城市的生态环境、住宿餐饮业以及城市对外的吸引力都还较弱,一定程度上阻碍了大连休闲活动和旅游产业发展的活力和竞争力,见图4-19。

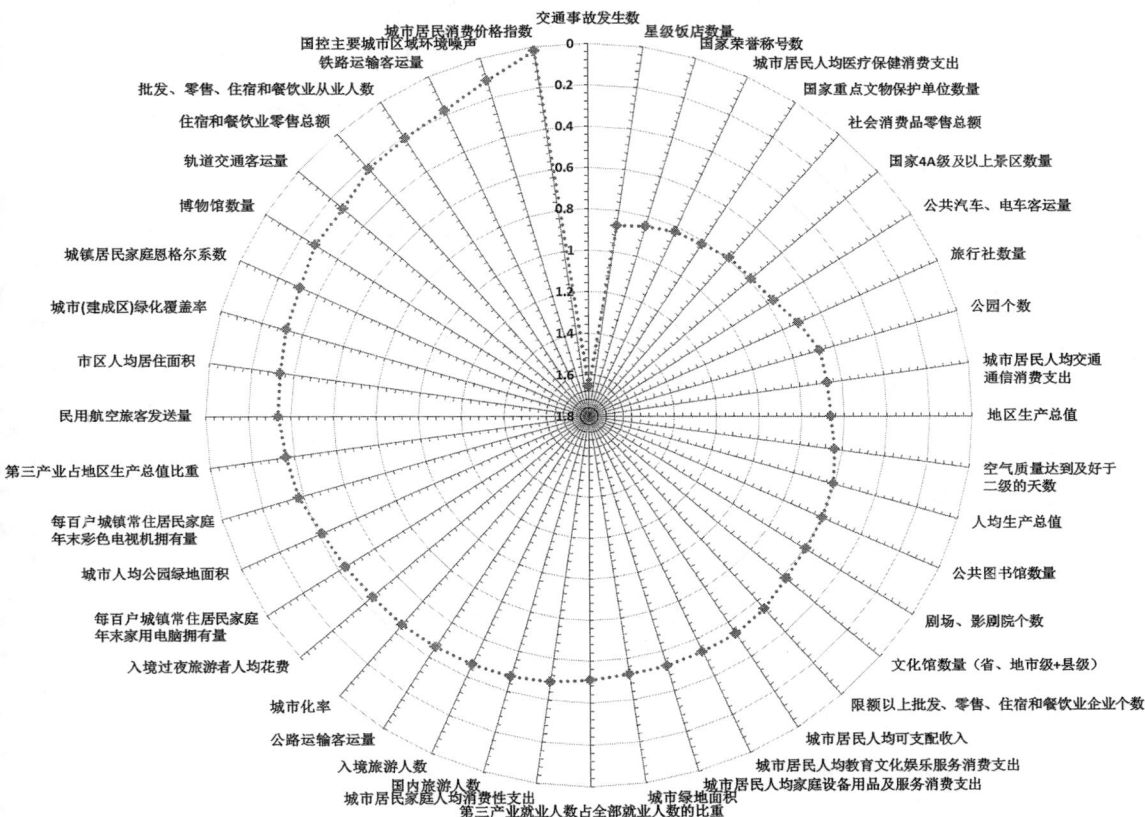

图 4-19　大连 44 个指标水平排列图

七、合肥

合肥作为安徽省会城市,具有 2 000 多年历史,文化底蕴深厚。近年来在长三角区域一体化发展战略推动下,发展较快。从数据分析看,合肥 44 个指标水平区间在 0～1.5 之间,均值水平为 0.465 6。高于均值水平的指标有 16 个,占指标总数的 36%。具体为国家荣誉称号数,剧场、影剧院个数,交通事故发生数,限额以上批发、零售、住宿和餐饮业企业个数,博物馆数量,批发、零售、住宿和餐饮业从业人数,城市居民人均交通通信消费支出,地区生产总值,国内旅游人数,社会消费品零售总额,城市人均公园绿地面积,人均生产总值,旅行社数量,公路运输客运量,城市绿地面积,空气质量达到及好于二级的天数。其中,国家荣誉称号数指标水平值最高(1.270 5),其次是剧场、影剧院个数(0.882 1),这反映出合肥的城市环境建设相对较高,同时居民的文娱生活比较丰富。从高于均值水平的指标看,合肥在城市休闲化进程中发展较好的主要是文化设施规模、住宿餐饮等商业零售规模、人均休闲消费水平、旅游吸引力等,这说明合肥的休闲产业供给和本地居民休闲消费需求之间相对协调。

低于均值水平的指标有 28 个,占指标数量权重的 64%。具体为城市居民人均教育文化娱乐服务消费支出,文化馆数量(省、地市级+县级),公共汽车、电车客运量,第三产业就业人数占全部就业人数的比重,每百户城镇常住居民家庭年末彩色电视机拥有量,城市化率,城市居民人均可支配收入,市区人均居住面积,公园个数,城市居民人均医疗保健消费支出,每百户城镇常住居民家庭年末家用电脑拥有量,公共图书馆数量,住宿和餐饮业零售总额,入境过夜旅游者人均花费,城市居民家庭人均消费性支出,星级饭店数量,城市居民人均家庭设备用品及服务消费支出,国家 4A 级及以上景区数量,铁路运输客运量,第三产业占地区生产总值比重,城镇居民家庭恩格尔系数,城市(建成区)绿化覆盖率,国家重点文物保护单位数量,入境旅游人数,民用航空旅客发送量,国控主要城市区域环境噪声,轨道交通客运量,城市居民消费价格指数。从中可以看出,合肥在城市休闲化进程中发展较弱的指标主要集中在交通运输规模、入境旅游接待规模和水平,说明合肥的对外吸引力还不够强,同时商业业态不够丰富,这可能与合肥本身的城市规模有一定的关系,见图 4-20。

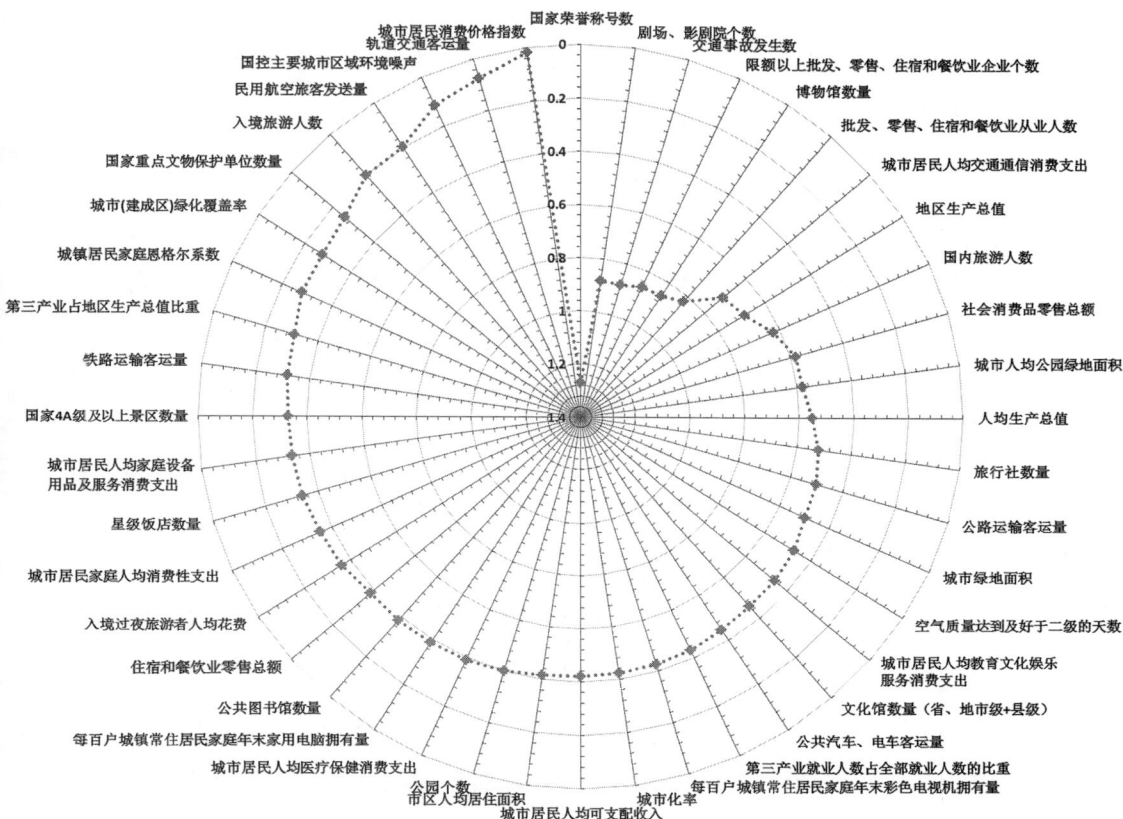

图 4-20　合肥 44 个指标水平排列图

八、昆明

　　昆明,别称"春城",在气候、生态、物种多样性、民族多样性、历史文化、开放门户等方面有着独特优势。从数据分析看,昆明 44 个指标水平区间在 0～2 之间,均值水平为 0.517 9。高于均值水平的指标有 17 个,占指标总数的 39%。具体为民用航空旅客发送量,国家荣誉称号数,博物馆数量,城市居民人均医疗保健消费支出,空气质量达到及好于二级的天数,国内旅游人数,国家重点文物保护单位数量,文化馆数量(省、地市级＋县级),城市居民人均教育文化娱乐服务消费支出,公共图书馆数量,旅行社数量,公共汽车、电车客运量,城市居民人均交通通信消费支出,社会消费品零售总额,交通事故发生数,入境旅游人数,城市居民人均可支配收入。其中,民用航空旅客发送量的指标水平值最高(1.768 9),其次是国家荣誉称号(1.270 5)。这充分说明昆明作为西南地区通往东南亚、南亚的地理区位优越,同时气候、环境条件优良,使得城市形象鲜明。从高于均值水平的指标看,昆明在城市休闲化过程中发展良好的指标主要是城市空气质量、旅游接待规模、文化娱乐设施规模和人均休闲消费水平,表明昆明的旅游吸引力比较强。

　　低于均值水平的指标有 27 个,占指标数量权重的 61%。具体为城市居民人均家庭设备用品及服务消费支出,每百户城镇常住居民家庭年末家用电脑拥有量,市区人均居住面积,城市居民家庭人均消费性支出,地区生产总值,星级饭店数量,第三产业就业人数占全部就业人数的比重,限额以上批发、零售、住宿和餐饮业企业个数,剧场、影剧院个数,人均生产总值,城市绿地面积,城市人均公园绿地面积,城市化率,每百户城镇常住居民家庭年末彩色电视机拥有量,入境过夜旅游者人均花费,第三产业占地区生产总值比重,国家 4A 级及以上景区数量,公路运输客运量,公园个数,住宿和餐饮业零售总额,城镇居民家庭恩格尔系数,城市(建成区)绿化覆盖率,批发、零售、住宿和餐饮业从业人数,轨道交通客运量,铁路运输客运量,国控主要城市区域环境噪声,城市居民消费价格指数。从中可以看出,昆明在城市休闲化过程中,表现较弱的指标主要集中在住宿餐饮业发展规模、陆路交通规模、家庭休闲娱乐产品规模以及城市绿化环境,这也从侧面说明昆明城市内部的休闲娱乐产业供给还不够充分,未来需要将城市的旅游功能拓展到休闲功能,借助城市自身的环境优势,扩大休闲消费潜力,见图 4-21。

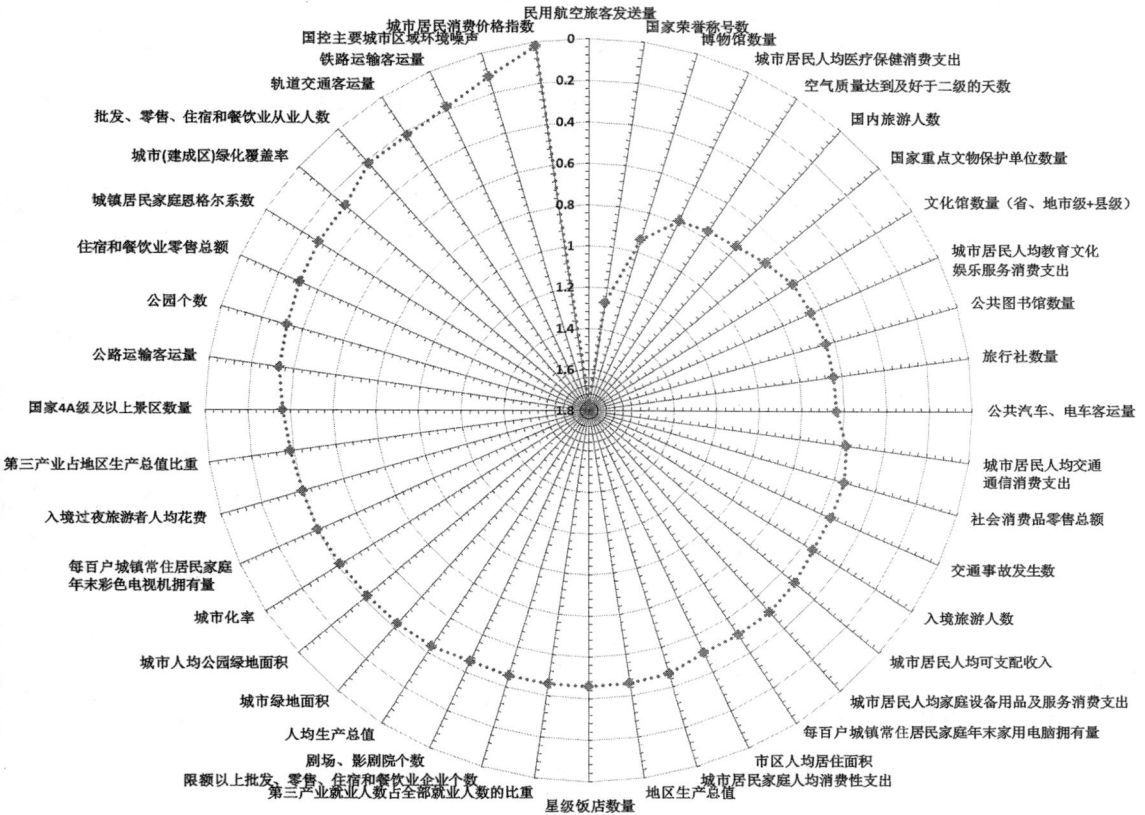

图4-21　昆明44个指标水平排列图

九、太原

　　太原是我国北方地区重要的历史文化名城，历史文化资源丰富，也是中国优秀旅游城市、国家园林城市。从数据分析看，太原44个指标水平区间在0～2之间，均值水平为0.4369。高于均值水平的指标有15个，占指标总数的34%。具体为交通事故发生数，国家重点文物保护单位数量，批发、零售、住宿和餐饮业从业人数，文化馆数量（省、地市级＋县级），旅行社数量，城市居民人均医疗保健消费支出，第三产业就业人数占全部就业人数的比重,公共图书馆数量,城市人均公园绿地面积,民用航空旅客发送量,每百户城镇常住居民家庭年末家用电脑拥有量,人均生产总值,城市化率,城市居民人均教育文化娱乐服务消费支出,城市居民人均交通通信消费支出。其中,交通事故发生数的指标水平值最高(1.828 1),其次是国家重点文物保护单位数量(1.221 9),这说明太原的历史文化氛围浓郁。从高于均值水平的指标看,太原在城市休闲化进程中发展较好的指标主要集中在城市的文化设施规模、航空交通接待规模、城市绿地规模、旅游接待设施规模,这充分反映出太原的资源优势和地理位置优势。

低于均值水平的指标有 29 个,占指标数量权重的 66%。具体为城镇居民家庭恩格尔系数,国家荣誉称号数,第三产业占地区生产总值比重,城市居民人均可支配收入,公园个数,博物馆数量,市区人均居住面积,城市居民人均家庭设备用品及服务消费支出,国内旅游人数,社会消费品零售总额,每百户城镇常住居民家庭年末彩色电视机拥有量,空气质量达到及好于二级的天数,国家 4A 级及以上景区数量,限额以上批发、零售、住宿和餐饮业企业个数,入境过夜旅游者人均花费,城市绿地面积,剧场/影剧院个数,城市居民家庭人均消费性支出,地区生产总值,公共汽车、电车客运量,城市(建成区)绿化覆盖率,铁路运输客运量,星级饭店数量,住宿和餐饮业零售总额,国控主要城市区域环境噪声,入境旅游人数,公路运输客运量,城市居民消费价格指数,轨道交通客运量。从中可以发现,太原城市休闲化进程中,表现较弱的指标主要是休闲娱乐设施规模、陆路交通运输规模、住宿餐饮业规模、城市绿化环境,说明太原面向本地居民的商业零售业态供给、交通便捷性、休闲游憩活动的选择性还不够强,最终导致旅游吸引力不足,见图 4-22。

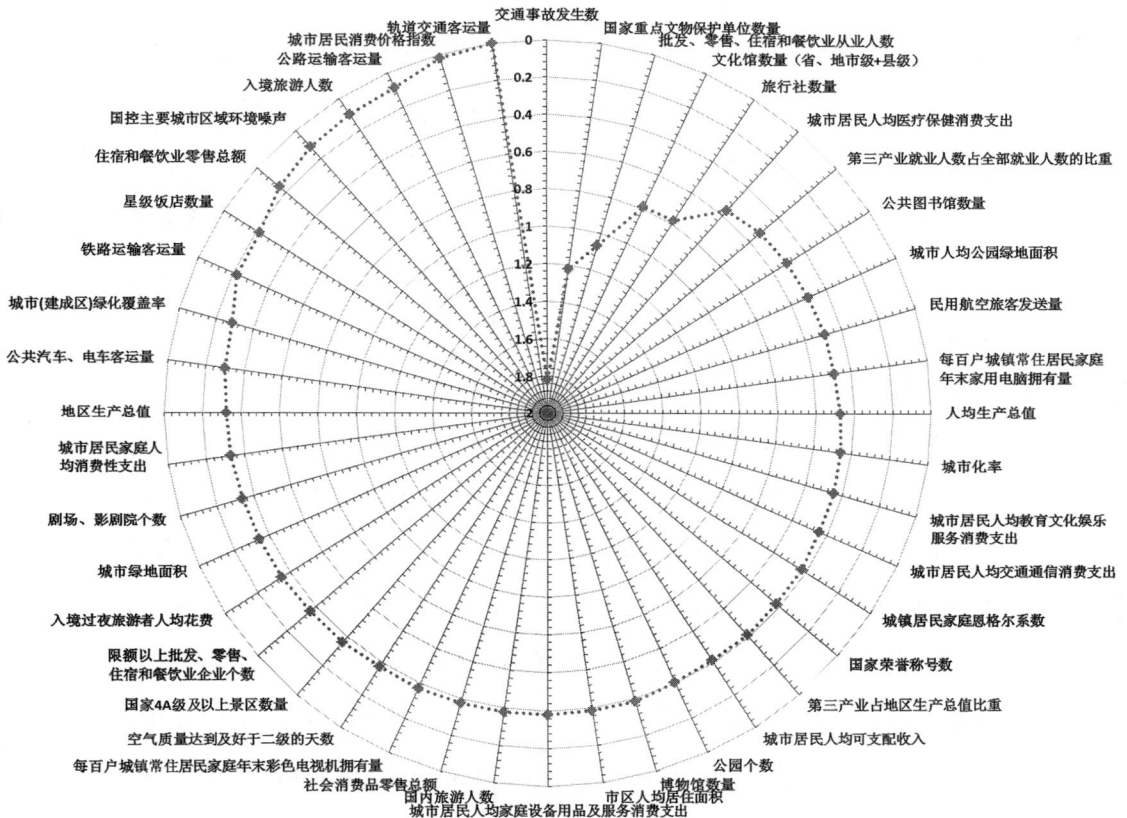

图4-22　太原44个指标水平排列图

十、厦门

　　厦门是我国5大计划单列市之一,也是中国经济特区及风景旅游城市,其区位优势独特,自然资源丰富。从数据分析看,厦门44个指标水平区间在0~2之间,均值水平为0.4885。高于均值水平的指标有18个,占指标总数的41%。具体为入境旅游人数,民用航空旅客发送量,限额以上批发、零售、住宿和餐饮业企业个数,国家荣誉称号数,公园个数,城市居民人均交通通信消费支出,空气质量达到及好于二级的天数,交通事故发

83

生数,人均生产总值,公共汽车、电车客运量,城市居民人均可支配收入,城市绿地面积,城市居民人均教育文化娱乐服务消费支出,城市居民家庭人均消费性支出,城市人均公园绿地面积,城市居民人均家庭设备用品及服务消费支出,城市化率,每百户城镇常住居民家庭年末家用电脑拥有量。其中,入境旅游人数水平值最高(1.686 2),其次是民用航空旅客发送量(0.968 5)。从中可以看出,厦门在城市休闲化进程中表现良好的指标主要是人均休闲消费水平和城市环境,这说明厦门的生活相对舒适,城市居住环境比较宜人,从而吸引了大量旅游者驻足。

低于均值水平的指标有 26 个,占指标数量权重的 59%。具体为旅行社数量,剧场、影剧院个数,城市居民人均医疗保健消费支出,国家 4A 级及以上景区数量,住宿和餐饮业零售总额,公共图书馆数量,国内旅游人数,地区生产总值,星级饭店数量,第三产业占地区生产总值比重,入境过夜旅游者人均花费,每百户城镇常住居民家庭年末彩色电视机拥有量,市区人均居住面积,第三产业就业人数占全部就业人数的比重,社会消费品零售总额,城市(建成区)绿化覆盖率,文化馆数量(省、地市级+县级),城镇居民家庭恩格尔系数,批发、零售、住宿和餐饮业从业人数,公路运输客运量,国家重点文物保护单位数量,铁路运输客运量,国控主要城市区域环境噪声,博物馆数量,城市居民消费价格指数,轨道交通客运量。从中可以看出,厦门在城市休闲化进程中表现较弱的指标主要是住宿餐饮业等商业零售规模、文化娱乐设施规模、旅游接待规模和水平,这说明厦门的休闲相关产业有发展潜力但供给相对不足,见图4-23。

十一、南宁

南宁是中国北部湾经济区中心城市,也是我国西南出海通道的枢纽

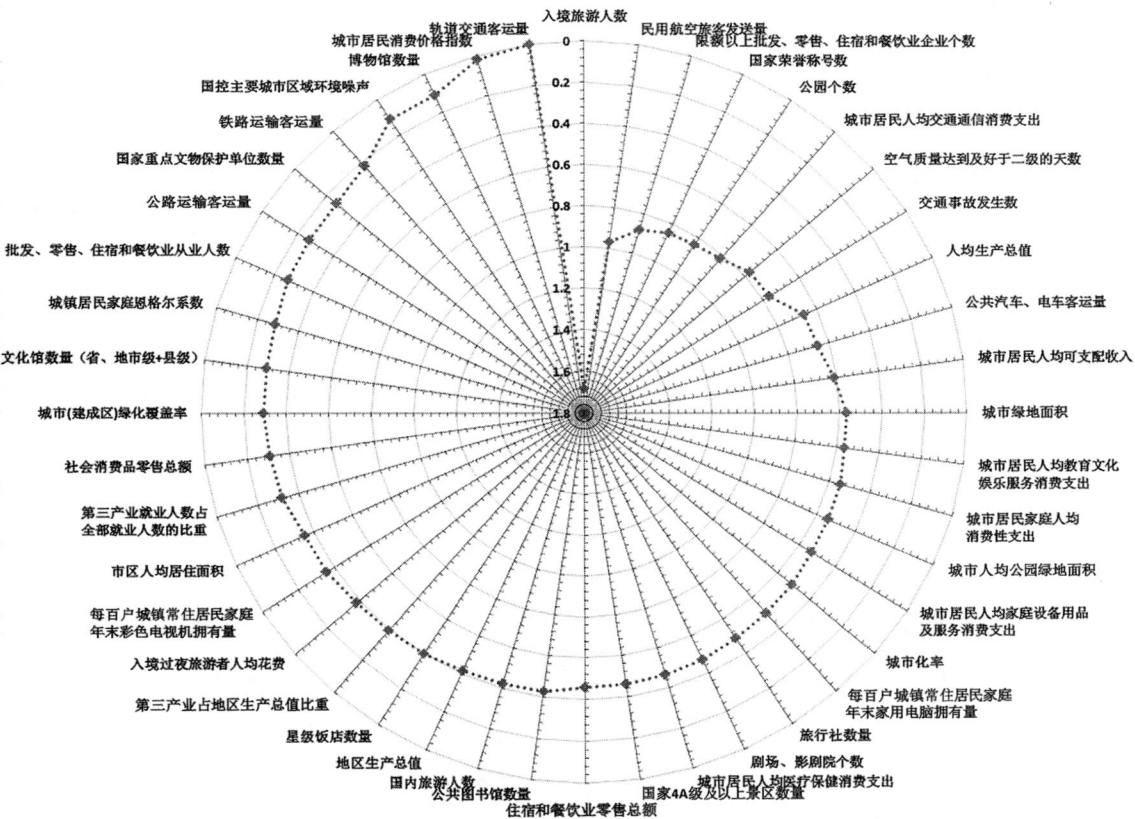

图 4-23 厦门 44 个指标水平排列图

城市,区位优势明显。从数据分析看,南宁的 44 个指标水平区间在 0~
1.5之间,均值水平为 0.384 4。高于均值水平的指标有 17 个,占指标总
数的 39%。具体为城市绿地面积,国家荣誉称号数,国家 4A 级及以上
景区数量,空气质量达到及好于二级的天数,国内旅游人数,剧场、影剧
院个数,公共图书馆数量,限额以上批发、零售、住宿和餐饮业企业个
数,文化馆数量(省、地市级+县级),第三产业就业人数占全部就业人
数的比重,城市人均公园绿地面积,社会消费品零售总额,市区人均居
住面积,每百户城镇常住居民家庭年末家用电脑拥有量,城市居民人均

医疗保健消费支出,每百户城镇常住居民家庭年末彩色电视机拥有量,地区生产总值。其中,城市绿地面积的水平值最高(1.0597),其次是国家荣誉称号数(0.8470)。从中可以看出,南宁在城市休闲化进程中表现较好的指标主要是城市绿化环境、旅游景区规模、家庭娱乐产品规模,这说明南宁比较注重城市环境建设,彰显了南宁城市的魅力。同时南宁由于休闲娱乐产业相对单一,居民的休闲娱乐产品主要以电视、电脑为主。

　　低于均值水平的指标有 27 个,占指标数量权重的 61%。具体为城市居民人均交通通信消费支出,入境过夜旅游者人均花费,城市化率,人均生产总值,城市居民人均教育文化娱乐服务消费支出,第三产业占地区生产总值比重,公路运输客运量,城市居民人均家庭设备用品及服务消费支出,城市居民人均可支配收入,公共汽车/电车客运量,城市居民家庭人均消费性支出,星级饭店数量,城市(建成区)绿化覆盖率,民用航空旅客发送量,住宿和餐饮业零售总额,入境旅游人数,城镇居民家庭恩格尔系数,铁路运输客运量,公园个数,旅行社数量,博物馆数量,国家重点文物保护单位数量,轨道交通客运量,国控主要城市区域环境噪声,批发、零售、住宿和餐饮业从业人数,交通事故发生数,城市居民消费价格指数。从中可以看出,南宁在城市休闲化进程中表现较弱的主要是人均休闲消费水平、第三产业发展规模、文化娱乐设施规模、住宿餐饮业等商业零售规模,这进一步说明了南宁城市产业结构的单一性,同时城市人口规模也比较小,这导致了城市休闲娱乐产业规模和需求水平都比较弱,见图 4-24。

十二、宁波

　　宁波也是中国五大计划单列市之一,同属长江三角洲城市群,其地

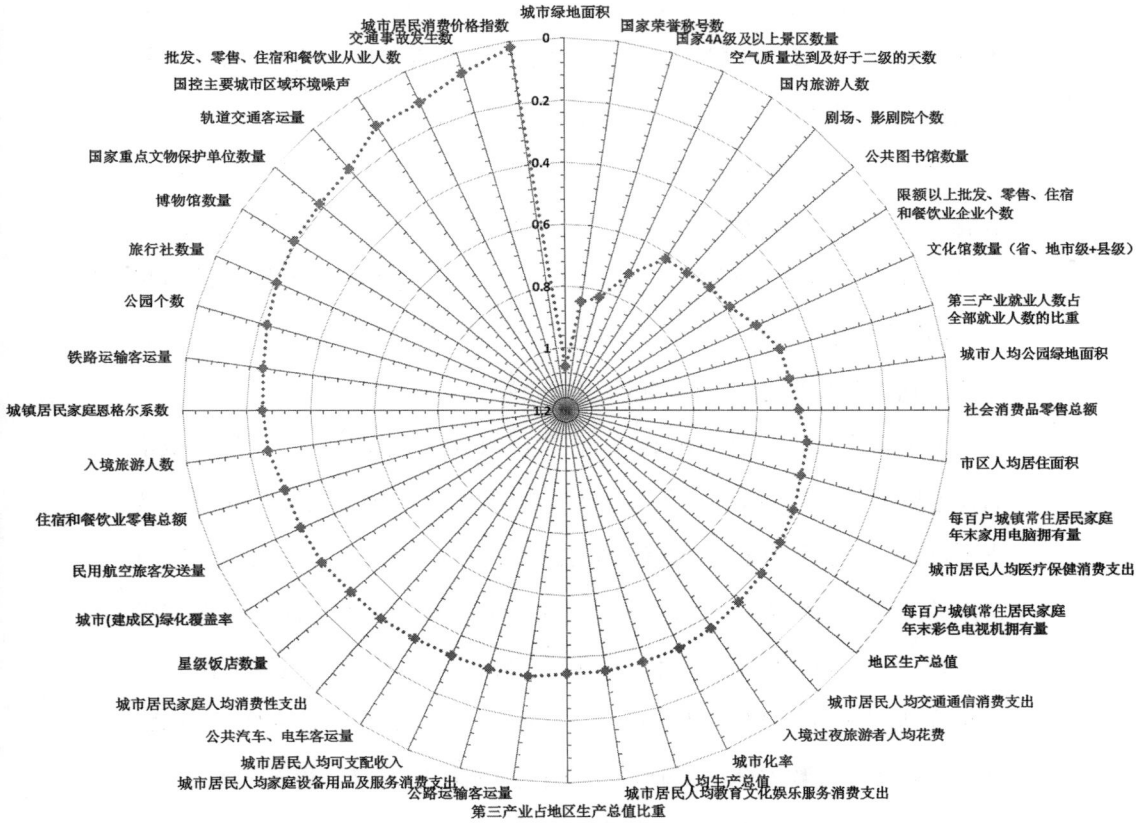

图 4-24　南宁 44 个指标水平排列图

理位置优越,历史文化底蕴浓厚。从数据分析看,宁波 44 个指标水平区间在 0~3 之间,均值水平为 0.603 4。高于均值水平的指标有 20 个,占指标总数的 45%。具体为限额以上批发、零售、住宿和餐饮业企业个数,公园个数,国家重点文物保护单位数量,国家 4A 级及以上景区数量,城市居民人均交通通信消费支出,地区生产总值,剧场/影剧院个数,社会消费品零售总额,博物馆数量,入境旅游人数,人均生产总值,星级饭店数量,交通事故发生数,每百户城镇常住居民家庭年末彩色电视机拥有量,城市居民人均教育文化娱乐服务消费支出,空气质量达到及好于二级的天数,城市居民人均可支配收入,旅行社数量,国内旅游人数,每百户城镇常住居民家庭年末家用电脑拥有量。其中,指标水平最高的是限额以上批发、零售、住宿和餐饮业企业个数(2.752 3),其次是公园个数(1.134 8),这充分说明宁波的经济发展水平和第三产业发展相对发达,市民的休闲意识也相对较高。从高于均值水平的指标看,宁波在城市休闲化进程中发展较好的指标主要集中在旅游接待设施规模、人均休闲消费水平、娱乐设施规模,这映射出宁波的休闲娱乐产业供给和居民消费需求之间匹配度相对较好。

低于均值水平的指标有 24 个,占指标数量权重的 55%。具体为城市居民家庭人均消费性支出,公共图书馆数量,城市居民人均医疗保健消费支出,市区人均居住面积,城市人均公园绿地面积,城市居民人均家庭设备用品及服务消费支出,文化馆数量(省、地市级＋县级),铁路运输客运量,国家荣誉称号数,城市化率,民用航空旅客发送量,入境过夜旅游者人均花费,城市绿地面积,公共汽车、电车客运量,住宿和餐饮业零售总额,第三产业就业人数占全部就业人数的比重,城镇居民家庭恩格尔系数,第三产业占地区生产总值比重,城市(建成区)绿化覆盖率,公路运输客运量,轨道交通客运量,国控主要城市区域环境噪声,批发、零售、住宿和餐饮业从业人数,城市居民消费价格指数。从中可以看出,宁波在城市休闲化进程中表现较弱的指标主要是文化设施规模、城市绿化环境、交通运输规模,这反映出宁波在文化设施的投入、生态文明建设以及城市交通的通达性方面还存在不足,见图 4-25。

从西安、哈尔滨、青岛、长春、济南、大连、合肥、昆明、太原、厦门、南宁、宁波 12 个Ⅰ型大城市休闲化指数分析看,以上城市的共同优势是体现在文化和旅游设施规模方面,说明这 12 个城市的历史文化资源相对丰富。此外,青岛、太原、厦门和南宁 4 座城市的生态环境优势显著,以及青

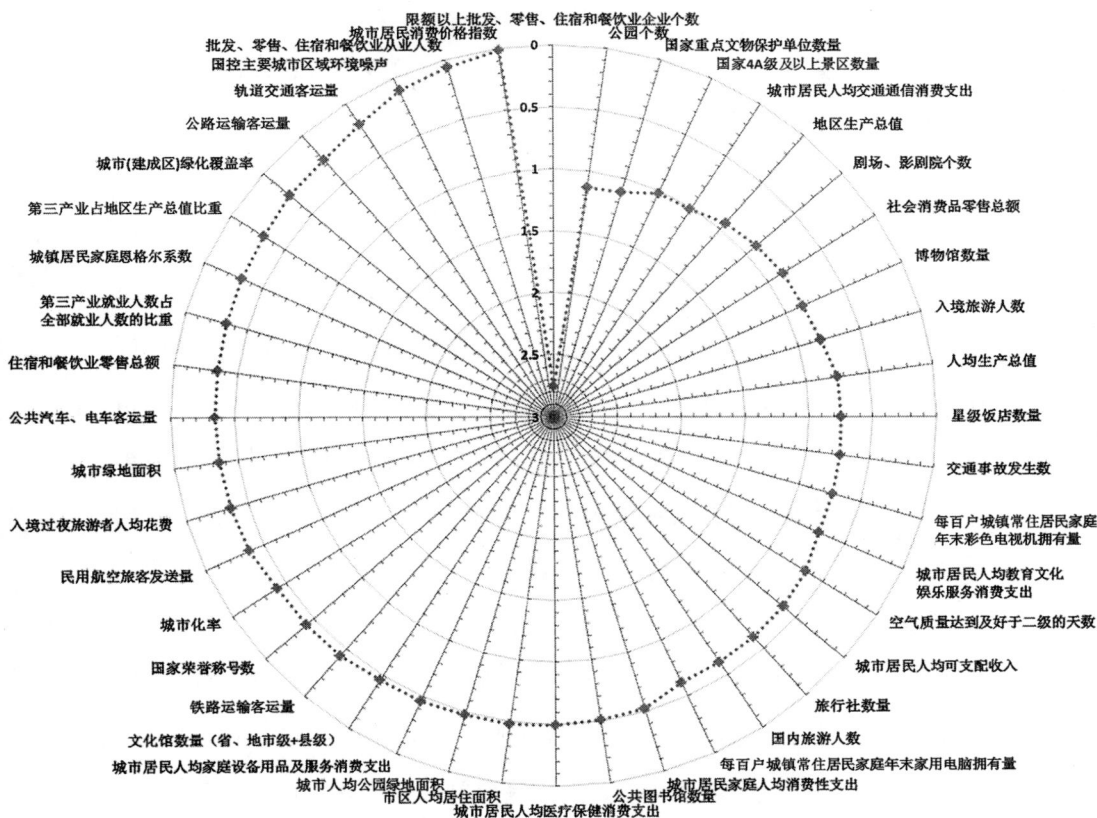

图 4-25　宁波 44 个指标水平排列图

岛、大连、合肥、昆明、厦门和宁波 6 座城市的人均休闲消费指标水平较好。可见,上述城市之间也存在结构方面的发展差异。

第四节　Ⅱ型大城市休闲化指数分析

常住人口规模在 100 万以上 300 万以下的城市为Ⅱ型大城市,符合这一标准的城市有乌鲁木齐、贵阳、石家庄、福州、南昌、兰州、呼和浩特、银川、海口、西宁 10 个城市。从城市区域分布看,东部城市有福州、海口 2

个城市,中部城市有石家庄、南昌2个城市,西部城市有乌鲁木齐、贵阳、兰州、呼和浩特、银川、西宁6个城市。从城市行政级别看,10个城市皆为省会城市。

一、乌鲁木齐

乌鲁木齐地处亚欧大陆中心,是西方文化和中国文化的荟萃之地,呈现出多元文化的发展特质。从数据分析看,乌鲁木齐44个指标水平区间在0~1.5之间,均值水平为0.377 6。高于均值水平的指标有20个,占指标总数的45%。具体为城市居民人均医疗保健消费支出,公共汽车、电车客运量,城市居民人均交通通信消费支出,城市绿地面积,城市居民人均教育文化娱乐服务消费支出,城市居民人均家庭设备用品及服务消费支出,交通事故发生数,第三产业就业人数占全部就业人数的比重,城市居民家庭人均消费性支出,空气质量达到及好于二级的天数,城市化率,城市居民人均可支配收入,人均生产总值,城市人均公园绿地面积,第三产业占地区生产总值比重,国家重点文物保护单位数量,每百户城镇常住居民家庭年末家用电脑拥有量,民用航空旅客发送量,国家荣誉称号数,文化馆数量(省、地市级+县级)。其中,城市居民人均医疗保健消费支出的水平值最高(1.051 2),其次是公共汽车、电车客运量(0.881 9)。从中可以看出,乌鲁木齐在城市休闲化进程中发展良好的指标主要是人均休闲消费水平、市内交通规模、城市绿化环境、第三产业发展规模等,说明乌鲁木齐本地居民休闲消费需求相对旺盛,同时城市的基础设施、生态文明建设相对较好。

低于均值水平的指标有24个,占指标数量权重的55%。具体为市区人均居住面积、限额以上批发、零售、住宿和餐饮业企业个数,每百户城镇常住居民家庭年末彩色电视机拥有量,入境过夜旅游者人均花费,城镇居民家庭恩格尔系数,公共图书馆数量、城市(建成区)绿化覆盖率,铁路运输客运量,社会消费品零售总额,国家4A级及以上景区数量,地区生产总值,星级饭店数量,公园个数,国内旅游人数,旅行社数量,入境旅游人数,国控主要城市区域环境噪声,住宿和餐饮业零售总额、公路运输客运量,批发、零售、住宿和餐饮业从业人数,剧场、影剧院个数,博物馆数量,城市居民消费价格指数,轨道交通客运量。从中可以看出,乌鲁木齐在城市休闲化进程中表现较弱的指标主要是对外交通运输规模、住宿餐饮业等商业零售、旅游接待规模和水平、文化娱乐设施规模,表明乌鲁木齐休闲产业结构相对单一,城市对外吸引力较弱,见图4-26。

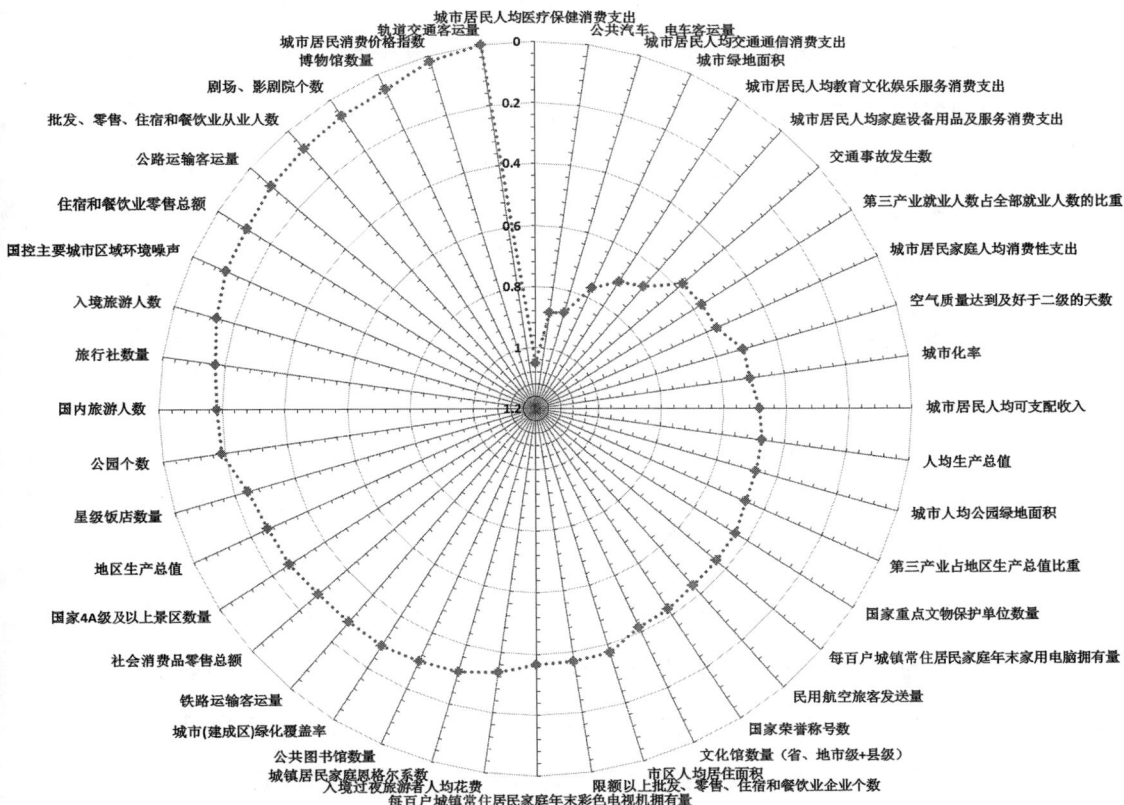

图4-26 乌鲁木齐44个指标水平排列图

二、贵阳

贵阳地处中国西南地区,是全国综合性铁路枢纽,也是中国重要的生态休闲度假旅游城市,其矿产资源和旅游资源丰富。从数据分析看,贵阳44个指标水平区间在0~4.5之间,均值水平为0.499 2。高于均值水平的指标有12个,占指标总数的27%。具体为公路运输客运量,公园个数,国家荣誉称号数,国内旅游人数,空气质量达到及好于二级的天数,民用航空旅客发送量,城市居民人均教育文化娱乐服务消费支出,城市居民人均交通通信消费支出,公共图书馆数量,城市居民人均家庭设备用品及服务消费支出,城市人均公园绿地面积,城市居民人均医疗保健消费支出。其中,公路运输客运量的水平值最高(4.152 5),远高于其他指标,这与贵阳重视公路建设有关。其次是公园个数(1.528 1)。从中可以看出,贵阳在城市休闲化进程中表现较好的指标主要集中在人均休闲消费水平,这与该城市较少的人口规模有关。

低于均值水平的指标有32个,占指标数量权重的73%。具体为文化馆数量(省、地市级+县级),公共汽车、电车客运量,城市居民家庭人均消费性支出,国家4A级及以上景区数量、人均生产总值,城市化率,第三产业就业人数占全部就业人数的比重,城市居民人均可支配收入,市区人均居住面积,城市绿地面积,第三产业占地区生产总值比重,每百户城镇常住居民家庭年末彩色电视机拥有量,入境过夜旅游者人均花费,博物馆数量,地区生产总值,每百户城镇常住居民家庭年末家用电脑拥有量,星级饭店数量,社会消费品零售总额,城市(建成区)绿化覆盖率,城镇居民家庭恩格尔系数,剧场、影剧院个数,铁路运输客运量,限额以上批发、零售、住宿和餐饮业企业个数,国家重点文物保护单位数量,交通事故发生数,入境旅游人数,旅行社数量,住宿和餐饮业零售总额,批发、零售、住宿和餐饮业从业人数,国控主要城市区域环境噪声,轨道交通客运量,城市居民消费价格指数。从中可以看出,贵阳在城市休闲化进程中表现较弱的指标主要集中在除公路外的交通运输规模、旅游接待规模和水平、住宿餐饮业等商业零售规模、文化娱乐设施规模,充分体现出贵阳产业结构的单一性,见图4-27。

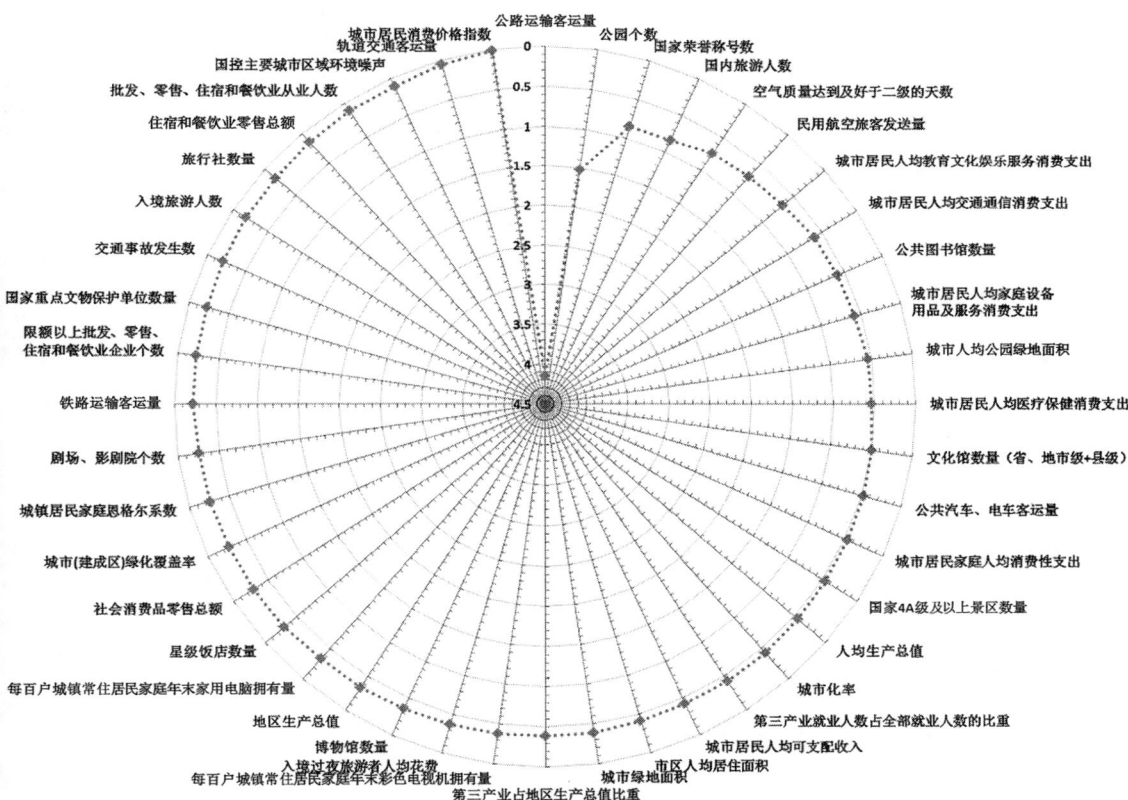

图4-27 贵阳44个指标水平排列图

三、石家庄

石家庄是我国京津冀地区重要的中心城市之一,也是北方地区重要的工业城市和交通枢纽城市,享受沿海开放政策。从数据分析看,石家庄

44 个指标水平区间在 0～2 之间,均值水平为 0.449 2。高于均值水平的指标有 18 个,占指标总数的 41%。具体为国家重点文物保护单位数量,公共图书馆数量,文化馆数量(省、地市级＋县级),剧场、影剧院个数,国家 4A 级及以上景区数量,社会消费品零售总额,国家荣誉称号数,公园个数,地区生产总值,城市人均公园绿地面积,第三产业就业人数占全部就业人数的比重,城市居民人均家庭设备用品及服务消费支出,国内旅游人数,城市居民人均医疗保健消费支出,入境过夜旅游者人均花费,城市居民人均交通通信消费支出,交通事故发生数,每百户城镇常住居民家庭年末家用电脑拥有量。其中,国家重点文物保护单位数量指标水平值最高(1.481 1),其次是公共图书馆数量(1.065 5)。从中可以看出,石家庄的文化娱乐设施规模、旅游景区规模、人均休闲消费水平、城市公园绿地等指标发展较好,反映出石家庄的历史文化资源比较丰富。

低于均值水平的指标有 26 个,占指标数量权重的 59%,具体为市区人均居住面积,城市居民人均可支配收入,旅行社数量,星级饭店数量,每百户城镇常住居民家庭年末彩色电视机拥有量,城市居民人均教育文化娱乐服务消费支出,民用航空旅客发送量,城镇居民家庭恩格尔系数,城市居民家庭人均消费性支出,人均生产总值,城市化率,城市绿地面积、限额以上批发、零售、住宿和餐饮业企业个数,第三产业占地区生产总值比重,空气质量达到及好于二级的天数,城市(建成区)绿化覆盖率,博物馆数量,铁路运输客运量,公路运输客运量,国控主要城市区域环境噪声,住宿和餐饮业零售总额,批发、零售、住宿和餐饮业从业人数,入境旅游人数,轨道交通客运量,公共汽车、电车客运量,城市居民消费价格指数。从中可以看出,石家庄城市休闲化进程中表现较弱的指标主要集中在交通运输规模、城市环境、住宿餐饮业规模,可见石家庄的休闲供给仍处于较低的发展状态,见图 4－28。

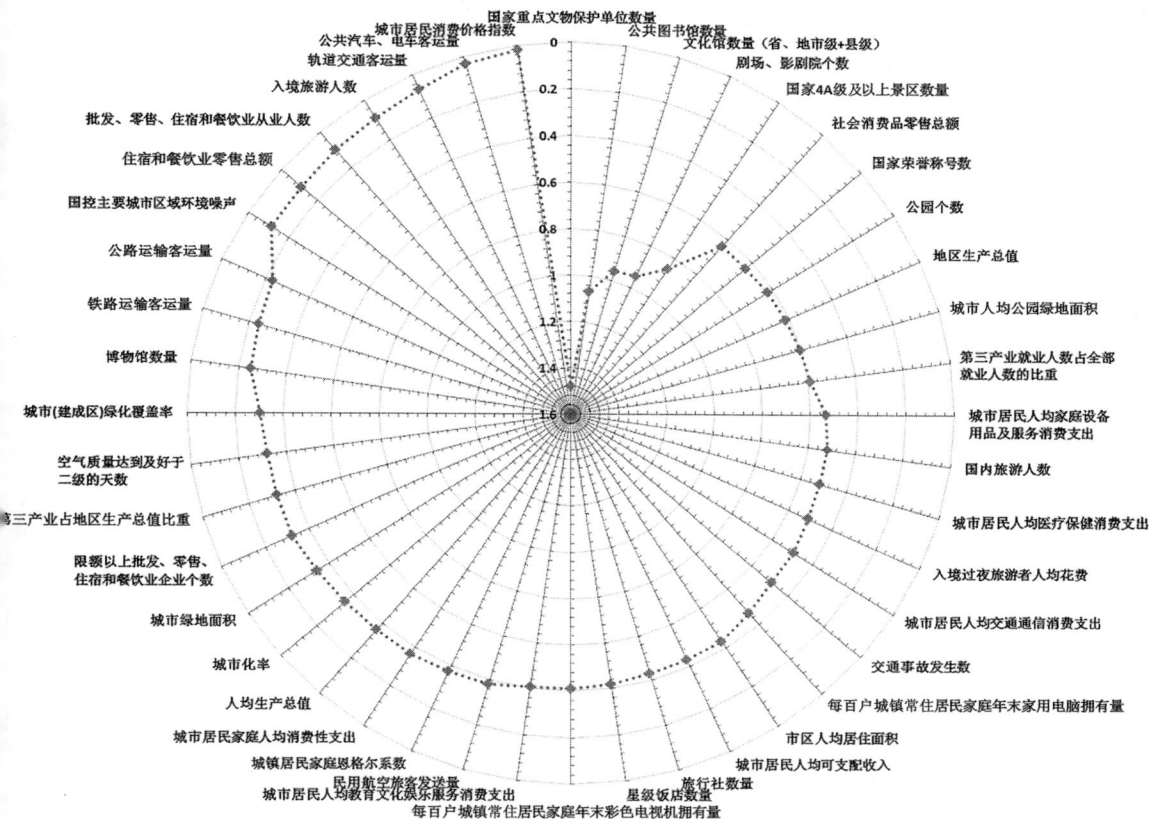

图 4-28　石家庄 44 个指标水平排列图

四、福州

　　福州依山傍水,内河密布,自然风格秀美,名胜古迹较多,曾获中国优秀旅游城市、滨江滨海生态园林城市等称号。从数据分析看,福州 44 个指标水平区间在 0～1.5 之间,均值水平为 0.493 4。高于均值水平的指标有 20 个,占指标总数的 45%。具体为交通事故发生数,限额以上批发、零售、住宿和餐饮业企业个数,国家荣誉称号数,社会消费品零售总额,空气质量达到及好于二级的天数,公园个数,地区生产总值,国家重点文物保护单位数量、住宿和餐饮业零售总额、剧场、影剧院个数、城市人均公园绿地面积、入境旅游人数、公路运输客运量、人均生产总值、城市居民人均交通通信消费支出、公共图书馆数量、城市居民人均教育文化娱乐服务消费支出、每百户城镇常住居民家庭年末家用电脑拥有量、每百户城镇常住居民家庭年末彩色电视机拥有量、文化馆数量(省、地市级＋县级)。其中,交通事故发生数指标水平值最高(1.209 1),其次是限额以上批发、零售、住宿和餐饮业企业个数(1.135 5),凸显福州较为发达的商业零售,这一特点与福州的河海交通优势和物产优势密不可分。从高于均值水平的指标看,福州城市休闲化进程中表现良好的指标主要集中在住宿餐饮等商业零售规模、文化娱乐设施规模、家庭娱乐设备拥有量、城市环境等,表明福州本地居民休闲娱乐生活满足感相对较强。

低于均值水平的指标有 24 个,占指标数量权重的 55%,具体为民用航空旅客发送量、市区人均居住面积、国家 4A 级及以上景区数量、博物馆数量、城市居民人均家庭设备用品及服务消费支出、城市居民人均可支配收入、城市居民家庭人均消费性支出、城市化率、第三产业就业人数占全部就业人数的比重、城市居民人均医疗保健消费支出、入境过夜旅游者人均花费、公共汽车、电车客运量、国内旅游人数、第三产业占地区生产总值比重、城市绿地面积、城市(建成区)绿化覆盖率、旅行社数量、城镇居民家庭恩格尔系数、星级饭店数量、铁路运输客运量、批发、零售、住宿和餐饮业从业人数、国控主要城市区域环境噪声、轨道交通客运量、城市居民消费价格指数。从中可以看出,福州在城市休闲化进程中表现较弱的指标主要是交通运输规模、旅游接待规模和水平,这说明福州城市建设交通方面存在一定的劣势,并且城市的对外吸引力稍弱,见图 4－29。

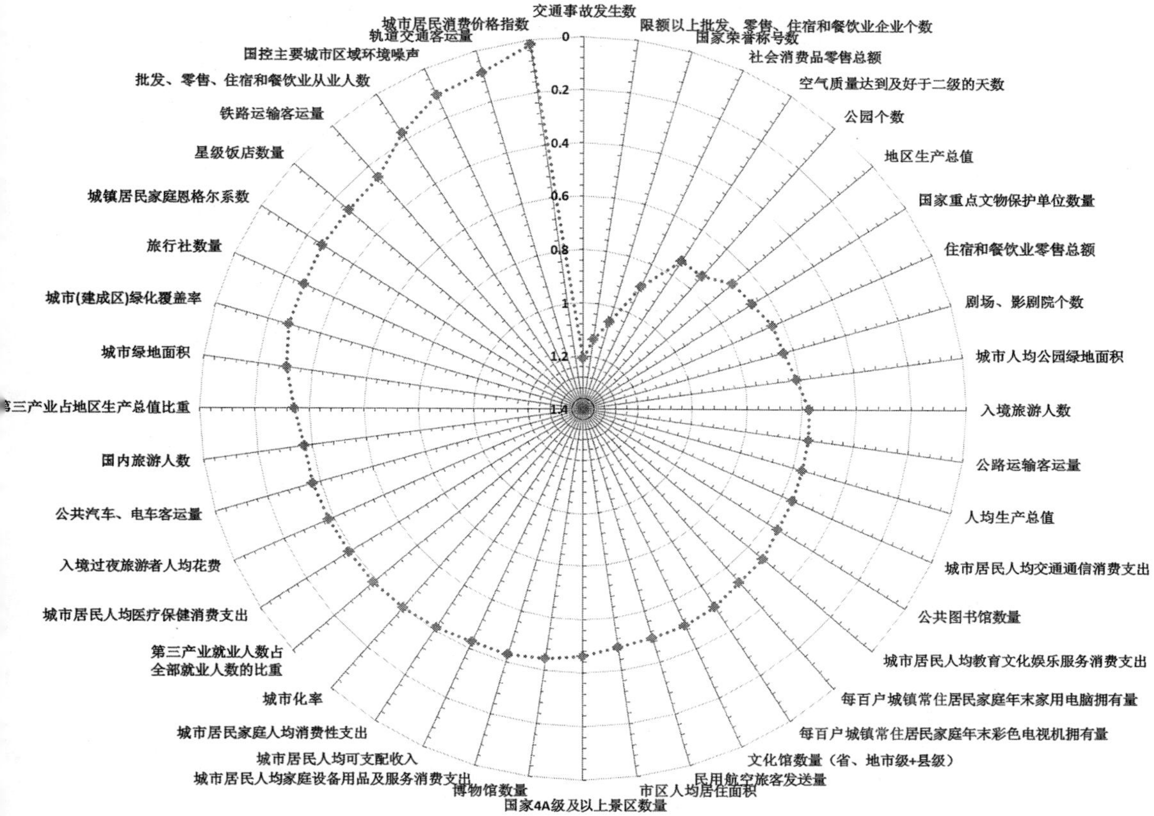

图 4-29 福州 44 个指标水平排列图

五、南昌

南昌是长江中游城市群中心城市之一,素有"吴头楚尾、粤户闽庭"的盛誉。从数据分析看,南昌 44 个指标水平区间在 0～5 之间,均值水平为 0.481 3。高于均值水平的指标有 10 个,占指标总数的 23%。具体为交通事故发生数,剧场、影剧院个数,国内旅游人数,空气质量达到及好于二级的天数,国家荣誉称号数,公园个数,人均生产总值,城市居民人均可支配收入,城市人均公园绿地面积,城市居民人均交通通信消费支出。其中,交通事故发生数的水平值最高(4.741 6),其次是剧场/影剧院个数(0.680 2)。可以看出,交通事故发生数的值远高于其他指标,充分说明南昌的交通安全环境较差。从高于均值水平的指标看,南昌在城市休闲化进程中表现较好的指标主要集中在空气质量、人均可支配收入、文娱设施规模,说明南昌城市居民休闲娱乐需求比较旺盛。

低于均值水平的指标有 34 个,占指标数量权重的 77%,具体为每百户城镇常住居民家庭年末彩色电视机拥有量,地区生产总值,博物馆数量,每百户城镇常住居民家庭年末家用电脑拥有量、社会消费品零售总额,限额以上批发、零售、和餐饮业企业个数,城市居民家庭人均消费性支出,民用航空旅客发送量,公共图书馆数量,城市居民人均教育文化娱乐服务消费支出,城市化率,文化馆数量(省、地市级+县级),市区人均居住面积,城市居民人均医疗保健消费支出,城市居民人均家庭设备用品及服务消费支出,旅行社数量,第三产业就业人数占全部就业人数的比重,国家 4A 级及以上景区数量,星级饭店数量,城市绿地面积,国家重点文物保护单位数量,入境过夜旅游者人均花费,公共汽车、电车客运量,第三产业占地区生产总值比重,城镇居民家庭恩格尔系数,铁路运输客运量,城市(建成区)绿化覆盖率,轨道交通客运量,公路运输客运量,住宿和餐饮业零售总额,入境旅游人数,国控主要城市区域环境噪声,批发、零售、住宿和餐饮业从业人数,城市居民消费价格指数。从中可以看出,南昌在城市休闲化进程中表现较弱的指标主要是城市绿化环境、住宿餐饮业等商业零售规模、旅游接待规模和水平,这表明南昌的休闲相关产业供给相对不足,同时城市的对外吸引力也较弱,见图 4-30。

六、兰州

兰州是西北地区的区域中心城市和综合交通枢纽,是黄河文化、丝路

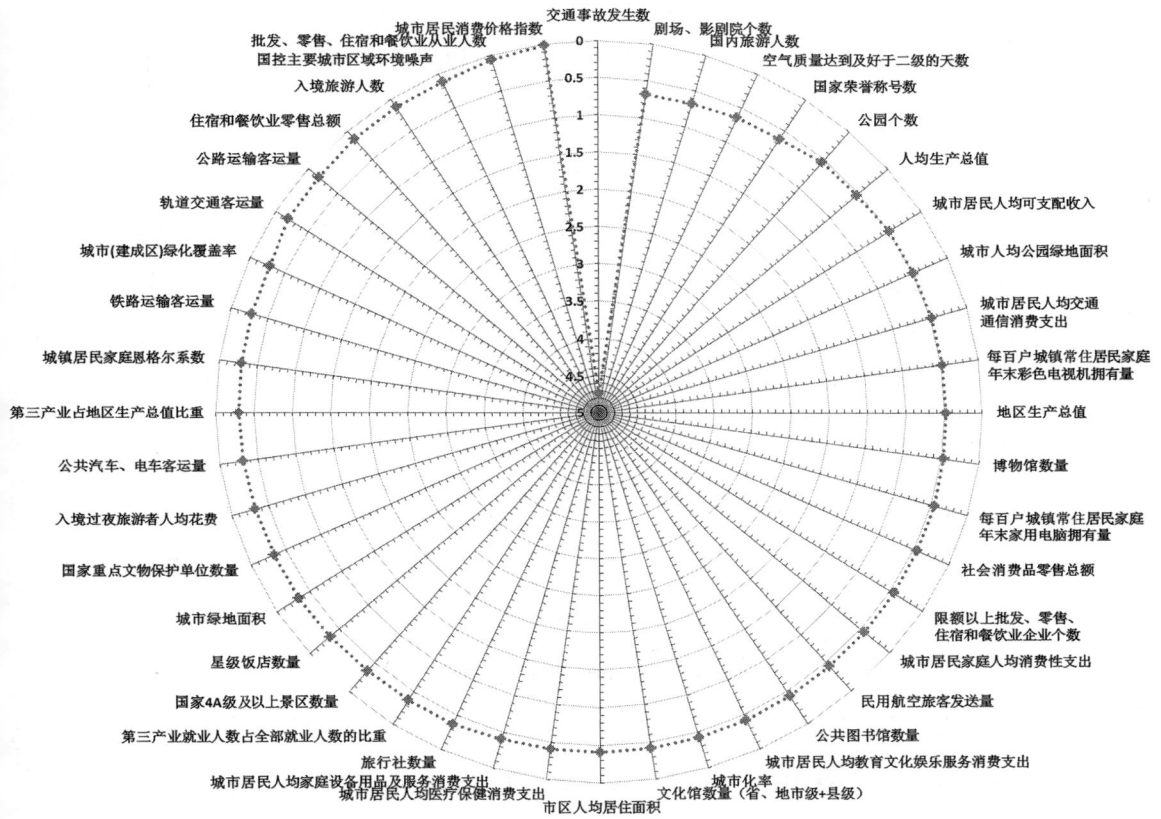

图4-30　南昌44个指标水平排列图

文化、中原文化与西域文化的重要交汇地。从数据分析看,兰州44个指标水平区间在0~1.5之间,均值水平为0.379 7。高于均值水平的指标有20个,占指标总数的45%。具体为交通事故发生数,批发、零售、住宿和餐饮业从业人数,博物馆数量,国家重点文物保护单位数量,城市居民人均医疗保健消费支出,公共汽车、电车客运量,城市居民人均教育文化娱乐服务消费支出,城市人均公园绿地面积,民用航空旅客发送量,空气质量达到及好于二级的天数,城市化率,市区人均居住面积,第三产业就业人数占全部就业人数的比重,城市居民家庭人均消费性支出,城市居民人均可支配收入,第三产业占地区生产总值比重,城市居民人均家庭设备用品及服务消费支出,人均生产总值,每百户城镇常住居民家庭年末家用电脑拥有量,每百户城镇常住居民家庭年末彩色电视机拥有量。其中,指标水平值最高的是交通事故发生数(1.062 2),其次是批发、零售、住宿和餐饮业从业人数(0.987 5)。从中可以看出,兰州在城市休闲化进程中表现良好的指标主要集中在人均休闲消费水平、文化设施规模、家庭娱乐设备拥有量,说明兰州的历史文化资源相对丰富,居民的休闲消费需求相对旺盛。

低于均值水平的指标有 24 个,占指标数量权重的 55%。具体为文化馆数量(省、地市级+县级),旅行社数量,剧场、影剧院个数,城市居民人均交通通信消费支出,公共图书馆数量,入境过夜旅游者人均花费,国内旅游人数,社会消费品零售总额,城镇居民家庭恩格尔系数,公路运输客运量,限额以上批发、零售、住宿和餐饮业企业个数,地区生产总值,公园个数,国家荣誉称号数,城市(建成区)绿化覆盖率,铁路运输客运量,住宿和餐饮业零售总额,星级饭店数量,国控主要城市区域环境噪声,轨道交通客运量,城市绿地面积,国家 4A 级及以上景区数量,城市居民消费价格指数,入境旅游人数。从中可以看出,兰州在城市休闲化进程中表现较弱的指标主要是娱乐设施规模、旅游接待规模和水平、交通运输规模、住宿餐饮业等商业零售规模、城市绿化环境,说明兰州有关休闲娱乐产业的供给结构和发展规模都存在发展短板,见图4-31。

七、呼和浩特

呼和浩特是中国向蒙古国、俄罗斯开放的重要沿边开放中心城市,也是我国北方草原地区重要的历史文化名城,有着悠久的历史和光辉灿烂的文化。从数据分析看,呼和浩特 44 个指标水平区间在 0~2 之间,均值水平为 0.413 1。高于均值的指标有 17 个,占指标总数的 39%。具体为交

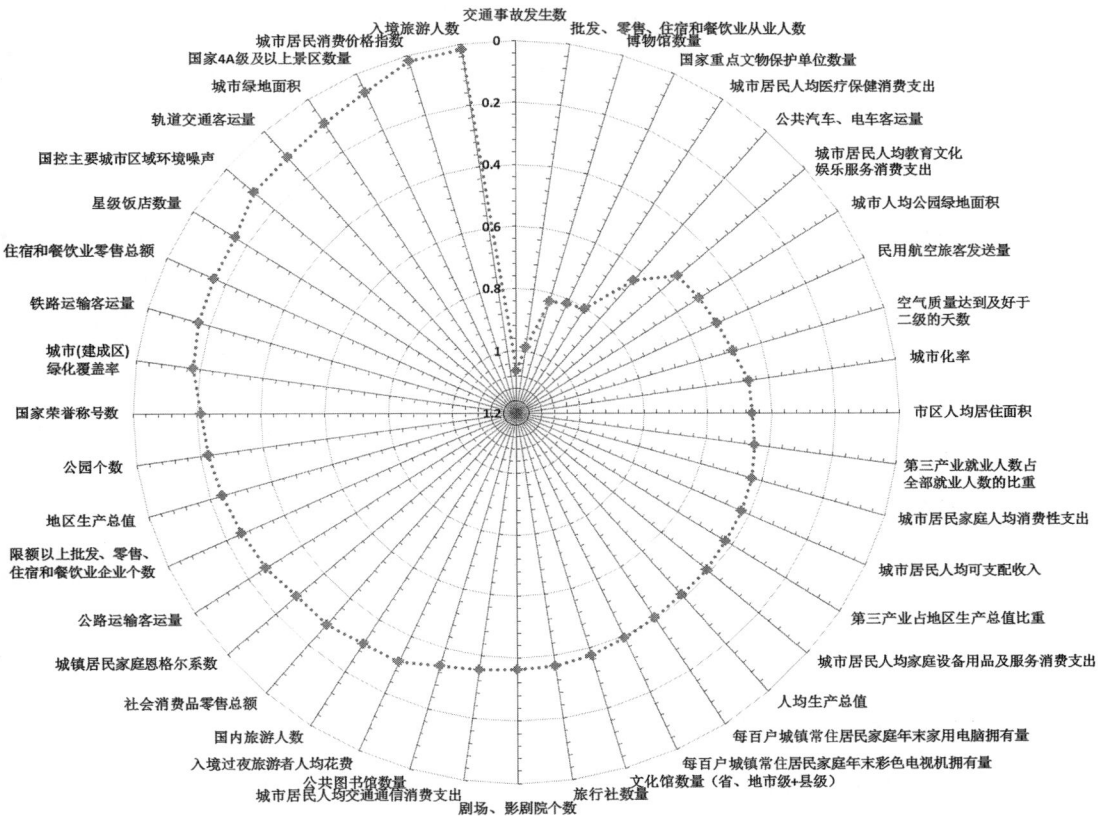

图 4-31　兰州 44 个指标水平排列图

通事故发生数,国家荣誉称号数,城市居民人均医疗保健消费支出,城市居民人均交通通信消费支出,旅行社数量,城市人均公园绿地面积,人均生产总值,城市居民人均教育文化娱乐服务消费支出,城市居民人均家庭设备用品及服务消费支出,第三产业就业人数占全部就业人数的比重,城市居民人均可支配收入,空气质量达到及好于二级的天数、城市居民家庭人均消费性支出,公共图书馆数量,第三产业占地区生产总值比重,文化馆数量(省、地市级+县级),市区人均居住面积。其中,交通事故发生数水平值最高(1.932 0),其次是国家荣誉称号数(0.847 0)。从中可以看出,呼和浩特在城市休闲化进程中发展较好的指标主要集中在人均休闲消费水平、文化设施规模、空气质量等方面,这与呼和浩特的人口规模、历史文化资源有一定的关系,但该城市在交通安全方面还有很多进步的空间。

低于均值水平的指标有 27 个,占指标数量的权重为 61%。具体为民用航空旅客发送量,城市绿地面积,每百户城镇常住居民家庭年末家用电脑拥有量,入境过夜旅游者人均花费,每百户城镇常住居民家庭年末彩色电视机拥有量,城市化率,国家 4A 级及以上景区数量,城镇居民家庭恩格尔系数,星级饭店数量,社会消费品零售总额,公共汽车、电车客运量,公园个数,国家重点文物保护单位数量,城市(建成区)绿化覆盖率,地区生产总值,国内旅游人数,限额以上批发、零售、住宿和餐饮业企业个数,剧场、影剧院个数,博物馆数量,国控主要城市区域环境噪声,铁路运输客运量,住宿和餐饮业零售总额,入境旅游人数、批发/零售/住宿和餐饮业从业人数、公路运输客运量、城市居民消费价格指数、轨道交通客运量。可以看出,呼和浩特在城市休闲化进程中表现较弱的指标主要是住宿餐饮等商业规模、交通运输规模、旅游接待设施和人数规模,这反映出呼和浩特的服务业发展水平还处于较低的发展状态,见图 4 - 32。

八、银川

银川地处中国的西北地区,是历史悠久的塞上古城。从数据分析看,银川 44 个指标水平区间在 0~2 之间,均值水平为 0.387 0。高于均值水平的指标有 18 个,占指标总数的 41%。具体为交通事故发生数,住宿和餐饮业零售总额,国家荣誉称号数,城市居民人均医疗保健消费支出,城市人均公园绿地面积,城市居民人均交通通信消费支出,城市居民人均教育文化娱乐服务消费支出,第三产业就业人数占全部就业人数的比重,人均生产总值,空气质量达到及好于二级的天数,每百户城镇常住居民家庭年末家用电脑

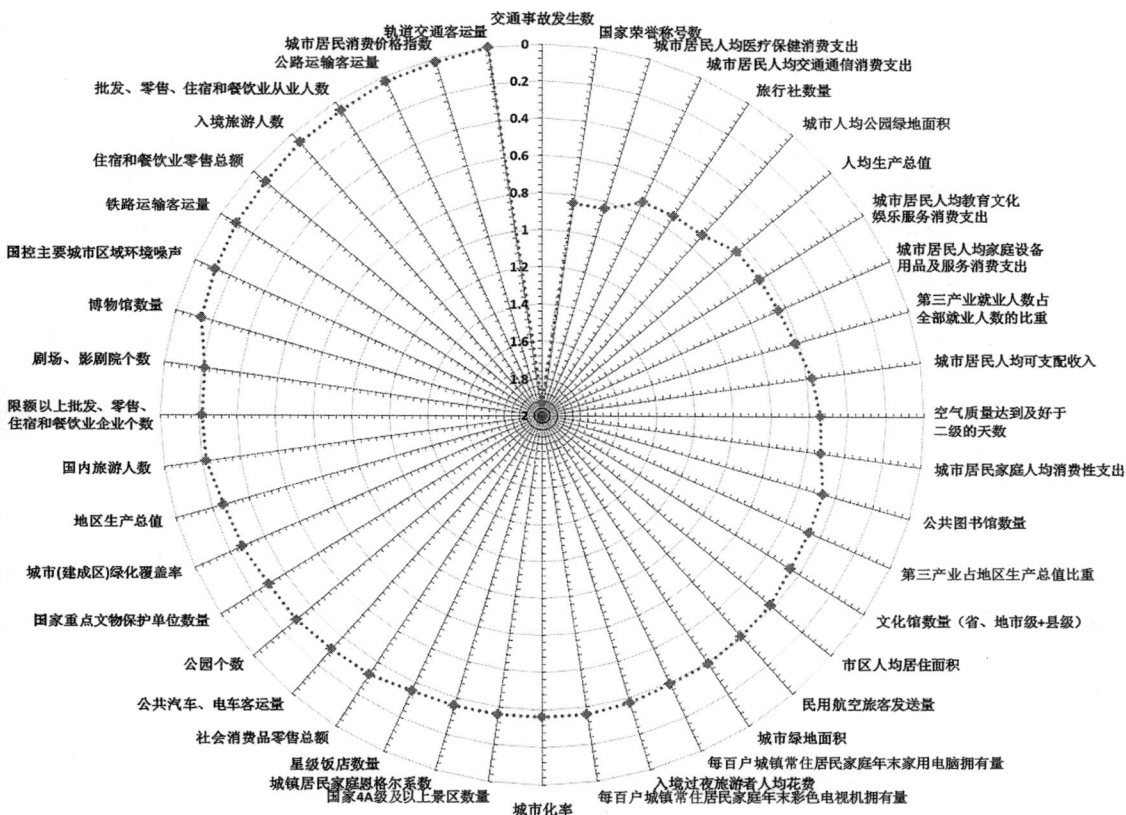

图 4-32 呼和浩特 44 个指标水平排列图

拥有量,批发、零售、住宿和餐饮业从业人数,城市居民人均家庭设备用品及
服务消费支出,城市化率,城市居民人均可支配收入,城市居民家庭人均消
费性支出,第三产业占地区生产总值比重,国家重点文物保护单位数量。其
中,交通事故发生数的水平值最高(1.739 7),其次是住宿和餐饮业零售总额
(1.635 1)。从中可以看出,银川在城市休闲化进程中表现较好的指标主要是
人均休闲消费水平,住宿餐饮业规模,城市环境,表明银川本地居民休闲消
费需求相对旺盛,城市也比较注重城市生态文明建设。

低于均值水平的指标有 26 个,占指标数量权重的 59%。具体为市区人均居住面积、国家 4A 级及以上景区数量、每百户城镇常住居民家庭年末彩色电视机拥有量、公共图书馆数量、文化馆数量(省、地市级＋县级)、入境过夜旅游者人均花费、城镇居民家庭恩格尔系数、城市(建成区)绿化覆盖率、博物馆数量、公共汽车、电车客运量、地区生产总值、剧场、影剧院个数、旅行社数量、公路运输客运量、民用航空旅客发送量、公园个数、社会消费品零售总额、国控主要城市区域环境噪声、星级饭店数量、国内旅游人数、限额以上批发、零售、住宿和餐饮业企业个数、铁路运输客运量、入境旅游人数、城市居民消费价格指数、城市绿地面积、轨道交通客运量。可以看出,银川在城市休闲化进程中表现较弱的指标主要是交通运输规模、文化娱乐设施规模、商业零售规模,以及旅游接待规模和水平等方面,反映了现阶段银川在休闲产业发展的综合能力方面还存在发展短板,从而使得城市对外吸引力呈现较弱的发展特点,见图 4-33。

九、海口

海口是我国地处热带的海滨城市,热带资源多样,生态环境良好,被世界卫生组织评为我国首个"世界健康城市"试点地,也曾获得"中国最具幸福感城市""中国优秀旅游城市"等荣誉称号。从数据分析看,海口 44 个指标水平区间在 0~2 之间,均值水平为 0.376 6。高于均值水平的指标有 16 个,占指标总数的 36%。具体为交通事故发生数、国家荣誉称号数、民用航空旅客发送量、城市居民人均交通通信消费支出、空气质量达到及好于二级的天数、第三产业就业人数占全部就业人数的比重、第三产业占地区生产总值比重、城市居民人均医疗保健消费支出、城市人均公园绿地面积、城市居民人均家庭设备用品及服务消费支出、城市居民人均教育文化娱乐服务消费支出、城市居民家庭人均消费性支出、旅行社数量、每百户城镇常住居民家庭年末家用电脑拥有量、城市居民人均可支配收入、每百户

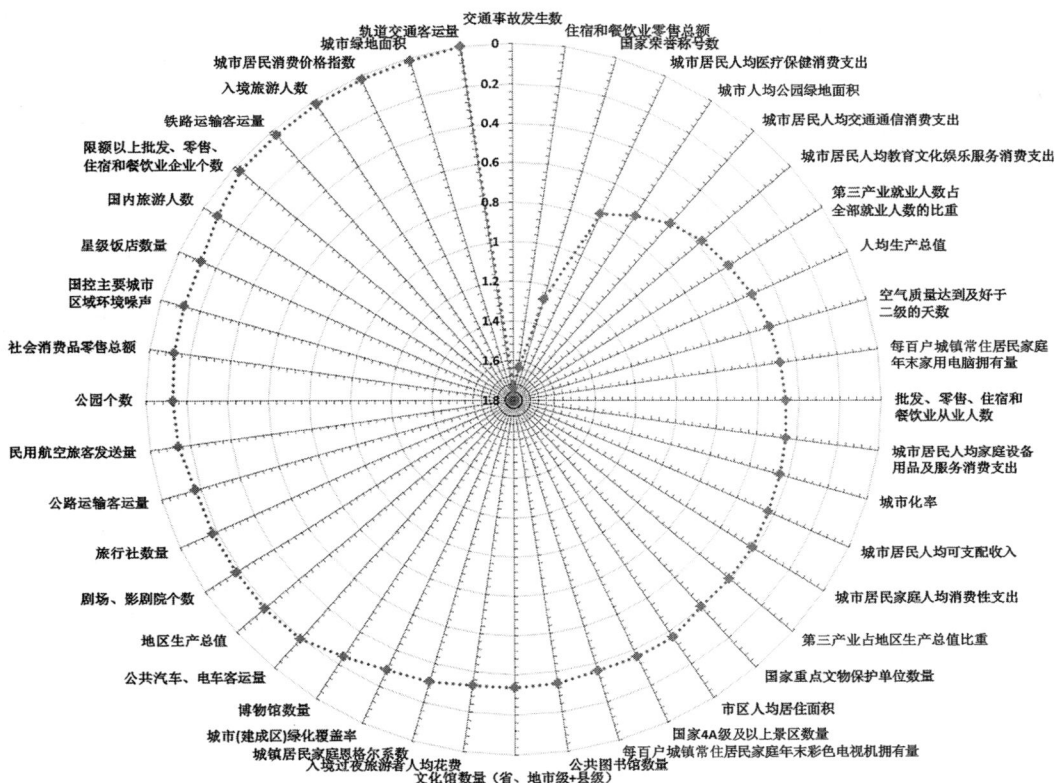

图 4-33　银川 44 个指标水平排列图

城镇常住居民家庭年末彩色电视机拥有量。其中,指标水平最高的是交通
事故发生数(1.984 9),其次是国家荣誉称号数(1.270 5)。从中可以看出,海
口在城市休闲化进程中表现较好的指标主要是城市环境、人均休闲消费水
平、家庭娱乐设备拥有量,这充分说明海口城市生活环境的舒适性。

　　低于均值水平的指标有 28 个,占指标数量权重的 64%,具体为人均
生产总值,入境过夜旅游者人均花费,市区人均居住面积,剧场、影剧院个
数,城市(建成区)绿化覆盖率,城市化,国家重点文物保护单位数量,城
镇居民家庭恩格尔系数,星级饭店数量,铁路运输客运量,公共图书馆数
量,文化馆数量(省、地市级+县级),博物馆数量,公共汽车、电车客运量、

公路运输客运量、社会消费品零售总额,国内旅游人数,城市绿地面积,地区生产总值,国家4A级及以上景区数量,限额以上批发、零售、住宿和餐饮业企业个数,公园个数,住宿和餐饮业零售总额,国控主要城市区域环境噪声,入境旅游人数,批发、零售、住宿和餐饮业从业人数,城市居民消费价格指数,轨道交通客运量。从中可以看出,海口在城市休闲化进程中表现较弱的指标主要是住宿餐饮等商业零售规模、文化娱乐设施规模、旅游接待规模和水平,这说明海口虽然地处海岛资源丰富的海南省,但在三亚的强大旅游品牌影响下,城市旅游业发展相对较弱,同时城市缺乏多样性的休闲相关产业供给体系,制约了城市的吸引力和竞争力,见图4-34。

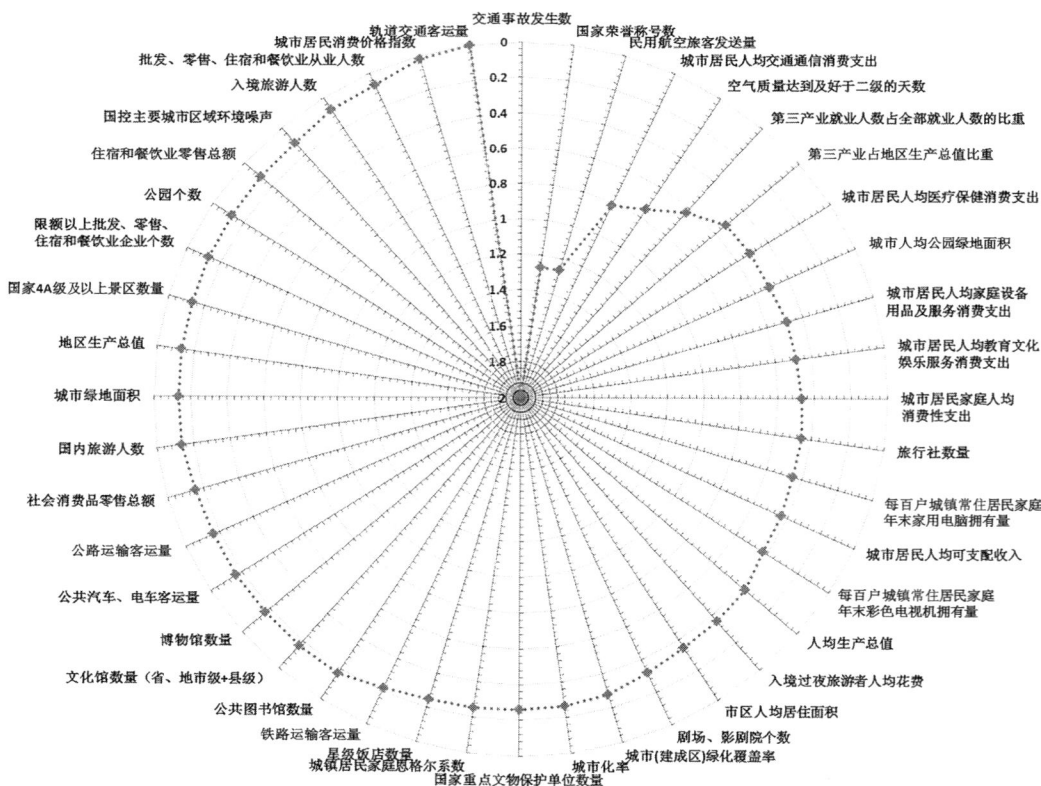

图4-34 海口44个指标水平排列图

十、西宁

西宁是青藏高原的东方门户,区位优势和政策优势明显。从数据分析看,西宁44个指标水平值区间在0～3之间,均值水平为0.3591。高于均值的指标有19个,占指标总数的43%。具体为交通事故发生数,国家4A级及以上景区数量,城市居民人均交通通信消费支出,空气质量达到及好于二级的天数,星级饭店数量,旅行社数量,城市居民人均医疗保健消费支出,城市人均公园绿地面积,城市居民人均家庭设备用品及服务消费支出,城市居民人均教育文化娱乐服务消费支出,城市居民家庭人均消费性支出,国家荣誉称号数,每百户城镇常住居民家庭年末家用电脑拥有量,城市化率,城市居民人均可支配收入,每百户城镇常住居民家庭年末彩色电视机拥有量,第三产业就业人数占全部就业人数的比重,市区人均居住面积,第三产业占地区生产总值比重。其中,交通事故发生数的水平值最高(2.5726),远高于其他指标,说明西宁城市交通安全环境较差。其次是国家4A级及以上景区数量(0.8219)。从中可以看出,西宁在城市休闲化进程中表现较好的指标主要集中在旅游接待规模、人均休闲消费水平、城市空气质量、第三产业发展规模等方面,说明西宁的旅游业发展相对较好,居民的休闲消费需求相对旺盛。

低于均值水平的指标有25个,占指标数量权重的57%。具体为博物馆数量,人均生产总值,入境过夜旅游者人均花费,公共图书馆数量,文化馆数量(省、地市级＋县级),城市(建成区)绿化覆盖率,公共汽车、电车客运量,民用航空旅客发送量,城镇居民家庭恩格尔系数,国家重点文物保护单位数量,公园个数,公路运输客运量,剧场、影剧院个数,地区生产总值,国内旅游人数,社会消费品零售总额,住宿和餐饮业零售总额、国控主要城市区域环境噪声,限额以上批发、零售、住宿和餐饮业企业个数,城市绿地面积,铁路运输客运量,批发、零售、住宿和餐饮业从业人数,入境旅游人数,城市居民消费价格指数,轨道交通客运量。从中可以看出,西宁在城市休闲化进程中表现较弱的指标主要集中在交通运输规模、文化设施规模、住宿餐饮业等商业零售规模,说明西宁的休闲相关产业供给能力以及旅游吸引力还不足,见图 4-35。

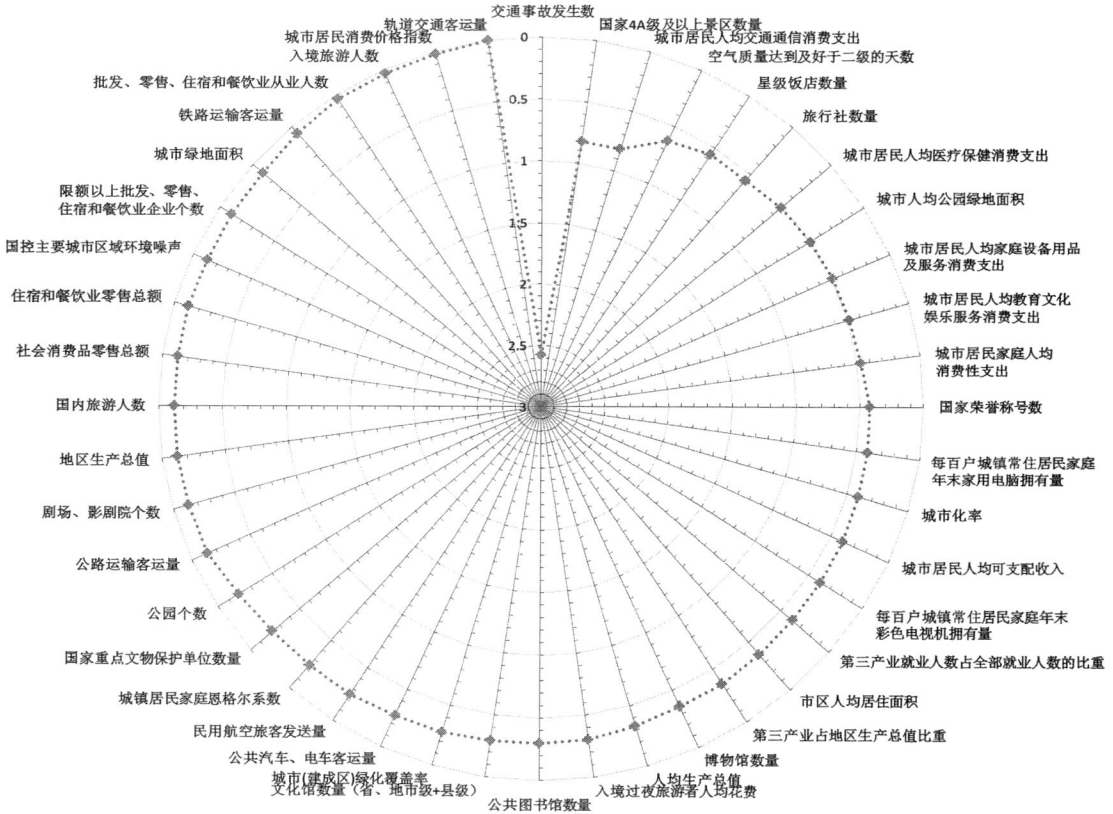

图 4-35　西宁 44 个指标水平排列图

综合起来看,上述 10 个城市的共同特点是城市内部的人均休闲消费类指标水平均表现良好,这一方面是因为这些城市的人口规模较少,导致人均水平较高;另一方面,说明这些城市居民休闲娱乐需求空间还很大,政府应该继续完善休闲产业供给体系，丰富休闲产品和服务类型，更好地满足居民的需求，提升居民的生活幸福感。

第五节 小城市休闲化指数分析

在 36 座城市中，拉萨的人口规模最小，属于唯一一个 I 型小城市。

拉萨是西藏自治区首府，是西藏的政治、经济、文化和科教中心，也是藏传佛教圣地。拉萨号称世界第三极，是具有高原民族特色的旅游目的地城市。从数据分析看，拉萨 44 个指标水平区间在 0～4.5 之间，均值水平为 0.353 5。高于均值水平的指标有 18 个，占指标总数的 41%。具体为交通事故发生数，国家荣誉称号数，文化馆数量（省、地市级＋县级），空气质量达到及好于二级的天数，星级饭店数量，每百户城镇常住居民家庭年末彩色电视机拥有量，城市人均公园绿地面积，第三产业占地区生产总值比重，第三产业就业人数占全部就业人数的比重，城市居民家庭人均消费性支出，城市居民人均交通通信消费支出，人均生产总值，城市居民人均可支配收入，市区人均居住面积，入境过夜旅游者人均花费，城市居民人均家庭设备用品及服务消费支出，国家 4A 级及以上景区数量，每百户城镇常住居民家庭年末家用电脑拥有量。其中，交通事故发生数的水平值最高（4.410 2），也是远高于其他指标，说明拉萨城市交通安全环境不尽人意。其次是国家荣誉称号数（1.058 7）。从高于均值水平的指标看，拉萨表现良好的指标主要是人均休闲消费水平、城市环境质量，这与拉萨的人口规模、城市地理位置有关。

低于均值水平的指标有 26 个，占指标数量权重的 59%。具体为城市化率，城市（建成区）绿化覆盖率，城镇居民家庭恩格尔系数，城市居民人均医疗保健消费支出，城市居民人均教育文化娱乐服务消费支出，旅行社数量，国家重点文物保护单位数量，国控主要城市区域环境噪声，公园个数,国内旅游人数,入境旅游人数,城市绿地面积,公共汽车、电车客运量,限额以上批发、零售、住宿和餐饮业企业个数,社会消费品零售总额,民用航空旅客发送量,地区生产总值,公共图书馆数量,剧场、影剧院个数,住宿和餐饮业零售总额,博物馆数量,公路运输客运量,批发、零售、住宿和餐饮业从业人数,城市居民消费价格指数,铁路运输客运量、轨道交通客运量。从中可以看出,拉萨在城市休闲化进程中表现较弱的指标主要是住宿餐饮业等商业零售规模、文化娱乐设施规模、旅游接待规模,交通运输规模,这些指标都是制约拉萨城市休闲产业规模化发展的重要因素。见图 4 - 36。

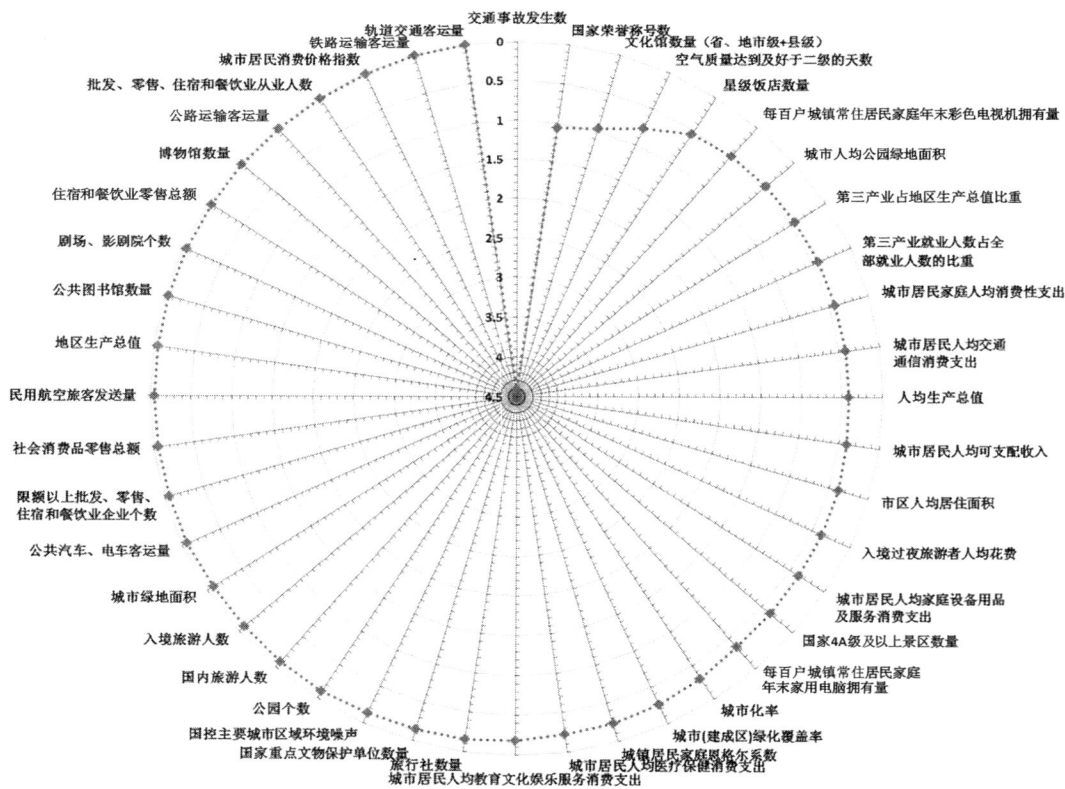

图 4 - 36　拉萨 44 个指标水平排列图

参考文献

［1］Kuang C. Does Quality Matter In Local Consumption Amenities? An Empirical Investigation with Yelp ［J］. Journal of Urban Economics，2017，100（2）：1 - 18.

［2］Philippa H J. Changing family structures and childhood socialization：A study of leisure consumption ［J］. Journal of Marketing Management，2014，30（15）：1533 - 1553.

［3］Pritchard A，Kharouf H. Leisure Consumption in Cricket：Devising a Model to Contrast Forms and Time Preferences ［J］. Leisure Studies，2016，35（4）：438 - 453.

［4］Seckin A. Consumption-Leisure Choice with Habit Formation ［J］. Economics Letters，2001，70（1）：115 - 120.

［5］Patterson K D. A Non-Parametric Analysis of Personal Sector Decisions on Consumption，Liquid Assets and Leisure ［J］. Economic Journal，1991，101（9）：1103 - 1116.

［6］Han Kyo-nam，Han Beom-Soo. Changes in Distinction of Leisure Consumption between Social Classes ［J］. Journal of Tourism Sciences，2012，36（9）：197 - 219.

［7］Kim D，Jang S. Symbolic Consumption in Upscale Cafes：Examining Korean Gen Y Consumers' Materialism，Conformity，Conspicuous Tendencies，and Functional Qualities ［J］. Journal of Hospitality & Tourism Research，2017，41（2）：154 - 179.

［8］Gomez M A. Consumption and Leisure Externalities，Economic Growth and Equilibrium Efficiency ［J］. Scottish Journal of Political Economy，2008，55（2）：227 - 249.

［9］Chiuru M C. Individual decision and household demand for consumption and leisure ［J］. Research in Economics，2000，54（1）：277 - 324.

[10] Glorieux I, Laurijssen I, Minnen J，et al. In search of the harried leisure class in contemporary society：Time- use survey and patterns of leisure time consumption [J]. Consume Policy，2010，33(1)：163 - 181.

[11] 楼嘉军,李丽梅,杨勇.我国城市休闲化质量测度的实证研究[J].旅游科学,2012, 26(5)：45 - 53.

[12] 郑胜华,刘嘉龙.城市休闲发展评估指标体系研究[J].自然辩证法研究,2006 (03)：96 - 101.

[13] 吕宁.休闲城市评价模型及实证分析[J].旅游学刊,2013(09)：121 - 128.

[14] 楼嘉军,马红涛,刘润.中国城市居民休闲消费能力测度[J].城市问题,2015, 34(3)：86 - 93.

[15] 陆铭.空间的力量-地理、政治与空间发展[M].格致出版社和上海人民出版社, 2013：101.

[16] 孙平军,丁四保,修春亮等.东北地区"人口-经济-空间"城市化协调性研究[J].地 理科学,2012,32(4)：450 - 457.

[17] 刘松,楼嘉军,李丽梅,等.上海、南京和杭州城市休闲化协调发展比较研究[J].现 代城市研究,2017(11)：123 - 129.

[18] 吴玉鸣,柏玲.广西城市化与环境系统的耦合协调测度与互动分析[J].地理科学, 2011,31(12)：1474 - 1479.

[19] 尹世杰.闲暇消费论[M].北京：中国财政经济出版社,2007：57 - 65.

第三部分

专题研究

第五章 杭州城市公共休闲 服务质量测度及 影响因素研究^①

第一节 研究背景与意义

城市公共服务与市民切身利益密切相关,在目前城市化进程迅速推进的背景下,公共服务的均衡性是城市生活品质、社会稳定的重要保障^②。休闲是城市的基本功能之一,也是城市公共服务最基本的组成部分。早在 1933 年 8 月发布的《雅典宪章》就明确指出,城市规划的目的是保证居住、工作、游憩(休闲)与交通四大功能活动的正常进行。这是首次正式公开地从功能配置和公共服务的角度肯定游憩(休闲)在城市建设发展中的地位和作用。

国内对城市公共休闲服务的关注是在杭州确立"东方休闲之都"城市定位后,才逐渐成为研究热点,并与全面小康社会、和谐城市及新型城镇化建设目标一致、内容相契,所以在一定程度上对提升居民生活满意度和幸福感有积极作用。根据国际经验,一个城市在人均地区生产总值达到

---

① 本章作者:华钢(杭州师范大学钱江学院);李丽梅(上海师范大学旅游学院)。
② 黎婕,冯长春.北京城市公共服务设施空间分布均衡性研究[J].地域研究与开发,2017,36(3):71-77.

115

3 000～5 000美元阶段,就将进入一个在城市基础设施、居民消费方式、城市功能和产业结构等方面相继形成休闲化特点的发展时期。政府、社会组织和经济组织结合城市发展的阶段性、市民生活水平与文化需求的特征及趋势,推动城市公共服务建设,满足本地居民的公共休闲需求。

杭州是我国的经济强市,早在 2005 年就已达到人均地区生产总值 3 000美元的水平。2017 年,杭州人均地区生产总值为 2 万美元,充分具备城市休闲化的必要条件。休闲环境、休闲设施、休闲产业和居民休闲意识皆已达到较高的发展水平,居民休闲需求非常旺盛。2016 年 9 月,杭州成功举办 G20 峰会,城市公共休闲服务功能进一步优化,城市旅游休闲形象更加深入人心。而后 G20 时代,杭州无论在经济、社会、环境,还是在旅游、体育和文化等方面皆是热点不断,国内外社会对杭州国际旅游休闲城市的关注与期待将更加高涨,对杭州公共休闲产品、设施与服务的需求将更加迫切。因此,如何科学测量现阶段的城市公共休闲服务质量,分析存在的不足与制约因素,构建优化路径,适应社会的庞大需求,值得我们在后 G20 时代思考。可以说,杭州不仅经济发展走在全国前列,城市公共休闲服务建设水平以及服务质量更是全国标杆。与此同时,《国家新型城镇化规划(2014—2020)》明确提出,城市发展必须满足“生态宜居”的条件,必须注重居民“生活方式”的现代化,必须强调居民生活的“幸福度”,而城市公共休闲服务质量的改进和完善正符合上述要求,所以对其开展研究具有十分重要的理论和现实意义。

本章是一项应用性研究,其选题的意义至少体现在以下几方面。第一,贯彻十九大精神,增强居民休闲意识。党的十九大报告指出,提高人民生活满意度,提升人民幸福感将是未来社会建设的根本。近年来在杭州的实践表明,城市公共休闲服务建设对于提升城市影响力、改善居民生活方式,提高生活满意度、促进大众旅游发展方面发挥了不可或缺的作用。此外,我国已颁布实施《国民旅游休闲纲要(2013—2020 年)》,有助于进一步增强杭州居民的休闲意识,提高居民休闲参与度。第二,落实新型城镇化要求,提高人民生活满意度。城市公共休闲服务的建设符合新型城镇化的基本要求,以满足本地居民的休闲娱乐需求为主,这与传统旅游设施以异地游客为目标服务群体的观念不同。通过对城市公共休闲服务内容及质量水平的升级,能够直接丰富当地居民的精神物质生活,提升人民的幸福感。第三,为城市建设与协调发展提供理论指导及提升路径。通过研究深化对城市公共休闲服务的理解,形成具有一定创新性的城市公共休闲服务质量测度指标体系,为杭州城市建设提供指导。借助通过质量测度后获得的研究结果,总结杭州城市公共休闲服务休闲质量的不足与问题,进一步协调城市建设的整体发展格局。

第二节　理论基础

一、相关研究回顾

1. 国际相关研究

自 20 世纪 90 年代以来,国际有关城市公共休闲服务质量的研究主要集中在以下几方面。

(1) 政府作用体现。结合西方国家经验,政府在城市公共休闲服务功能建设上发挥主体作用,主要体现在政策、规划和产业三个层面(Weiermair & Mathies,2004;Henry,2010)。政府完善休闲城市系统,已成为发达国家改善和衡量城市公共休闲生活质量的标准之一(Marino,2003)。

(2) 城市公共休闲服务质量特征。休闲城市与旅游城市的区别在于休闲城市首先是最大限度满足市民休闲需求,其次才满足外来旅游者(Godbey,2006)。

(3)休闲产业特点。Godbey(1997)认为,休闲服务体系包括餐馆、宾馆、娱乐场所、康乐中心、旅游景点、商店、银行、保健机构等与休闲旅游服务部门以及与此密切相关的服务产业部门。

(4)城市公共休闲服务质量与生活满意度关系。研究表明休闲活动与生活满意度之间呈现正相关,休闲因素是社会整体满意度的最佳预测指标(Iso Ahola,1980;Kelly & Godbey,1992;Christopher,2009)。

2. 国内相关研究

新世纪以来,国内有关城市公共休闲服务质量评价与测度的研究逐渐趋热。主要体现在以下几个方面。

(1)城市公共休闲服务,特别是公共休闲体育服务方面的研究(代璐,2017;王欢,2017;潘春宇,2017;于一、钟木根,2017;鞠鹏,2016)等。

(2)城市社区公共休闲文化建设方面的研究(杨玲,2017;贾柯,2017;李少斌、李红联,2017;吴晓庆,2015)等。

(3)休闲城市系统构建与指标体系建设(郑胜华,刘嘉龙,2004;魏小安,2009;王琪延,2010;曹新向,苗长虹等,2010;吕宁,2011)。其中,郑胜华和刘嘉龙(2004)认为,休闲城市由实力系统、动力系统、能力系统、魅力系统四个要素构成评价指标体系。魏小安(2009)在城市公共休闲指数的基础上,构建了由基础性指标、市场性指标、专家性指标构成的休闲城市评估体系。王琪延(2010)认为,指标体系由城市环境休闲力、城市基础休闲力、城市核心休闲力(硬指标)、城市核心休闲力(软指标)四部分构成。

(4)城市休闲化水平测量与指标体系建设(张广海,刘金,2014;楼嘉军,2015、2016、2017),其中楼嘉军(2015)认为,城市休闲化指标体系包括:公共基础、休闲产业能力、休闲消费能力、特色资源四个方面。

（5）政府在城市公共休闲服务质量建设中扮演管理者的角色，同时也是公共休闲服务的直接供给者（阮北平，2011；胡瑞峰，2012；毛婷婷，2014；黄秀寅，2016）等。

（6）城市休闲发展与居民生活满意度和幸福度密切相关（陈美爱，2013；宋子千，蒋艳，2014；来晓维，2017）等。

（7）某城市休闲服务质量建设的实证研究（吕宁，黄晓波，2014；温燕，周国忠，2014；楼嘉军，徐爱萍，2011；黄子燕，2011；徐惠娟，钱静，2009；宋国琴，郑胜华，2006）等。

3. 国际国内相关研究存在的不足

综上所述，围绕城市公共休闲服务的相关研究存在以下不足。

（1）城市休闲服务、城市公共休闲服务等概念尚未定型，质量测度体系呈现共性特征。

（2）质量测度体系可操作性仍待提高，指导实践之功效仍不明显。

（3）多数研究为排序而排序，对研究结论的分析与影响因素的挖掘不够，对现实的指导意义受到制约。

（4）对杭州城市公共休闲服务质量的讨论相对较少，仅有的一些研究也缺乏深度，研究结果的影响力和实践指导意义没有发挥出应有的作用。

（5）城市公共休闲服务质量研究脱离社会经济发展的大背景，与民众实际需要联系不够紧密，就休闲论休闲的问题比较严重。

二、相关概念界定

1. 城市公共休闲服务

公共服务区别与盈利服务和第三方服务，主要由政府及类政府机构根据实际需要，从公平、公益、全员的角度提供产品或服务。因此，其具有非竞争性和非排他性的特点。而城市公共休闲服务则是依托社会公共设施或公共部门、公共资源的服务,为城市居民休闲生活设计,满足城市广大市民普遍性的休闲需求的专项性公共服务的子类型。白莽祯(2015)认为,公共休闲服务有广义和狭义两层含义。广义的公共休闲服务一般是指,为满足群众的休闲生活需求而由政府主导的一系列活动,包括休闲管理机构设置、公共休闲政策制定、公共休闲环境营造、公共休闲空间和设施供给、休闲教育开展等诸多内容。狭义的公共休闲服务则是指,政府供应的以满足市民与游客休闲生活需求的公共休闲空间、公共休闲场所、公共休闲设施、公共休闲产品和项目,也即公共休闲服务供给,如政府建设的广场、公园、公共绿地等[1]。伍先福、陈攀(2015)认为,公共休闲服务是指政府和其他社会组织、经济组织等为主要满足本地市民的公共需求而提供的基础性、公益性的休闲产品与服务。他们认为,公共休闲服务的供给主体不完全局限在政府或类政府组织,也包括其他经济组织,只要提供的休闲产品或服务具备开放性、非排他性、禁歧视性等公共产品特征即可[2]。笔者认为,既然城市公共休闲服务作为公共服务的类型之一,即必须满足公共服务大众性、非竞争性和无排他等特点及要求,且提供的服务是满足民众休闲生活所需,即市民参与各种休闲活动,进行休闲体验的各种产品、空间、场地、设施和服务等。

2. 城市公共休闲服务质量

服务质量是市场营销学领域非常熟悉的概念,大部分的研究都是站在顾客感知角度提出服务质量的概念,即顾客期望价值与实际接受服务认知的差异。例如,PZB(1985)的服务质量定义比较权威,他认为服务质量是由消费者自己预期的感知与实际的感知相比较的结果,是一种主观评估。如果仅从主观角度设定服务质量标准,则会走入唯心论,有时候甚

---

① 白莽祯.我国城市基本公共休闲服务供给研究[D].郑州:河南大学,2015.
② 伍先福.中小城市公共休闲服务市场化供给研究[J].合作经济与科技,2016(5):174-175,176.

至会造成"民粹论",并不能真实反映服务质量的全貌,某种程度上会形成截然相反的两种看法。鉴于主观评价法的弊端,目前已有学者希望通过客观的指标数据实现对服务质量的测度,规避上述问题的出现。高婷(2017)认为,城市游憩公共空间服务质量是指游憩者对城市游憩公共空间相关管理主体服务提供水平卓越性的评估。应该包括信息服务成熟度、基础设施成熟度、安全服务成熟度、行政管理成熟度、产业集聚度五个层面①。伍先福(2018)在对城镇公共休闲服务的内涵进行辨析后,认为城镇公共休闲服务建设应包括营造公共休闲环境、构建公共休闲空间、完善公共休闲设施、开展各类休闲教育及提供直面公众的休闲服务等内容。公共休闲服务水平的评价指标体系为休闲供给实力、公共基础服务能力和公共休闲资源配置三个一级指标和涵盖三者之下的 38 个二级指标。且所有指标均采自统计年鉴上的统计条目,数据客观真实②。笔者更加赞成伍先福对公共休闲服务质量的看法,认为公共休闲服务涉及面广,涵盖内容多,且差异性较大,单纯主观的感知评价并不能真实全面反映质量水平的高低。因此认为城市公共休闲服务质量是指反映城市经济基础、交通设施条件、休闲环境、休闲场所以及居民休闲消费五个方面的水平。

第三节　城市公共休闲服务质量的
影响因素和指标体系

后 G20 时代,杭州市委市政府明确"城市国际化"发展方向,对杭州城市建设提出新的要求。特别是在确立"拥江发展"战略,提出建设"独特韵

---

① 高婷.城市游憩公共空间服务质量评价[D].上海师范大学,2017.
② 伍先福. 中国城镇基本公共休闲服务均等化现状、问题与趋势[J]. 搜狐财经 http://www.sohu.com/a/245268882

味、别样精彩、世界名城"的目标后,城市休闲公共休闲服务内容和质量水平的升级改造显得更加重要和迫切。

一、城市公共休闲服务质量的影响因素

城市公共休闲服务的建设与城市的基础设施、产业结构、居民消费方式、城市文化以及城市特色息息相关。具体来看,一般包括公共基础类影响因素。例如城市经济发展水平、居民的可支配收入、公共交通条件等。该类影响因素从城市功能角度来看,是城市发展的基础性条件,也是影响城市公共休闲服务质量的基础性因素;其次,为休闲产业和休闲空间场所的建设水平等影响因素。该类因素主要涉及几个行业类型,如文化娱乐业,旅游业和餐饮、零售业等,并从供给和收益两个维度进行测算,以及各种休闲空间或场所的数量,如城市公园个数、绿地面积、电影院数量、博物馆数量等;第三类影响因素则主要是从休闲供给的规模和水平,可以利用休闲消费的数据进行侧面印证;第四类影响因素则主要是指城市的特色资源。该类因素的丰富程度和特色的显著性,将直接对公共休闲服务质量起到画龙点睛的作用。

二、指标体系构建的原则与依据

1. 指标体系构建的原则

本研究旨在建立一套客观的、切实可行的,能够从城市休闲功能实现的角度来衡量一个城市公共休闲服务质量的综合测度指标体系,在这一目标指导下,首先明确构建指标体系的基本原则。

(1)可行性和可操作性原则。为确保指标数据的可获取性与客观性,保证所有指标项目数据通过统计资料均能获得。本研究在具体指标项目地确立过程中,非常重视数据的可获得性。因此指标设计详细具体,且主

要来自权威部门的统计资料,并尽量采用各年份统计口径一致的指标。

（2）全面性和独立性原则。评价体系建立在综合测度城市公共休闲服务质量的基础上,主要从供给与需求两个角度考虑,即要考虑到城市居民和外来游客的休闲消费水平和休闲相关产业发展潜力,需求角度侧面把握城市休闲供给规模和水平。其次,要保证各指标之间具有相互独立,相关性小,对于能够相互替代的指标予以剔除。

（3）主导性和层次性原则。主导性体现在衡量城市公共休闲服务质量的测度指标体系是由若干个相互联系的指标组成的有机整体。城市公共休闲服务质量评价指标的侧重在于通过城市的基础设施、居民的消费水平、城市的休闲相关产业和休闲特色资源的评价,不断完善城市的公共休闲服务功能,促进城市的可持续发展。

城市公共休闲服务系统是一个复杂的系统,是由许多同一层次、不同作用特点的系统集,以及同一系统、不同层次不同特点的领域集,还有不同领域的复杂程度、作用程度不一的指标集合共同组成。遵循指标体系构建的基本原则,运用经验选择和专家咨询相结合的方法,本研究构建能够反映城市公共休闲服务质量水平的指标体系。

2. 指标体系构建的依据

为实现构建一个反映城市公共休闲服务质量,客观的综合的评价指标体系的目标,在上述构建原则的指导下,本研究所涉及指标数据均来自官方的、公开的、具有权威性的刊物和报告,如《杭州统计年鉴》等。指标项目的确定相关参考文献主要包括三大类。

第一,相关统计年鉴。主要包括《杭州统计年鉴》《中国统计年鉴》《中国城市年鉴》《中国旅游年鉴》等。

第二,相关文件。主要包括由中央文明办发布的《全国文明城市测评体系》,国家文化与旅游部发布的《中国优秀旅游城市检查标准》、全国爱卫会发布的《国家卫生城市标准》和《全国文明城市测评体系》。

第三,科研成果。主要包括华东师范大学休闲研究中心成果"中国城市休闲化指数评价指标体系",中国城市学科研究会成果"宜居城市科学评价标准",北京同和时代旅游规划设计研究院成果"中国城市休闲指数与休闲城市评价指标体系"和中国人民大学中国休闲经济研究中心成果"休闲城市评价指标体系"。

三、指标体系的内容与框架

1. 评价体系基本内容

城市公共休闲服务质量是城市经济基础与产业水平、交通形式与运输能力、休闲设施与接待能级、休闲空间与环境质量、休闲生活与消费形态等五个方面的综合反映。为对杭州城市公共休闲服务质量进行测度,本研究从城市公共休闲服务质量的概念出发,借鉴已有评价指标体系,并结合杭州休闲发展特点,遵循全面性、客观性和可操作性等原则,构建杭州城市公共休闲质量测度指标体系,共涵盖一级指标 5 类,二级指标 39 项。

第一类,经济基础与产业水平。主要反映城市居民进行休闲消费的宏观环境,包括地区生产总值、人均生产总值、城市化率、第三产业占地区生产总值比重、第三产业就业人数占全部就业人数的比重、社会消费品零售总额等。这是决定城市公共休闲服务质量的先决条件。

第二类,交通形式与运输能力。主要反映城市内外交通各种形式及便捷程度,包括公共汽车和电车客运量、轨道交通客运量、公路运输客运量、铁路运输客运量、民用航空旅客发送量等。这是城市居民和外来游客开展休闲活动的前提,是城市公共休闲服务质量的基础条件。

第三类,休闲设施与接待能级。主要反映城市为满足本地居民和外来游客需求而提供的休闲旅游设施以及城市的休闲旅游接待能力,包括博物

馆数量、公共图书馆数量、文化馆数量（省、地市级＋县级）、剧场个数、影剧
院、国家重点文物保护单位数量、旅行社数量、星级饭店数量、国家 4A 级及
以上景区数量、国内旅游人数、入境旅游人数和人均入境旅游收入等，这是
表征城市公共休闲服务质量的重要指标，是城市休闲化发展的内在驱动。

第四类，休闲空间与环境质量。主要反映城市居民休闲空间和城市
绿化环境，包括国控主要城市区域环境噪声、城市（建成区）绿化覆盖率、
城市绿地面积、空气质量达到及好于二级的天数和公园个数，这可以保证
人们接触到更多的休闲机会，是反映城市公共休闲服务质量的重要载体。

第五类，休闲生活与消费形态。主要反映城市居民生活质量和休闲
消费结构，包括城镇居民家庭恩格尔系数、城市居民人均可支配收入、城
市居民消费价格指数、城市居民家庭人均消费支出、城市居民人均家庭设
备用品及服务消费支出、城市居民人均医疗保健消费支出、城市居民人均
交通通信消费支出、城市居民人均教育文化娱乐服务消费支出、每百户城
镇常住居民家庭年末彩色电视机拥有量、每百户城镇常住居民家庭年末
家用电脑拥有量、每百户城市居民家庭年末移动电话拥有量等，这是城市
居民休闲生活质量的体现，是衡量城市公共休闲服务质量的核心内容。

2. 指标体系的框架

城市公共休闲服务质量测度指标体系见表 5-1。

表 5-1　城市公共休闲服务质量测度体系

一级指标	二级指标	单位	一级指标	二级指标	单位
经济基础与产业水平	地区生产总值	亿元	休闲空间与环境质量	公园个数	个
	人均生产总值	元		城市（建成区）绿化覆盖率	％
	城市化率	％		城市绿地面积	公顷
	第三产业占地区生产总值比重	％		空气质量达到及好于二级的天数	天

（续表）

一级指标	二级指标	单位	一级指标	二级指标	单位
	第三产业就业人数占全部就业人数的比重	％		国控主要城市区域环境噪声	等效声级
	社会消费品零售总额	亿元		城镇居民家庭恩格尔系数	％
交通形式与运输能力	公共汽车、电车客运量	万人次		城市居民人均可支配收入	元
	轨道交通客运量	万人次		城市居民消费价格指数（以上一年为100）	％
	公路运输客运量	万人次		城市居民家庭人均消费性支出	元
	铁路运输客运量	万人次		城市居民人均家庭设备用品及服务消费支出	元
	民用航空旅客发送量	万人次			
休闲设施与接待能级	文化馆数量（省、地市级＋县级）	个	休闲生活与消费形态	城市居民人均医疗保健消费支出	元
	博物馆数量	个		城市居民人均交通通信消费支出	元
	公共图书馆数量	个		城市居民人均教育文化娱乐服务消费支出	元
	剧场个数	个		每百户城镇常住居民家庭年末彩色电视机拥有量	台
	电影院	家			
	国家重点文物保护单位数量	个		每百户城镇常住居民家庭年末家用电脑拥有量	台
	旅行社数量	家			
	星级饭店数量	座		每百户城市居民家庭年末移动电话拥有量	台
	国家4A级及以上景区数量	个			
	入境旅游人数	万人次			
	人均入境旅游收入	美元/			
	国内旅游人数	万人次			

第四节　城市公共休闲服务质量的测度方法与评价

对杭州城市公共休闲服务质量进行测度，以准确反映杭州城市公共休闲的水平,研究内容包括:利用熵权法,采用客观数据分析的"差异驱动原理"对杭州城市公共休闲服务质量的相关变量进行赋权和赋分,总结归纳杭州城市公共休闲服务质量的现状与不足。

一、质量测度的方法

本研究关于城市公共休闲服务质量测度的指标均采自统计年鉴的相关数据,因此客观且真实,为了保证数据模拟效果的有效性,且能科学判断各部分指标在综合评价效果中所占的地位,我们采用熵权法对数据进行权重测算。熵权法是以信息论为基础,通过测度每个指标的离散程度来确定指标权重的大小,如果指标的离散程度大,表明该指标在综合评价中所起的作用的大,权重则高,反之亦然。

1. 数据时长的选择

本研究主要选择 2006—2016 年间的杭州数据,原因如下:第一,2006年杭州举办世界休闲博览会,被世界休闲组织授予"东方休闲之都"的称号。自此开始,杭州休闲城市建设进入快车道,"休闲之都"的形象逐渐深入人心。因此,从 2006 年开始研究,可以探析 11 年来,杭州城市休闲发展的历史演变。可以从时间序列的角度纵向比较 11 年杭州城市公共休闲发展质量水平的具体变化。第二,在依据指标体系进行数据搜集时,笔者发现现有的统计年鉴缺少许多 2006 年之前的关键数据,因此最终决定从 2006 年开始研究。

2. 数据标准化处理

$$X'_{ij} = \frac{X_{ij} - \min\{X_{ij}\}}{\max\{X_{ij}\} - \min\{X_{ij}\}} \qquad (5-1)$$

对前文研究确立的城市公共休闲服务质量测度指标体系中的 39 个

指标在 2006—2016 年间的 429 个数据进行标准化处理，无量纲的数据越大，反映城市休闲公共休闲服务质量水平越高。

3. 指标信息熵计算

利用公式（5-2）对第 i 年第 j 指标进行比重处理，利用公式（5-3）计算第 j 指标在时间序列上的信息熵 C_j。

式中，Y_{ij} 为 X'_{ij} 的比重法处理结果值，k 表示信息熵系数；m 为评价年数。

$$Y_{ij} = \frac{X'_{ij}}{\sum_{i=1}^{m} X'_{ij}} \qquad (5-2)$$

$$C_j = -k \sum_{i=1}^{m} (Y_{ij} \times \ln Y_{ij}), \ k = \frac{1}{\ln m} \qquad (5-3)$$

4. 指标权重计算

利用公式（5-4）得到冗余度 D_j，最后通过公式（5-5）计算得出第 j 指标冗余度的比重 W_j，即第 j 指标的权重。

$$D_j = 1 - C_j \qquad (5-4)$$

$$W_j = \frac{D_j}{\sum_{j=1}^{n} D_j} \qquad (5-5)$$

5. 综合评价结果

$$S_{ij} = W_j \times X'_{ij} \qquad (5-6)$$

$$S_i = \sum_{j=1}^{n} S_{ij} \qquad (5-7)$$

式中，S_{ij} 为第 i 年第 j 指标的单项评分，S_i 为第 i 年综合评价结果，$i = (1, 2, \cdots, m)$，$m = 11$；$j = (1, 2, \cdots, n)$，$n = 39$。

二、五项子类的变化对服务质量总体水平影响的评价

城市公共休闲服务质量水平的高低是经济基础与产业水平、交通形

式与运输能力、休闲设施与接待能级、休闲空间与环境质量、休闲生活与消费形态等五个方面共同作用的结果。这五个方面在杭州的不同时段呈现不同的变化特征,因而本文进一步引入贡献值 e_j 和变化影响指数 f_j 来对这种变化特点进行评价和分析。

$$e_j = \sum_{i=1}^{i'} S_j / \sum_{i=1}^{i'} S \qquad (5-8)$$

式中,贡献值 e_j,即"i"至"i'"时段内第 j 类城市公共休闲服务质量占城市公共休闲服务质量综合水平的比重。贡献值越高,说明该时段内该子类服务质量指标越能代表杭州整体城市公共休闲服务的质量。

变化影响指数 f_j,即"i"至"i'"时段内,第 j 类城市公共休闲服务质量的变化值与城市公共休闲服务质量综合水平变化值的比值。变化影响指数为正,说明该类城市公共休闲服务质量与总体城市休闲化趋势一致;变化影响指数为负,说明与总体城市公共休闲服务质量趋势相反;变化影响指数越高,说明该类城市公共休闲服务质量的变化对于总体城市公共休闲服务质量变化的影响越大。

$$f_j = \frac{S'_{ji} - S_{ji}}{S'_i - S_i} \qquad (5-9)$$

第五节　杭州城市公共休闲服务质量测度结果、演变过程及特征

一、各质量测度指标的权重

根据公式(5-1)~(5-5)对水平综合评价指标体系进行运算,得出各指标的权重(见表5-2)。

表 5－2　杭州城市公共休闲服务质量测度指标体系及权重

一级指标	二级指标	单位	信息熵	权重	排名	权重合计
经济基础与产业水平	地区生产总值	亿元	0.884	0.021	23	0.123
	人均生产总值	元	0.889	0.020	25	
	城市化率	％	0.948	0.009	39	
	第三产业占地区生产总值比重	％	0.851	0.027	13	
	第三产业就业人数占全部就业人数的比重	％	0.882	0.021	21	
	社会消费品零售总额	亿元	0.854	0.026	14	
交通形式与运输能力	公共汽车、电车客运量	万人次	0.929	0.013	35	0.156
	轨道交通客运量	万人次	0.562	0.078	1	
	公路运输客运量	万人次	0.926	0.013	34	
	铁路运输客运量	万人次	0.810	0.034	8	
	民用航空旅客发送量	万人次	0.899	0.018	29	
休闲设施与接待能级	文化馆数量（省、地市级＋县级）	个	0.747	0.045	5	0.373
	博物馆数量	个	0.862	0.025	17	
	公共图书馆数量	个	0.938	0.011	37	
	剧场个数	个	0.747	0.045	4	
	电影院	家	0.715	0.051	3	
	国家重点文物保护单位数量	个	0.659	0.061	2	
	旅行社数量	家	0.897	0.018	28	
	星级饭店数量	座	0.834	0.030	9	
	国家 4A 级及以上景区数量	个	0.875	0.022	18	
	入境旅游人数	万人次	0.894	0.019	13	
	人均入境旅游收入	美元	0.891	0.019	26	
	国内旅游人数	万人次	0.849	0.027	27	

（续表）

一级指标	二级指标	单位	信息熵	权重	排名	权重合计
休闲空间与环境质量	公园个数	个	0.935	0.012	36	0.099
	城市（建成区）绿化覆盖率	％	0.917	0.015	33	
	城市绿地面积	公顷	0.899	0.018	30	
	空气质量达到及好于二级的天数	天	0.889	0.020	24	
	国控主要城市区域环境噪声	等效声级	0.801	0.035	7	
休闲生活与消费形态	城镇居民家庭恩格尔系数	％	0.878	0.022	19	0.249
	城市居民人均可支配收入	元	0.882	0.021	22	
	城市居民消费价格指数（以上一年为100）	％	0.945	0.010	38	
	城市居民家庭人均消费性支出	元	0.843	0.028	10	
	城市居民人均家庭设备用品及服务消费支出	元	0.882	0.021	20	
	城市居民人均医疗保健消费支出	元	0.787	0.038	6	
	城市居民人均交通通信消费支出	元	0.858	0.025	15	
	城市居民人均教育文化娱乐服务消费支出	元	0.859	0.025	16	
	每百户城镇常住居民家庭年末彩色电视机拥有量	台	0.912	0.016	31	
	每百户城镇常住居民家庭年末家用电脑拥有量	台	0.909	0.016	32	
	每百户城市居民家庭年末移动电话拥有量	台	0.848	0.027	11	

从一级指标所占的权重来看,"休闲设施与接待能力"项指标权重最高,为0.373,说明其对杭州城市公共休闲服务质量的贡献度最大。排名第二的是"休闲生活与消费形态"项指标,权重为0.249,该类指标主要涵盖居民各项休闲消费支出,从结果面反映城市休闲功能的经济效益。"交通形式和运输能力"项位列第三,权重为0.156,是居民完成休闲活动的支持载体,也是侧面影响城市公共休闲服务质量的主要因素。"经济基础和产业水平"项,权重为0.123,位列第四,是休闲活动产生的基本前提;排列最后的"休闲空间和环境质量"项,权重是0.099,是城市公共休闲服务质量的重要保障。

从二级指标的权重的来看,排名前5的依次是轨道交通客运量、国家重点文物保护单位数量、电影院、剧场个数、文化馆数量(省、地市级+县级),可见对杭州城市公共休闲服务质量影响最大的因素是轨道交通设施条件和公共休闲场所的数量,而排名后5位的依次是城市化率、城市居民消费价格指数、公共图书馆数量、公园个数和公共汽车、电车客运量。

二、城市公共休闲服务质量的演变过程及特征

如图5-1所示,杭州城市公共休闲服务质量在2006—2016年期间呈现稳步上升的态势,依据发展速率的快慢,可以分成三个阶段,即2006—2008年间处于平稳上升阶段;2008—2012年间,出现较快上升;2012年后,杭州城市公共休闲服务质量的提升速度进一步加快。

杭州社会经济基础良好,素有人间天堂的美誉,是全国著名的风景旅游城市,与国内大多数城市相比,旅游基础设施、景区景点等建设更加完善,居民热爱休闲生活,休闲活动丰富,城市休闲氛围浓郁。进入新世纪后,杭州迈入人均地区生产总值3 000美元的门槛,城市居民休闲需求进

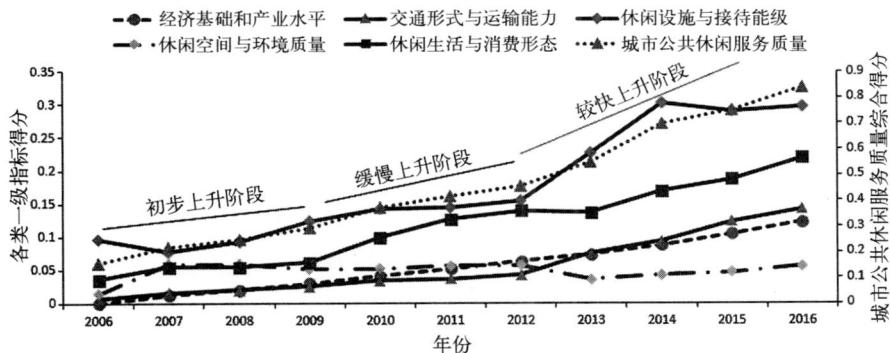

图 5 - 1 2006—2016 年杭州城市公共休闲服务质量
综合水平与一级指标水平及演变过程

一步得到释放,城市公共休闲服务质量更趋高标准。2012 年后,杭州人均地区生产总值突破 14 000 美元,产业结构、消费方式和城市功能等方面的休闲化特征更趋明显,城市公共休闲服务质量的提升进入快车道。

1. 平稳上升阶段(2006—2008 年)

自 2004 年杭州市政府在"杭州旅游国际化战略研讨会"上明确提出"东方休闲之都"的城市定位后,杭州城市公共休闲服务的建设正式拉开序幕,特别是 2006 年世界休闲博览会的成功举办,进一步推动这一城市品牌的深入人心。2006—2008 年间,杭州城市公共休闲服务质量处于平缓提升阶段,其中"经济基础和产业水平"项、"交通形式与运输能力"项和"休闲生活和消费形态"项呈现稳步上升趋势;"休闲空间和环境质量"项,实现较快发展;但"休闲设施与接待能级"项出现动荡发展的态势(见图 5 - 2)。

从变化影响指数的结果看,"休闲空间与环境质量"的变化最为突出,达到 47.60%;其次是"经济基础与产业水平""休闲生活与消费形态"两项,也有较为明显的正向变动,指数分别为 21.43% 和 20.17%;而其中变动最小的是"休闲设施与接待能级"项,该阶段中出现作用减弱的情况,即

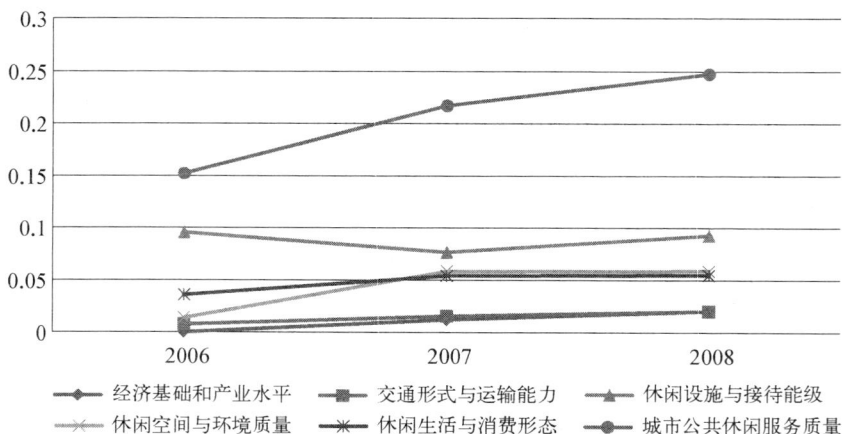

图 5-2 2006—2008 年杭州城市公共休闲服务质量
综合水平与一级指标水平及演变过程

震荡发展(见表 5-3)。由此可见,该时期杭州城市公共休闲服务质量提升的主要因素是"休闲空间与环境质量"的大幅度改善,引起整体水平的提增。

表 5-3 杭州城市公共休闲服务质量在不同
阶段的贡献值和变化影响指数

	指　数	经济基础与产业水平	交通形式与运输能力	休闲设施与接待能级	休闲空间与环境质量	休闲生活与消费形态
平稳发展阶段（2006—2008 年）	贡献值	5.27%	7.04%	42.97%	21.27%	23.45%
	变化影响指数	21.43%	13.58%	−2.78%	47.60%	20.17%
较快发展阶段（2009—2012 年）	贡献值	12.05%	9.02%	36.93%	14.20%	27.79%
	变化影响指数	20.21%	10.48%	18.39%	3.58%	47.35%
快速发展阶段（2013—2016 年）	贡献值	13.76%	15.36%	39.33%	6.38%	25.18%
	变化影响指数	17.18%	23.22%	24.07%	6.91%	28.61%

2. 较快上升阶段(2009—2012年)

2009—2012年期间,是杭州城市公共休闲服务质量提升较快的阶段,总体水平相较于前一阶段提升了21%。该时期,"经济基础和产业水平""休闲空间与环境质量""交通形式与运输能力"以及"休闲设施与接待能级"四项水平小幅度攀升。相比之下,"休闲生活与消费形态"的上涨速度是城市公共休闲服务质量五项子类中最快的。特别是2010年,在经历国际金融危机的影响及产业结构持续调整后,杭州经济再次步入快车道,同时,居民休闲意识更加强烈,各种休闲消费支出进一步增多(见图5-3)。

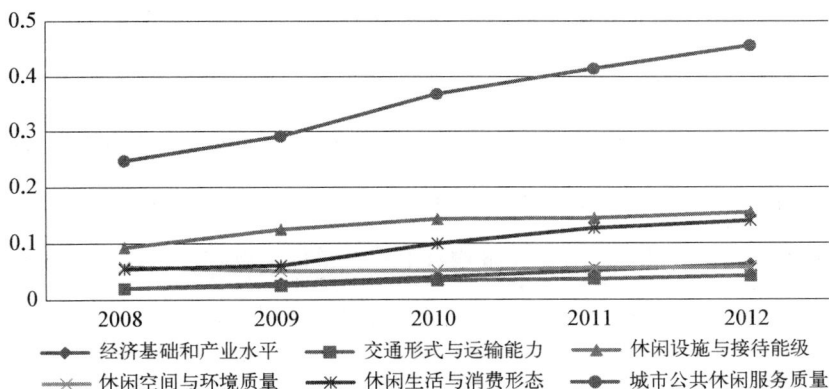

图5-3　2009—2012年杭州城市公共休闲服务质量
综合水平与一级指标水平及演变过程

从贡献值的结果看,该阶段对杭州城市公共休闲服务质量作用最大的依旧是"休闲设施与接待能级"项,为36.93%,但与前一阶段比,回落了6个百分点。相反,"休闲生活与消费形态项"的贡献作用进一步提高,为27.79%,与前一段相比,提高4%左右。而"经济基础与产业水平""交通形式与运输能力"两项亦有不同程度的提升。城市公共休闲服务质量五项子类中,仅有"休闲空间与环境质量的贡献"作用在下降(见表5-3)。这一结果表明,"休闲设施与接待能级"和"休闲生活与消费形态"两项是这一阶段杭州城市公共休闲服务质量提升的主要因素,除了"休闲空间与环境质量"外,其他分类项对城市公共休闲服务质量的作用也在稳步放大。

从变化指数的结果看,这一时期,"休闲生活与消费形态"的正向变化幅度最大,为47.35%,其次是"经济基础与产业水平"(20.21%)、"休闲设施与接待能级"(18.39%)和"交通形式与运输能力"(10.48%),而最小的是"休闲空间与环境质量",仅有3.58%变动(见表5-3)。由此可见,这一阶段,引起杭州城市公共休闲服务质量快速上升的主导因素为"休闲生活和消费形态"。

3. 快速上升阶段(2013—2016年)

2013—2016年间,杭州城市公共休闲服务质量更加快速地提升,上升幅度达到40%。这一期间,除了"休闲空间与环境质量"项呈现微弱衰退外,其余分类的城市公共休闲服务质量均有上涨。整体来看,"休闲设施与接待能级"项依旧对杭州城市公共休闲服务质量的影响最大(见图5-4)。

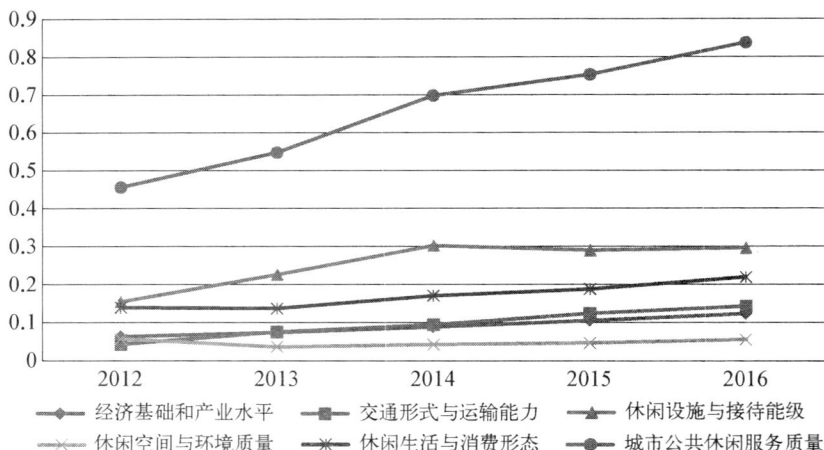

图5-4 2013—2016年杭州城市公共休闲服务质量
综合水平与一级指标水平及演变过程

从贡献值的结果看,这一时期对杭州城市公共休闲服务质量水平提升作用最大的依旧是"休闲设施与接待能级",达到 39.33%。其次是"休闲生活与消费形态项",贡献值为 25.18%。前者与上一阶段比,略有增加,后者则略有减少。其他的分类项如"经济基础与产业水平"和"交通形式与运输能力"对总体服务质量的作用持续小幅度提升,但依旧不够突出。相比之下,"休闲空间与环境质量"的作用效果在 11 年间,持续衰退。由此可见,杭州城市公共休闲服务质量的提升从根本上依托于休闲空间与环境质量的持续改善,其次依托于其他消费性休闲场所、设施设备等条件的不断丰富和完善。

从变化影响指数的结果看,2013—2016 年间,五项分类项指标的变化影响指数与过去两个阶段相比,变化的幅度更加接近。除了"休闲空间与环境质量"维持两个阶段的个位数变动外,其他指标均有 20% 左右的改善。其中"休闲生活与消费形态",以及"休闲设施与接待能级"的改善幅度是五项中最大,说明两者在这一阶段对杭州城市公共休闲服务质量的拉升作用最明显。

第六节　杭州城市公共休闲服务
质量的影响因素分析

为了更好地了解各具体指标在 11 年间对杭州城市公共休闲服务质量作用的大小,笔者对 39 个指标的赋值在平稳发展阶段(2006—2008年)、较快发展阶段(2009—2012 年)和快速发展阶段(2013—2016 年)三个时期的变化进行分析,指标变化值<|±1%|表示为缓慢变化,>|±1%|则说明指标快速变化,具体分缓慢上升、缓慢下降、快速上升和快速下降四种类型。依照上述方法判断各具体指标在三个阶段的变化态势并揭示演变机理(见图 5-5)。

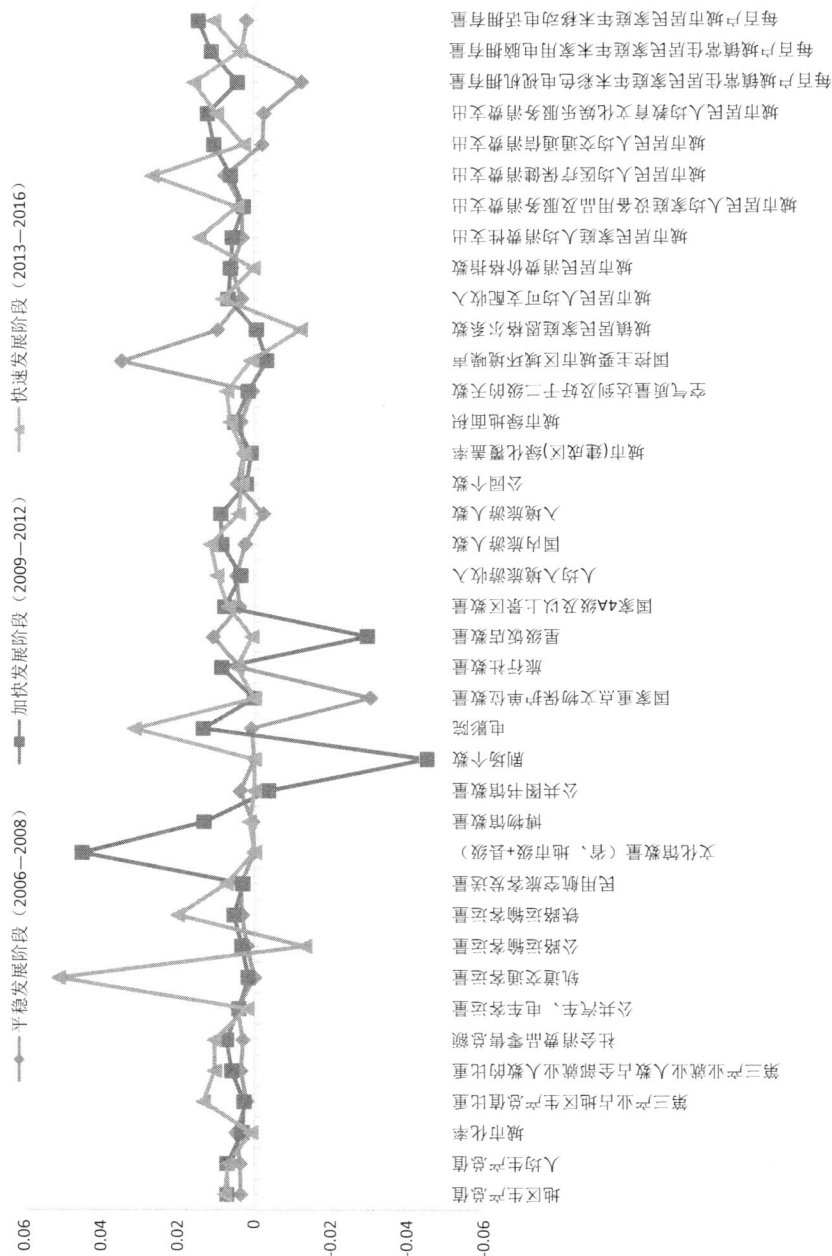

图 5-5 杭州城市公共休闲服务质量 39 项指标三个阶段的变化态势

平稳发展阶段（2006—2008）　加快发展阶段（2009—2012）　快速发展阶段（2013—2016）

从图5-5可以看出,11年间除了公路运输客运量、公共图书馆数量、剧场个数、国家重点文物保护单位数量、星级饭店数量、入境旅游人数、国控主要城市区域环境噪声、城镇居民家庭恩格尔系数、城市居民人均交通通信消费支出、城市居民人均教育文化娱乐服务消费支出和每百户城镇常住居民家庭年末彩色电视机拥有量11个指标外,其余指标的变化值始终处于上升态势,说明剩余的28个指标对杭州城市公共休闲服务质量的影响皆较大。特别是轨道交通客运量、文化馆数量、电影院、城市居民人均医疗保健消费支出等指标对杭州城市公共休闲服务质量的影响尤为明显,是拉动杭州城市公共休闲服务质量的提升关键要素。笔者对余下的28个指标进行归类,将其分为三个方面的影响因素:一是经济发展,二是设施建设,三是休闲需求。

一、经济发展推动服务质量提升

进入新世纪后,杭州持续推动产业结构调整,经济总体保持了快速发展,城市综合实力显著提高。至2001年,杭州市地区生产总值达到1 568亿元,在全国15个副省级城市中居第5位,人均地区生产总值首次突破3 000美元;2006年,地区生产总值增加到3 442亿元;2010年增加至5 942亿元,而人均地区生产总值迈过10 000美元;2015年,杭州以信息经济为核心的创新驱动发展下,地区生产总值实现历史性突破,达到10 053.58亿元,成为全国第10个迈入"万亿"方阵的城市;2017的人均地区生产总值已经突破至20 709美元,达到中高收入国家的水平。经济的快速发展伴随产业结构的演变,2012年杭州第三产业占比首次突破50%,至2016年时,一、二、三产业比例关系为2.7∶36.4∶60.9,第三产业占比已经超过60%,俨然成为杭州经济发展的绝对力量。

在经济发展与产业结构调整的促动下,一方面,杭州凭借丰富的历史文化和旅游风景资源、宜居的自然环境及其在华东地区的独特区位优势，推动了旅游业、文化业等城市休闲产业体系的形成与发展；另一方面，随着杭州居民人均可支配收入水平提升和休闲时间增加，居民的生活理念、消费结构等发生相应变化，休闲逐渐发展为杭州居民日常生活的常态化方式，这一变化直接推动了城市内部与休闲有关的各要素发展，促进城市公共休闲服务质量的提升。

二、设施建设推动服务质量提升

"上有天堂，下有苏杭"，杭州自古便是全国闻名的风景旅游城市，因此旅游基础设施和接待条件相对先进和成熟。"十五"以来，随着"工业兴市"战略的推进，以信息产业为代表的高技术产业和现代服务业迅速成长。2009年杭州又提出"服务业优先"发展战略，积极承接国际高端服务业转移，不断扩大消费性服务业，培育生产性服务业快速成长，由"服务业大市"向"服务业强市"转变，产业结构从完全由工业主导向服务经济转变。与此相伴的改变是城市功能结构发生明显改变，特别是城市基础设施，如交通、商贸、公共休闲设施等建设进入快车道。

1996年，杭州的行政区划调整，将萧山的三镇浦沿、长河和西兴合并设立滨江区，将余杭的九堡、下沙等地划入江干区，将三墩、蒋村等地划入西湖区，城市骨架开始拉大。城市道路开始往郊区或更大的市域空间拓展，钱江三桥、钱江四桥等相继筹建；进入新世纪后，萧山和余杭撤市设区，成为杭州市区的构成部分，杭州城市面积大幅度增加。这一时期，绕城高速、钱江五桥、六桥、七桥、八桥等相继建成通车。此外，机场搬迁新建、地铁相继投入建设，并陆续建成通航通车。特别是城市内部的快速道路，即"五横四纵"开始构想，并于2010年后在主城区逐渐建立。城市交通网络格局的形成，为本地居民和外来游客开展休闲旅游活动提供了时

间和空间便利性。此外,钱江新城、下沙城、江南城等地快速发展,形成新
的商贸区、休闲区和旅游区,居民公共休闲服务空间快速扩增,休闲服务
质量显著进步。另外,为满足人们文化体验需求。文化设施方面,博物
馆、国家重点文物保护单位数量较快增长。与此同时,杭州政府高度重视
文化建设,对城市文化设施建设予以了强有力的政策支持和科学引导,有
力推动了杭州休闲产业的发展。旅游接待和服务设施方面,旅行社数量
和国家 4A 级旅游景区数量等处于上升状态,这从侧面反映出杭州旅游资
源吸引力、市场吸引力、接待能力以及游客满意度的水平。休闲环境设施
方面,夯筑的人均居住面积、园林绿地面积和人均公园绿地面积不断扩
大,家庭内外休闲游憩空间的拓展更加丰富了人们的休闲娱乐生活。交
通、休闲旅游设施、休闲环境设施的完备性,是杭州城市公共休闲服务质
量提升的重要保障。

三、休闲需求推动服务质量提升

自古以来,杭州便形成了一种闲适享乐的生活方式,休闲生活是杭州
居民的基本诉求,尤其从登山、品茶、游西湖等活动可见一斑。近年来,随
着杭州城市居民人均可支配收入水平的不断提升,市民休闲需求迅速扩
张,尤其是 2005 年杭州城市居民人均地区生产总值超过 3 000 美元之后,
市民休闲意愿更加强烈。一方面,调查显示,2005 年仅有 35％左右的市
民周末的平均休闲时间为 4～10 小时,2014 年这一比例上升到 70％;同
样,2005 年 32％左右的市民在黄金周期间的平均花费在 1 000～3 000 元,
2014 年这一比例上涨到 51％。另一方面,数据表明,2005 年杭州城市居
民人均教育文化娱乐消费支出、人均交通通信消费支出以及每百户家庭
年末家用电脑拥有量分别为 1 228.04 元、1 877.44 元、50.5 台,2014 年则
分别达到 2 655 元、3 688 元、131 台,上涨幅度依次为 116％、96％、159％。

中国城市休闲化发展研究报告(2019)

本地居民的休闲需求成为一种强大的动力,推动杭州城市休闲化进程。杭州的休闲生活不仅为本地人提供了满足感,而且也吸引外地游客前往杭州休闲旅游。1978 年国务院公布杭州为对外开放城市,从此入境旅游得到长足发展,入境旅游人次和入境旅游收入逐年提升。1992 年后,随着社会经济的发展,国内居民拥有的收入和闲暇时间都有了一定的基础和保证,外出旅游意愿不断增强,从而开启了国内旅游的浪潮。尤其是 1995 年实行五天工作制后,国内旅游迅速发展。杭州因其良好的自然和人文条件,成为华东地区重要的旅游基地,由此带来的国内旅游人数年均增长 30%。国内外游客的休闲旅游需求,促使杭州认识到发展城市旅游的重要性,一方面深挖城市悠久的历史文化、打造特有的城市景观,另一方面营造良好的商务与购物环境,建设便捷的交通设施,完善和提升城市的休闲旅游功能。可以说,本地居民和外来游客的休闲需求共同推动了杭州城市公共休闲服务质量的提升。

第七节　结　论

第一,本研究在建立城市公共休闲服务质量测度指标体系的基础上,以杭州为研究对象,选取 2006—2016 年为研究时间,对杭州 11 年来城市公共休闲服务质量进行了评价和分析。结果显示:首先,影响 2006—2016 年间杭州公共休闲服务质量的指标主要为"休闲设施与接待能级""休闲生活与消费形态",而"休闲空间与环境质量"变化的权重较低。其次,2006 年以来城市公共休闲服务质量变化过程呈现稳中趋升态势,具体划分为稳步上升阶段(2006—2008 年)、较快上升阶段(2009—2012 年)和快速上升阶段(2013—2016 年)3 个阶段。这一过程与杭州人均地区生产总值超过 3 000 美元、突破 10 000 美元的时期相吻合,与国外城市公共休闲服务质量演进规律比较相似。

第二,基于经济发展、设施建设、休闲需求视角的分析发现,影响杭州城市公共休闲服务质量提升的因素体现在两个方面。一方面,经济发展促使传统工业经济结构向服务型经济结构转变,从而使休闲因素在经济发展过程中的影响呈现不断明显趋势,具体表现为以文化、旅游、体育、娱乐和教育等为主要内容的休闲产业的繁荣发展;相应的,城市的内外部交通环境开始发生变化,城市的休闲服务设施不断趋于完善和优化。另一方面,经济的发展促使人们的消费结构从以物质产品为主导的消费需求转向以精神产品为主导的消费需求,从而使休闲生活逐渐成为与工作、睡觉、家务等必要的社会活动同等重要的生活状态,居民休闲生活的常态化,必然要求城市重视公共休闲服务功能建设和服务质量的提升。

第三,杭州城市公共休闲服务质量的演变过程一定程度上反映了我国华东地区城公共休闲服务的发展特征,因而本研究有助于了解城市公共休闲服务质量提升过程中所反映的休闲设施与接待能级、经济基础与产业水平、交通形式与运输能力等方面的演变特点。但本研究仅从经济基础与产业水平、交通形式与运输能力、休闲设施与接待能级、休闲空间与环境质量、休闲生活与消费形态五个客观层面测算了杭州城市公共休闲服务质量,对城市居民对本地城市的休闲态度、感知因素考虑不够,同时杭州本身的区域特征、休闲特征等又较为明显,这都对城市公共休闲服务质量提升会产生一定的影响,未来需要将这些因素融入指标中进一步深入研究。

参考文献

[1] Kuang C. Does Quality Matter In Local Consumption Amenities? An Empirical Investigation with Yelp[J].Journal of Urban Economics,2017,100(2):1-18.

［2］Philippa H J.Changing family structures and childhood socialization：A study of leisure consumption［J］.Journal of Marketing Management，2014,30（15）：1533－1553.

［3］Pritchard A，Kharouf H.Leisure Consumption in Cricket：Devising a Model to Contrast Forms and Time Preferences［J］.Leisure Studies，2016,35（4）：438－453.

［4］Seckin A.Consumption-Leisure Choice with Habit Formation［J］.Economics Letters,2001,70(1)：115－120.

［5］Patterson K D.A Non-Parametric Analysis of Personal Sector Decisions on Consumption，Liquid Assets and Leisure［J］.Economic Journal,1991,101(9)：1103－1116.

［6］Han Kyo-nam，Han Beom-Soo.Changes in Distinction of Leisure Consumption between Social Classes［J］.Journal of Tourism Sciences,2012,36(9)：197－219.

［7］Kim D，Jang S.Symbolic Consumption in Upscale Cafes：Examining Korean Gen Y Consumers' Materialism，Conformity，Conspicuous Tendencies，and Functional Qualities［J］.Journal of Hospitality & Tourism Research,2017,41(2)：154－179.

［8］Gomez M A.Consumption and Leisure Externalities，Economic Growth and Equilibrium Efficiency［J］.Scottish Journal of Political Economy,2008,55(2)：227－249.

［9］Chiuru M C.Individual decision and household demand for consumption and leisure［J］.Research in Economics,2000,54(1)：277－324.

［10］Glorieux I，Laurijssen I，Minnen J，et al.In search of the harried leisure class in contemporary society：Time-use survey and patterns of leisure time consumption［J］.Consume Policy,2010,33(1)：163－181.

［11］楼嘉军,李丽梅,杨勇.我国城市休闲化质量测度的实证研究[J].旅游科学,2012,26(5)：45－53.

[12] 郑胜华,刘嘉龙.城市休闲发展评估指标体系研究[J].自然辩证法研究,2006 (03)：96 - 101.

[13] 吕宁.休闲城市评价模型及实证分析[J].旅游学刊,2013(09)：121 - 128.

[14] 楼嘉军,马红涛,刘润.中国城市居民休闲消费能力测度[J].城市问题,2015,34 (3)：86 - 93.

[15] 陆铭.空间的力量-地理、政治与空间发展[M].格致出版社和上海人民出版社, 2013：101.

[16] 孙平军,丁四保,修春亮等.东北地区"人口—经济—空间"城市化协调性研究[J]. 地理科学,2012,32(4)：450 - 457.

[17] 刘松,楼嘉军,李丽梅,等.上海、南京和杭州城市休闲化协调发展比较研究[J].现 代城市研究,2017(11)：123 - 129.

[18] 吴玉鸣,柏玲.广西城市化与环境系统的耦合协调测度与互动分析[J].地理科学, 2011,31(12)：1474 - 1479.

[19] 尹世杰.闲暇消费论[M].北京：中国财政经济出版社,2007：57 - 65.

第六章　上海购物中心时空演化与影响因素[①]

第一节　引　言

中国已进入全面建设小康社会的关键阶段,追求美好生活既是个人的基本诉求,也是社会发展的终极目标,而提高生活品质与参与休闲活动密切相关,因此,完善休闲功能已成为新时期城市建设与发展的核心内容。其中,由于能在激发城市消费活力及满足居民多元休闲需求等方面发挥关键作用,建设购物中心已成为各城市完善休闲功能的有效抓手。与之相关的主题是研究购物中心的空间区位,一方面,区位选择对经营绩效的影响是持久且不易改变的,搬迁与产品重新配置意味着投资方需承担高额的成本;另一方面城市人口格局调整及空间重构,也对购物中心的布局和优化提出了新的要求。在此背景下,研究购物中心的时空演化特征、培育适合购物中心经营的区位环境等问题受到学界和政府的普遍关注。

围绕这一主题,相关研究主要从两方面展开。

一是聚焦于宏观层面分析购物中心的空间分布格局。早期的研究主

---

① 本章作者:刘震(华东师范大学工商管理学院旅游系)。

要基于中心地理论的核心观点,从"需求门槛"和"购物限程"来解释购物中心的分布秩序和空间结构,认为购物中心的服务能力和市场定位决定了城市内部购物中心布局的能级体系,高等级且服务多样性强的购物中心通常位于城市高等级中心地,而仅提供基础服务的社区型购物位于城市较低等级的中心地。随着居民消费模式的转变以及城市化的推进,部分学者开始关注购物中心布局演化与城市空间拓展之间的耦合关系,发现受消费者"多目的"休闲行为及集聚向心力与离散力的共同作用,购物中心的"核心—边缘"空间分异特征逐渐显现。中心城区购物中心集聚程度不断增加的同时,也在向城市外围蔓延的过程中,形成了多个购物中心次级集聚区,从而有利于加快城市空间结构的动态调整。此外,除市场机制外,购物中心的空间布局亦是政府规划作用下的结果。如城市土地功能的变迁、空间发展战略的实施均实现了对城市资源、人口的宏观调控,继而影响到购物中心的空间布局。

二是聚焦于微观层面考察不同因素对购物中心区位选择的影响。这类研究主要从厂商区位理论出发,认为购物中心的区位选择取决于自身效用的最大化,通常会在预期收益和成本投入方面进行权衡。有关研究主要通过空间分析技术和 Huff 模型检验了不同区位因素对购物中心选址的影响,强调区域消费市场、土地价格、周边道路密度、轨道交通站点邻近性等因素的影响作用,认为购物中心建设表现出对腹地人口规模和消费市场的高度依赖,与主要道路的连接性以及消费者的可达性也是购物中心选址的主要考虑因素,而由于具有较强的承租能力,其对土地价格并不敏感。同时,为了降低消费者的通勤和搜索成本、分享客流溢出效应、均摊基础设施投入,购物中心的集聚发展逐渐成为不同城市中普遍出现的现象,一些学者也开始将集聚外部性视为影响购物中心选址的重要因素,考察了产业集聚对购物中心业绩提升的影响。

　　总体而言，现有研究为本文提供了有益借鉴，但也存在一些不足。首先，国内研究大多从静态视角讨论了购物中心的空间分布格局，而基于动态视角的研究较为鲜见，无法准确揭示其布局的时空演化规律。其次，多数研究以描述分析为主，缺乏对购物中心空间布局微观机理的实证检验。少量实证研究也仅关注传统区位因素对购物中心布局的作用，在一定程度上忽视了政策因素、集聚因素的影响，暂未形成理解购物中心布局逻辑的分析框架。最后，大量文献通过社会调查、案例分析的方式搜集数据，样本覆盖性和代表性不足的问题难以避免，这既影响了投资商及政府部门对购物中心布局的系统认知，也限制了相关建议的适用性。

　　我国最早的购物中心起源于上海，随后上海购物中心数量实现了快速增长，现已发展为我国购物中心的首要集聚地。购物中心建设不仅提升了上海的消费能级，促进了产业结构转型，而且成为完善上海休闲功能、重构城市休闲空间的重要力量。因此，以上海为案例地进行研究，具有一定的典型性和现实意义。综上，本文以上海为研究区域，基于网络数据、调研数据和地图数据，首先运用空间分析法呈现上海购物中心布局的时空演化规律和特征，其次基于厂商区位选择的理论框架，厘清影响购物中心区位选择的关键因素，并通过计量模型检验不同因素的影响效应与机制，在此基础上，进一步考察不同时期各因素的影响差异。本研究一方面尝试构建了购物中心选址的分析框架，将购物中心选址嵌入到城市转型发展的背景下，较为系统地揭示了购物中心区位选择的规律性和独特性，实现了对该领域研究的有益补充；另一方面也为政府部门的城市规划管理和购物中心的优化布局提供了决策支撑和科学依据。

第二节　数据来源和研究方法

一、概念界定

目前,国内外尚未形成对购物中心的统一界定。国际购物中心协会认为,购物中心是"由开发商投资、建设和统一管理,并配备大型主力店、多样化的服务商品以及宽广的停车场,以满足居民日常休闲需求的商业场所"。我国《零售业分类》[①]将购物中心定义为:"在一个建筑物内或一个区域内,集中了多种零售店铺和服务设施,并由企业统一开发、管理和运营,向消费者提供综合性服务的商业集合体。"在《零售业分类》中还明确了购物中心的营业标准,即"营业面积不小于 15 000 平方米""应具有三种及以上的服务业态""配有停车场""统一管理、分散经营"。可见,这些概念均强调购物中心具有"统一管理""多种业态""门槛面积"等基本特征。

二、数据来源

作为一种商业休闲设施,购物中心数据的获取难度相对较大。为提升研究样本的准确性和全面性,本文选择大众点评网站采集购物中心数据。大众点评作为我国最大的城市生活消费平台,服务范围覆盖居民吃、喝、玩、乐等各个方面,有效地实现了供需双方的信息交互。同时,与其他消费平台相比,"大众点评"在上海这样的一线城市中拥有更多的用户[②]。因此,大众点评为研究城市内部购物中心的空间布局提供了良好的平台。

---

① 2000 年 5 月 19 日,国家技术监督局发布的国家标准：GB/T 18106—2000.

② 创业邦. 大众点评联合创始人：新美大用户 6 亿且重叠率仅 15%,交易额 1700 亿,日订单量直追阿里。

需要说明的是,由于网络平台并未准确界定购物中心的业态类型,导致采集数据时,难免会将不属于购物中心业态的样本纳入其中,如百货商店、零售店、大卖场等。因此,为获取适用的研究样本,本文首先依据《零售业分类》的标准,对采集样本进行逐个排查。其次,为避免基准单一带来的偏差,本文以"上海购物中心协会"公布的信息作为补充。最后,鉴于大量老牌商场也通过组织重构转型为购物中心,笔者在研究期间,对无法获取详细信息的老牌商场进行实地走访,考察其服务业态、管理模式,并根据调研结果规避遗漏样本的影响。具体的数据采集步骤如下。

(1)采集购物中心。在大众点评的"综合商场"栏目中选择按点评数量排序,采集该栏目前 50 页的商家信息①。这既有利于筛选出正在运营的购物中心,也能利用评论数将大卖场、社区超市等评论数较低的商场排除在外。

(2)获取购物中心信息。分别访问每个购物中心的主页,采集购物中心名称、服务业态、地址、用户点评数量等数据。截至 2018 年 12 月 31 日,共获得 745 家综合商场的基本信息。

(3)精选研究样本。先基于数据采集的结果,通过赢家大数据网站(www.winshangdata.com)补充不同购物中心开业时间、商业面积等信息,再依据上述准则,对样本进行筛选,最终得到购物中心 276 家。依据地址信息,采用 Xgeocoding 软件获取购物中心的空间坐标,并统一转换为 WGS84 坐标系后,导入到 ArcMap 10.2 软件中,定位到相应的地理空间。

上海地图数据是根据 2018 年 8 月民政部最新的土地调查区划绘制而得,包括 214 个邮区(街道)单元,并引入上海路网、人口、地铁站、机场、

---

① 第 50 页的商家评论数已低于 10,说明这类商业体已缺乏足够的市场需求,难以与其他购物中心间形成比较,因此未纳入本文的考察范畴。

火车站、景区、休闲设施等位置信息作为参考数据，其中上海路网数据根据电子地图数据绘制而得，人口数据来源于人口普查资料，地铁站数据通过"上海地铁网"获得（http://www.shmetro.com/），其他景区及休闲设施数据均来自大众点评及百度地图开放平台。

三、研究方法

本文主要从上海购物中心的空间格局演化和影响机制分析两个层面进行研究。首先，为尽可能全面地分析上海购物中心的空间演化规律，本文分别使用重心迁移和扩散距离刻画购物中心的整体布局演化特征，使用空间均衡指数表示购物中心的空间单元分异特征，使用核密度分析描述购物中心的集聚分布特征。其次，由于购物中心在城区街道的分布具有离散性，每个购物中心在区位选择时都面临着 214 种可能。因此，针对这一离散选择事件，本文运用条件 Logit 模型（Conditional Logit）进行影响因素检验，并从演化视角探讨不同阶段上海购物中心区位选择的影响机制。

第三节　上海购物中心的
空间演化特征

一、整体发展历程分析

从时序上看，上海购物中心的发展历程如图 6-1 所示，具体如下。

1. 试探进入期（1998 年前）

1994 年上海购物中心发展正式起步，但由于大量建设用地仍作为工业生产所用，该阶段购物中心布局集中在市中心地区，并呈零星增长态势。

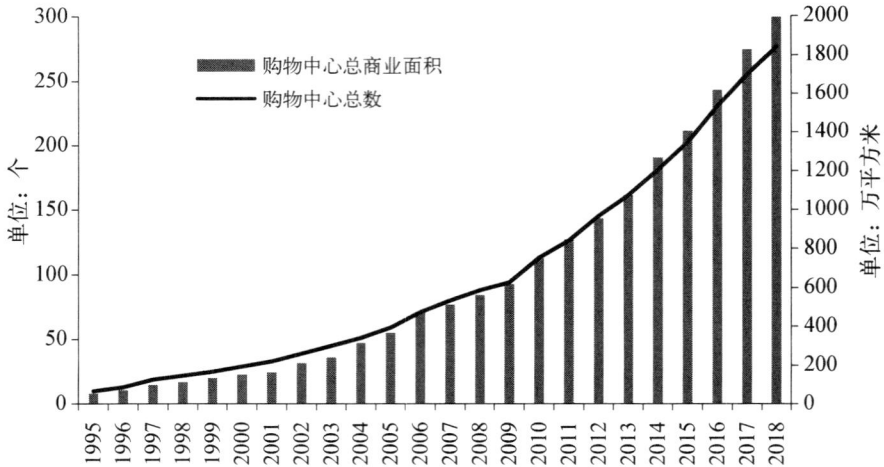

图 6-1　上海购物中心数量增长与空间布局

2. 平稳增长期(1999—2004 年)

由于职住分离使得居民向上海郊区有序分流,带动了周边区域型、社区型购物中心的发展。到 2004 年末,上海购物中心数量已超过 50 家。

3. 规模扩张期(2005—2009 年)

社区型、直销型购物中心的建设继续向城市外围延伸,以适应居民就近休闲与短途游憩的需要。高端都市型购物中心也不断向成熟的商圈集聚,从而塑造出层次鲜明的空间布局能级结构。这一时期,购物中心年均增长 8.2 家,表现出与城市空间扩张并行的趋势。

4. 爆发增长期(2010 年后)

完善的轨道交通进一步扩大了购物中心的市场腹地。伴随着年均 20 家的增长,购物中心逐渐呈现出"全域分散化"与"局域集聚化"并存的空间布局特征。

二、空间布局演化分析

1. 布局演化

为更清晰地反映上海购物中心的整体布局演化特征,本文首先计算了不同时期上海购物中心的空间布局重心,从而在整体上把握购物中心布局的变化趋势。将重心点坐标导入 ArcGIS,得到上海购物中心空间分布的重心变化轨迹,见图 6-2。可以看出,虽然少数相近年份间存在细微偏差,但布局重心点的变化趋势与购物中心的发展历程相吻合,呈现出南京东路街道(黄浦区,1996—1998 年)→瑞金二路街道(黄浦区,1999—2005 年)→南京西路街道、静安寺街道(静安区,2006—2009 年)→湖南路街道、天平路街道(徐汇区,2010—2018 年)的迁移路径,整体上表现出由东向西、再向西南方向迁移的趋势。

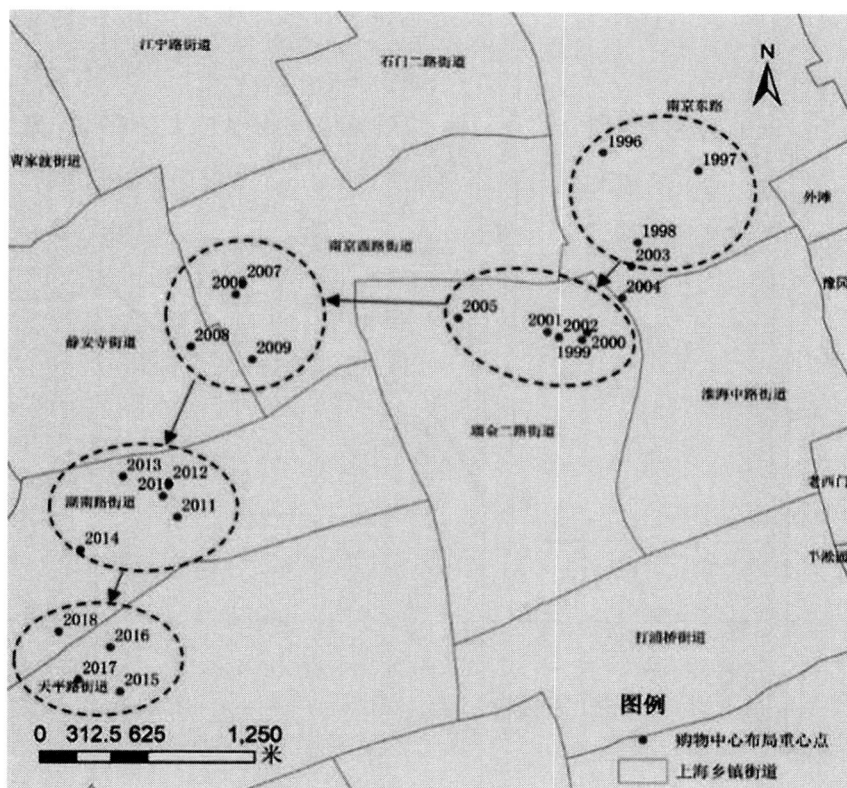

图 6-2　上海购物中心空间分布重心点演化

2. 距离变化

本文进一步计算了购物中心与城市中心点的平均距离和标准距离,以此反映不同时期购物中心的扩散过程和强度。考虑到人民广场长期作为上海地理、文化和观念上的中心,因此本文将其视为城市中心,计算所得的平均距离和标准距离,如图 6-3 所示。结果发现,购物中心布局平均距离和标准距离的变化分别在 1998 年、2004 年、2009 年、2014 年前后出现明显的拐点,体现出购物中心发展的阶段性特征,即 1996 年至 2004 年间,两类距离的增长速度均相对较慢,平均距离的增长速度略高于标准距离的增长速度。2004 年至 2010 年间,两类距离的增长速度均大幅提升,标准距离的增长速度高于平均距离的增长速度。2010 年后,平均距离仍保持上升,但标准距离出现下滑、放缓的趋势。可见,中心迁移和空间扩散的结果均在一定程度上验证了上述阶段划分的合理性,说明上海购物中心的空间布局先后经历了市中心集聚建设、外围地区零散分布、由内至外有序扩散的过程。

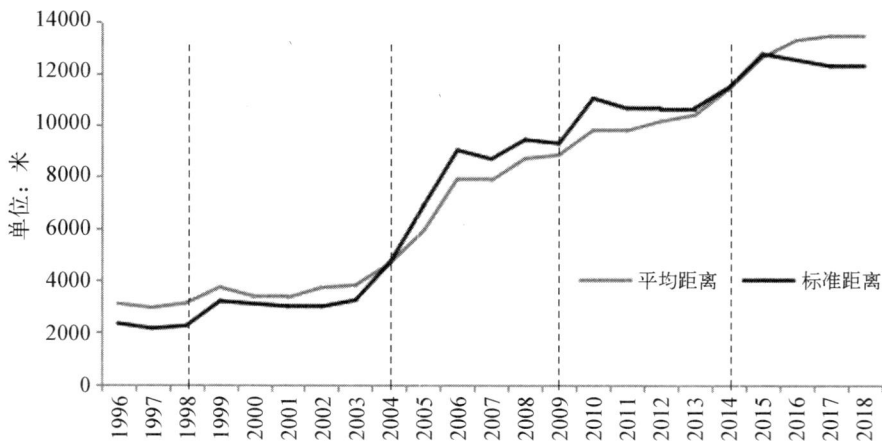

图 6-3 各年份上海购物中心与人民广场的平均距离和标准距离

三、空间单元分异分析

上述分析发现,各阶段上海购物中心均存在分布不均衡分布的现象,购物中心在中心城区集聚的同时,也沿城市道路向外扩散。为较为准确且客观地描述上海空间单元内的购物中心分布差异,本文先以上海环线为研究单元,考察购物中心布局的圈层布局特征;再以区县和更小尺度的街道为研究单元,利用基尼系数、变异系数和不均衡指数等测度购物中心分布的空间均衡程度。

1. 圈层分异特征分析

本文将上海分为内环以内、内中环间、中外环间以及外环以外 4 个区域,根据上文的阶段划分,统计不同阶段各区域的购物中心个数,见表6-1。整体而言,不同时期购物中心均呈现出中心型布局的格局,内环是购物中心建设的集中圈层,购物中心数量从内环向外环依次递减。1998 年上海购物中心"中心型"布局的特征最为明显,内环以内的购物中心占比超过 90%,而内环以外的地区只有 1 家购物中心。1998 年至 2009 年间,虽然内环以内购物中心的数量仍占购物中心总数的 50% 以上,但其在总数中的占比则不断下降。2009 年后,购物中心的建设进一步向内环以外的地区拓展。其中,由于丰厚的土地资源和居住人口的增长,外环以外地区的购物中心实现了较快速度的增长,在总数中的占比也上升至 30.80%。

表6-1　各阶段上海购物中心在各环线的分布

环　　线	1998 年		2004 年		2009 年		2018 年	
	数量	占比	数量	占比	数量	占比	数量	占比
内环以内	21	95.45%	42	82.35%	59	63.44%	110	39.85%
内、中环间	1	4.55%	4	7.84%	8	8.60%	46	16.67%
中、外环间	0	0.00%	4	7.84%	10	10.75%	35	12.68%
外环以外	0	0.00%	1	1.97%	16	17.21%	85	30.80%
合　　计	22	100.00%	51	100.00%	93	100.00%	276	100.00%

为进一步描述上海购物中心的圈层扩散特征,本文以人民广场为中心,每隔 1 公里为半径绘制同心圆,计算不同圈层缓冲区内购物中心的密度,并绘制"距离—密度"拟合曲线,见图 6-4。

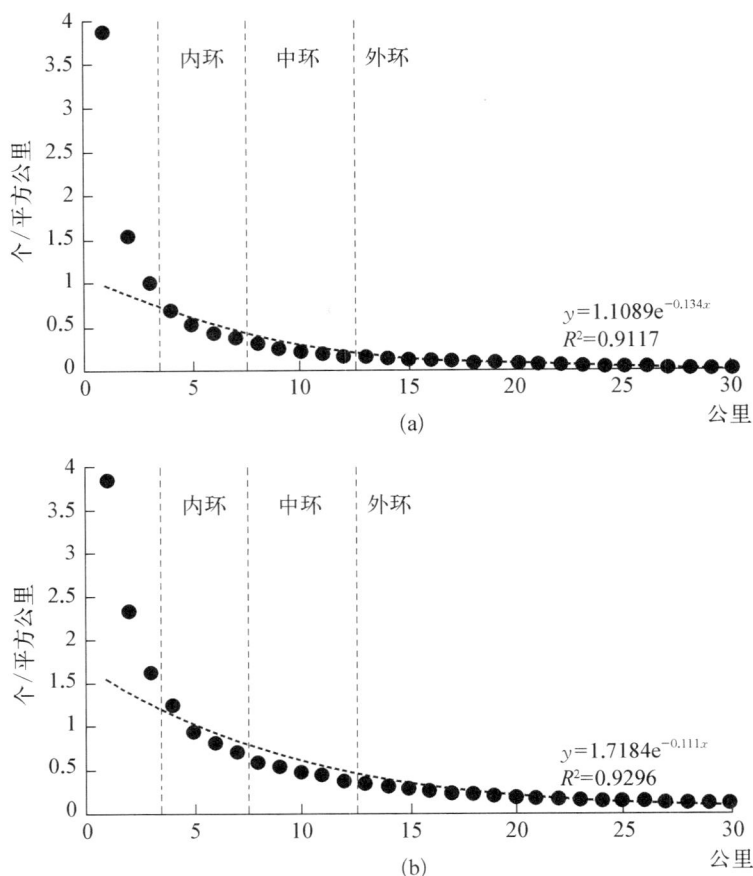

图 6-4　2009 年和 2018 年上海购物中心空间分布的圈层密度

第一,不同时期,购物中心密度均随着圈层半径的扩大而递减,且相关系数高达 0.9,具有强烈的中心性指向。

第二,与 2009 年相比,2018 年在市中心点 1 公里范围内的购物中心密度保持不变,而 2 公里和 3 公里范围内的购物中心密度有所提升,该范围与内环以内的区域较为吻合,表明该区域依然是购物中心选址的中心。

第三,中环附近(距市中心点约 8 公里的圈层)的购物中心密度已从 2009 年的 0.30 增长至 2018 年的 0.57,外环附近(距市中心点约 13 公里的圈层)的购物中心密度也从 0.14 增长至 0.32。

由此可知,随着上海城市空间的不断扩张,购物中心的建设逐渐呈现出内环以内的地区开发密度大而强度小,内环以外的地区开发强度大而密度小的特征。

2. 区、街道分异特征分析

分别以区、街道为单位,计算不同时期购物中心空间分布的基尼系数、变异系数和不平衡指数,见表 6-2。结果显示,第一,上海购物中心空间分布的非均衡性显著,但随着时间推移,各指数均有所减小,说明在建设购物中心的过程中,"马太效应"逐渐让步于"扩散效应",总体格局越来越分散。第二,通过比较发现,街道层面各指数仍相对较大,表明尽管在区级层面,购物中心空间差异逐步缩小,但各街道居民享受休闲服务的均等性仍有待提升。第三,在 1998 年至 2009 年间,区级层面购物中心空间分布的非均衡性明显减缓,表明各区旨在通过建设购物中心降低各区居民寻求休闲服务的时间成本。2009 年后,街道层面空间均衡指数的下降趋势更为明显,说明在初步实现区级层面的均衡化布局后,为占据居民的就近休闲市场,并配合各街道构建"15 分钟社区生活圈"的目标[①],不同开发商开始以街道为单位展开竞争,从而缩小了街道层面的空间分布差异。

表 6-2 各阶段上海购物中心空间分布差异指数

空间单元	差异指数	1998 年	2004 年	2009 年	2018 年
区	基尼系数	0.795 5	0.690 0	0.500 0	0.384 5
	变异指数	2.006 2	1.517 7	0.973 9	0.726 2
	不均衡指数	0.848 5	0.735 9	0.533 3	0.410 1

---

① 上海市规划和国土资源管理局,上海市规划编审中心,上海市城市规划设计研究院.上海 15 分钟社区生活圈的规划和实践[EB/OL].(2018-07-17).搜狐.https://www.sohu.com/a/241630994_747944

（续表）

空间单元	差异指数	1998 年	2004 年	2009 年	2018 年
街道	基尼系数	0.959 6	0.927 0	0.880 1	0.682 8
	变异指数	17.150 5	13.221 2	10.160 7	5.358 0
	不均衡指数	0.964 1	0.931 3	0.884 2	0.686 0

四、空间集聚特征分析

为详细展示购物中心的空间集聚演化规律,本文采用核密度分析法模拟不同时期购物中心的集聚模式。为提升准确性,且不过于细节化,本文参照已有研究的做法,以 3 公里为搜索半径,采用自然断裂准则法进行分类,得到的核密度分析结果如图 6-5 所示。上海购物中心的空间布局由"单核集聚"向"多级引领"的集聚模式转变。南京东路、南京西路、淮海中路互连成片,购物中心密集分布,形成核心集聚区;陆家嘴—张杨路、徐家汇、中山公园—天山、五角场等区域购物中心的密度也相对较高,分别形成城市东南西北方向上的次级集聚区;其他区域,购物中心则以零散分布为主,集聚规模较小。

1. 核心集聚区:南京东路—南京西路—淮海中路

1998 年以前,南京东路是上海购物中心集聚的核心,而淮海路在逐步完成棚户区改造的同时,发展成为购物中心的次级集聚区。至 2009 年,随着"三大现代服务业集聚带"建设战略的实施,"延安路—世纪大道"成为上海商务活动的走廊①,使得轴线两侧的淮海中路、西藏中路迅速成长为购物中心的新增长极。2010 年后,虽然该片区的开发强度有所下降,但已形成的集聚"向心力"依然对购物中心产生一定的吸引力,从而带来"南

---

① 文汇报. 申城现代服务业 构筑"3 带 19 区"[EB/OL].(2005-02-23). 东方网-文汇报. http://www.sinacom.cn

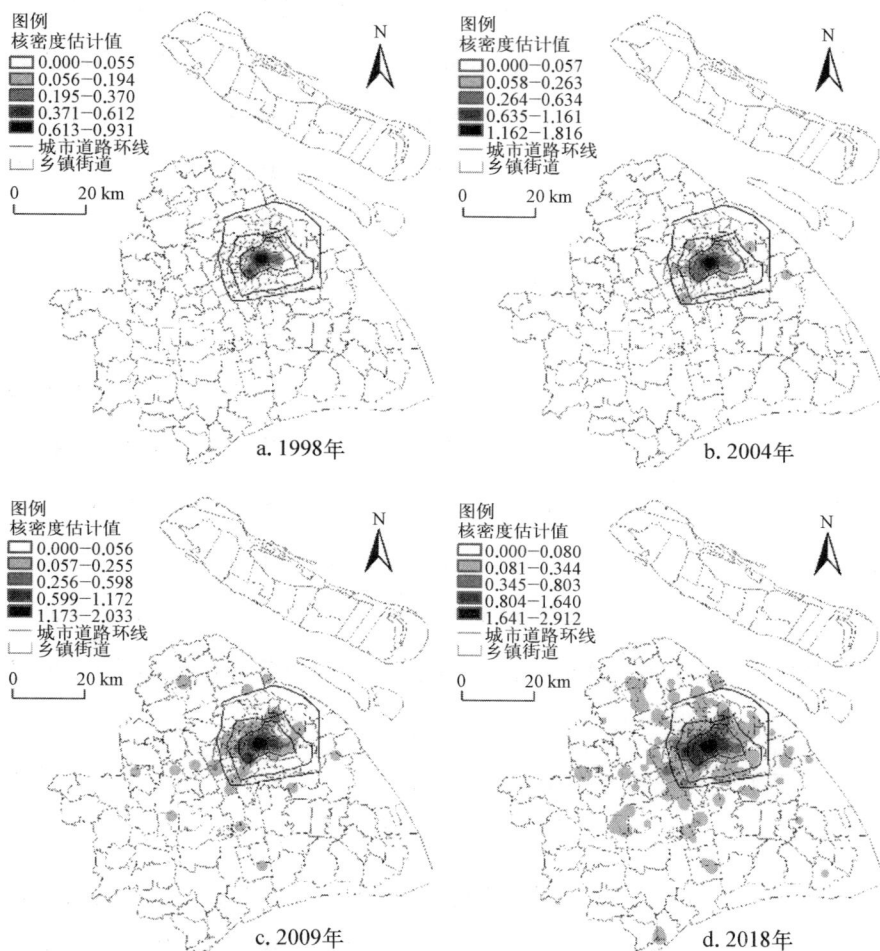

图 6-5　不同时期上海购物中心核密度分布图及示意图

京西路—静安寺"沿线购物中心的规模扩张,并与南京东路、淮海中路相连,共同构成上海城市休闲娱乐的中心地标。

2. 东部次级集聚区：陆家嘴—张杨路

1998 年以前,浦东开发的力度加大,以东方明珠、金茂大厦、南浦大桥为代表的都市建筑成为上海城市观光旅游的核心内容,第一八佰伴、华润时代广场、金茂时尚生活中心等购物中心也均于此时开业,共同推动着该区域休闲功能的提升。1998 年后，凭借着陆家嘴金融城的影响力日益增强，该片区对外商投资产生了极大的吸引力，进而引致周边购物中心的数量也迅速增长，以满足居民和商务客流的休闲需要。至 2016 年，购物中心的建设沿着世纪大道向东位移至花木地区，使得"陆家嘴一张杨路"作为次级集聚区的地位得到强化。

3. 南部次级集聚区：徐家汇

1998 年前，凭借着租界商业发展的悠久历史以及休闲娱乐设施集聚的先天优势，徐家汇对购物中心的吸引初具规模。但随着商务要素不断向黄浦江沿线、苏州河沿线以及"延安路一世纪大道"发展轴集聚，徐家汇对商务资源的集中能力有所下降，购物中心的增长速度也相对放缓。2005 年后徐家汇周边的购物中心大多由国内民营企业建设，规模与辐射范围也相对较小。2010 年后，徐家汇街道仅开业了百联徐汇商业中心一家购物中心，但通过早期的发展，徐家汇已具备完善的休闲功能，依旧是西南片区居民开展休闲活动的核心场所。

4. 西部次级集聚区：中山公园一天山

1998 年以前，中山公园尚未建设购物中心，而天山作为上海老牌商圈之一，其经营业态也以百货商店和街边零售为主，未形成购物中心的集聚效应。之后随着上海人口的郊区化迁移以及轨道交通，促使中山公园逐渐成为上海最为重要的交通枢纽之一，并融入"延安路一世纪大道"的发展轴之中，从而吸引大量购物中心入驻。与此同时，依托完善的休闲娱乐资源和商业设施，天山也不断吸引开发商，实现了对既有商圈的改造升级。2010 年后，长宁来福士、尚嘉中心、南丰城、金虹桥、百盛优客等不同类型的购物中心相继开业，彼此间功能互补，共同组成上海西部购物中心的次级集聚区。

5. 北部次级集聚区：五角场

1998 年之前，五角场并非购物中心的集聚区，但一批知名百货的壮大为今后购物中心的发展奠定了商业基础。之后,周边高校园区、高新技术园区和创业基地的兴起带来了年轻人口的集聚,轨道交通的建设更是在一定程度上扩大了五角场商圈的服务范围。东方商厦、万达广场、百联又一城的相继开业标志着五角场开始成为上海购物中心的集聚区。2010 年后,悠迈生活广场、上海合生汇等大型项目也陆续入驻五角场商圈。为满足消费者一站式多目的的休闲需求,该片区休闲服务的多样性逐渐增强,使得五角场成为上海最具活力的购物中心集聚区之一。

第四节　上海购物中心区位选择的影响因素分析

一、模型构建

购物中心作为一个理性的"经济人",会通过比较不同区位的预期利润,做出合理的区位选择。借鉴已有研究的成果,构建购物中心在地区 r 经营的利润函数

$$\mu_r = cm^{-(\sigma-1)} \mathrm{RMP}_r - F_r \qquad (6-1)$$

其中,RMP 表示不同地区的市场潜能,F 和 m 分别为购物中心的固定成本和生产成本,c 为常数。当 $\mu_r > \mu_k$ 时,厂商就会在 r 地选择生产。进一步假设购物中心在各地经营的固定成本都相同,将固定成本加入利润函数中,取 $(\sigma-1)^{-1}$ 次方后,再两边取对数,得到购物中心区位选择的利润函数为

$$U_r \equiv \frac{-\ln c + \ln(\mu_r + F)}{\sigma - 1} = \frac{1}{\sigma-1} \ln \mathrm{RMP}_r - \ln m_r \qquad (6-2)$$

假设 m_r 为 CD 函数形式,通过对数变换后可得 $\ln m_r = \alpha \ln w_r + (1 - \alpha) \ln v_r - \ln A_r$,其中 w_r 表示为所处地区劳动者的工资水平,v_r 表示土地等生产要素的价格,A_r 表示所处地区的全要素劳动生产率。进一步将上述函数改写为

$$U_r = \ln A_r + \frac{1}{\sigma - 1} \ln \text{RMP}_r - \alpha \ln w_r - (1 - \alpha) \ln v_r \quad (6 - 3)$$

由于不同地区可能存在的异质性特征也会对购物中心的区位选择产生影响,因此,可继续将上式改写为

$$U_r = \ln A_r + \frac{1}{\sigma - 1} \ln \text{RMP}_r - \alpha \ln w_r$$
$$- (1 - \alpha) \ln v_r + \beta X_r + \varepsilon_r \quad (6 - 4)$$

其中,X_r 代表不同区位的异质性特征变量,ε_i 表示随机误差项。由此可知,影响购物中心区位选择的因素包括:市场潜能、生产成本、生产效率、区域异质性特征以及不可观测的地区差异。

根据式(6-4)可以得到,对于第 i 个购物中心而言,当 $U_{ir} > U_{ik}$ 时,则倾向在 r 地选址。在这种形式下,购物中心的区位选择不再是必然事件,每个街道都有一定概率成为投资建设购物中心的"候选者"。这样选择 r 的概率可表示为

$$\text{Prob}(\text{Chosen}_{ir} = 1) = \frac{\exp(U_{ir})}{\sum_{j=1}^{J} \exp(\alpha U_{ij})} (i = 1, 2, \cdots, N)$$
$$(j = 1, 2, \cdots, 214) \quad (6 - 5)$$

式中 Chosen_{ir} 为因变量,当购物中心选择建立在 r 街道,则 Chosen_{ir} 的值为 1,否则为 0。本文采用条件 Logit 模型对这一离散选择事件进行估计,但值得注意的是,由于购物中心的选址唯一,导致被拒绝的区县相对较

多。因此,本文参考韩会然的做法,在估计模型时随机选择 5 个被拒绝的街道,因为街道为随机选择,所以估计结果不会受到影响,最后进入模型的观察样本为 $N \times 6$ 个。考虑到不同时期,各因素的影响效果可能存在差异,因此,在总体回归的基础上,进一步检验不同阶段各因素影响的异质性。需要说明的是,试探进入阶段(1998 年前)上海购物中心的数量较少,在估计时会存在样本不足的弊端。因此,本文仅考察 1998 年后各时段购物中心区位选择的特征。

二、变量选取

1. 市场潜能

新经济地理学认为,企业主普遍倾向于接近市场潜能高的地区开展生产经营活动,以便更好地利用规模经济,获得收入报酬的递增。同时,在市场潜能较高的地区开展生产活动,有效降低了企业经营的不确定性和风险,有助于企业根据市场需求的动态变化,及时调整产品供给。由于居民休闲的生产和消费是同步的,市场潜能极大地影响了购物中心服务供给的交易成本和经营效率。一般而言,市场潜能是关于收入水平和地区空间距离的函数,但街道层面的居民收入水平数据不可得。因此,本文仅采用各街道的人口密度(pop_den)作为代理变量,着重考察街道层面的本地市场潜能对购物中心区位选择的影响。既有研究表明,人口密度越大的地区,消费市场和劳动力市场也就越大,并且在城市不断扩张的过程中,人口格局的调整会改变不同地区的市场潜能,进而影响购物中心的区位选择。所以,选择人口密度代理不同街道的市场潜能具有一定的合理性。由于街道层面的人口数据只能通过普查数据获得,故效仿已有研究,采用上海市第五次、第六次人口普查数据进行计算。需要说明的是,随着城市发展,上海的街道范围经历多次变革。故为保持研究单元的一致性,本文依据现行区划进行调整,得到相应的人口密度数据。

2. 地租成本

生产成本是企业区位选择所考虑的关键因素之一,通常包括劳动力成本和地租成本两部分。但由于街道层面劳动力工资的数据不可得,因此,本文着重分析地租成本对于购物中心区位选择的影响。随着城市的发展,地租极差逐步形成,使得从事不同类型购物中心因承租能力的不同而选择了不同的区位。一方面,以实体消费为主要业态的购物中心倾向于选址在地租成本较高的市中心区域,以获得市场、交通和信息的支持;另一方面,当体验业态日益丰富时,地租较低区域的吸引力增强,以便为购物中心提供足够的经营空间。由此可知,购物中心区位选择与地租成本密切相关,但其对地租成本的敏感性尚不明确。为考察地租成本的影响,本文参照何舜辉的做法,利用各个街道的道路密度(road_den)代理该区域建设购物中心的生产成本。一般而言,道路密度越高的地区,基础设施的建设越完善,相应的地租成本也就越高。

3. 产业集聚

根据集聚经济理论,生产效率可被视为产业集聚的函数。对于购物中心而言,一方面购物中心的集聚发展有助于不同商家间加快信息传播、共享劳动力和基础设施,并通过相互学习和建立互惠规范等方式,在竞争与合作中共同推动服务创新,提升项目投资的收益。另一方面,购物中心的空间集聚也有利于满足居民多元化的消费需求,降低搜索成本,最大化地提升休闲带来的效用,进而吸引更多居民前往集聚区域休闲和消费。随着消费者数量的增加,消费者对多元化服务产生更大的需求,这进一步吸引新的购物中心进入集聚区域。然而,并非所有购物中心均能从集聚中获益。随着集聚区域的不断扩大,可能产生的市场拥挤、成本上升等外部不经济现象会对购物中心的生产效率产生不利的影响。同时,购物中心的经营绩效高度依赖于腹地的消费市场,这就意味着非集聚区宽松的竞争环境和不断增长的休闲需求也为购物中心创造了良好的发展空间,从而出现购物中心远离集聚区选址的现象。为考察集聚因素(cluster)对购物中心区位选择的影响,本文在整体回归中,采用各街道在研究时段内购物中心平均值作为代理指标。在不同时段的回归分析中,参考已有按研究,采用各街道前一阶段末的购物中心数考察购物中心区位选择的追随效应。

4. 交通可达性

城市交通体系的建设是影响购物中心区位选择和经营绩效的又一重要因素。由于购物中心的客群由外来游客和本地居民两部分组成,其在进行区位选择时也可能会评估两类市场接近度的影响。就接近外来游客而言,基于上海高等级旅游资源的空间分布特征,外来游客接待人数由中心城区向外围地区递减。因此,购物中心越接近市中心,外来游客的可达性也就越强。就接近本地居民而言,公共交通的便捷度与居民休闲决策和购物中心区位选择密切相关。特别是对于上海这样的大都市而言,以地铁为核心的轨道网络可产生显著的"时空压缩"效应,进而实现供需双方的高效对接,极大地改变了城市的休闲空间。因此,为衡量交通可达性对购物中心区位选择的影响,本文首先计算各街道中心到人民广场的距离(distance)来表征该区域对于外来游客的交通可达性;其次,以地铁站点数量(subway)来衡量不同街道的公共交通便捷性。需要说明的是,由于每一条地铁线的通车时间不同,因此,本文在查询各条线路具体开通时间的基础上,计算各阶段前一年至各阶段倒数第二年间的地铁站数均值来反映各时段不同街道的地铁通达性水平。

5. 政策规划

我国城市的土地资源受到政府的严格控制,因此,政策规划改变城市产业布局的例子并不罕见。政府实施相关产业政策和区域规划实现城市土地功能的转换,并通过改善地区适宜性的方式强化不同区位的专业化功能,从而有助于企业规避区位选择的风险,获得外部支持。90 年代,购物中心进入上海面临着陌生的市场环境,导致其区位选择也在一定程度上受到了政府政策和规划的影响。1999 年上海出台《上海市城市总体规划(1999—2020 年)》,提出建设"中央商务区和城市公共活动中心"的方针。其中,中央商务区以发展现代服务业为主,如金融、信息、旅游、购物、文化、商业娱乐等。城市公共活动中心则用来丰富和完善上海的购物、观光、文化娱乐和旅游等城市功能,并满足城市居民文化娱乐的需要。规划方向的确定使得这些地区逐步拥有了吸引购物中心的比较优势。因此,本文为考察政策规划的影响作用,分别设置了是否位于"市级中心公共活动中心(zone1)""市级副中心公共活动中心(zone2)""中央商务区(cbd)"的虚拟变量,若街道位于这三类区域则赋值为 1,否则为 0。

6. 资源丰裕度

购物中心与城市其他休闲设施都具有公共和私人物品属性的特征。对消费者而言,特定区位中休闲资源数量的增加可以显著提升休闲带来的效用,进而影响其休闲决策。特别是在大城市中,消费者休闲消费需求更加多元,往往倾向于在酒吧、餐厅、展馆等休闲设施丰富的地区开展休闲活动。对购物中心而言,在区位选择时会充分考虑自身服务与周边休闲资源的有机组合,一方面可通过产品互补打造多元化的休闲空间,形成区位竞争优势,另一方面也能通过分享其他休闲资源的客流溢出效应增加营业收入。据此,不同区位休闲资源的丰裕度也可能是影响购物中心区位选择的原因。由于上海的资源类型丰富多样,因此,本文在衡量不同地区的资源丰裕度时,除了纳入上海的 A 级景区外,还参考已有研究对休闲设施的分类,将"未参与国家 A 级景区评选的其他知名景区""演出场馆""体育场馆""展览展馆""公园"也纳入其中。为尽可能全面地反映不同街道的资源禀赋差异,本文利用"大众点评"网站,分别访问网站上的相应模块,以 500 条评论为阈值,获取不同资源的名称和地理位置信息,在合并和去重后得到"休闲吸引物"238 个,进一步查询各"休闲吸引物"的开业或建成时间,计算不同阶段各区位的资源丰裕度。计算方式与上文地铁数量相同。

6 个变量的定义见表 6 - 3。

表 6 - 3　变量和定义

类　　别	变量名称	定　　义	预期符号
市场潜能	pop_den	根据上海人口普查资料,对街道区划进行相应处理后,获得街道人口密度(取对数)	＋
地租成本	road_den	计算各个街道的道路密度表示不同区位的地租成本(取对数)	不确定
产业集聚	cluster	整体回归模型中,采用研究时段内各街道购物中心的均值;不同时段模型中,采用前一时段末的各街道购物中心数表示	不确定
交通可达性	distance	计算街道中心到人民广场的距离,表示各街道外来游客可达性(取对数)	不确定
	subway	计算各阶段前一年至各阶段倒数第二年地铁站数的均值,表示各街道本地居民可达性	＋
政策规划	zone1	街道位于市级中心公共活动中心取 1,否则为 0	＋
	zone2	街道位于市级副中心公共活动中心取 1,否则为 0	＋
	cbd	街道位于中央商务区取 1,否则为 0	＋
资源丰裕度	leisure	计算不同阶段前一年至各阶段倒数第二年间的"休闲吸引物"均值,表示各街道资源丰裕度差异	＋

三、计量结果分析

1. 全样本计量结果分析

条件 Logit 模型有一个重要的前提假设,即估计结果服从"无关方案的独立性假定(IIA 假定)"。该假定的检验思想是,如果 IIA 假定成立,则去掉某个待选方案不影响对其他方案的一致估计,只是降低了效率。本文使用 Hausman - McFadden 检验来判断条件 Logit 模型的可信度。由于本文的备选街道过多,因此,也继续采用生成随机值的办法对回归结果进行检验。结果发现,随机剔除 1 个备选街道后,都不会决绝 IIA 的原假设,因此,条件 Logit 的回归结果具有可信性。表 6 - 4 报告了各因素对于购物中心区位选择的影响结果,第 1 列中只加入了反映市场潜能和地租成本的人口密度(pop_den)和道路密度(road_den)变量。第 2 列中继续加入体现生产效率的产业集聚(cluster)、交通可达性(distance 和 subway)变量。第 3 列中又加入市级中心公共活动中心(zone1)、市级副中心公共活动中心(zone2)、中央商务区(cbd)、休闲吸引物(leisure)变量,以考察政策规划和资源丰裕度对购物中心区位选择的影响。

(1) 人口密度(pop_den)在第 2、3 列中显著为正,说明腹地人口密度是影响购物中心区位选择的重要因素。这与 Ronse 等的研究结果保持一致,即购物中心属于市场导向型的休闲场所,较高的人口密度有助于其接近市场和分摊成本,从而获得规模经济和范围经济。

(2) 道路密度(road_den)在第 1、2、3 列中显著为正,说明购物中心对地租成本并不敏感。这是因为购物中心往往倾向于布局在商业密度高、基础设施配置好的区域,而这些区域也拥有相对较高的地价。相比于其他休闲设施,购物中心的服务类型更为多样,使其能依靠较强的后期盈利能力覆盖前期较高的土地成本投入,从而表现出较强的承租能力。

表 6-4　上海购物中心区位选择影响因素整体回归结果

	(1) 全部样本	(2) 全部样本	(3) 全部样本	(4) 1999— 2004 年	(5) 2005— 2009 年	(6) 2010 年 及后
pop_den	−0.007 2 (0.094 6)	0.323 7*** (0.117 7)	0.348 4*** (0.133 8)		1.203 9*** (0.347 4)	0.311 8** (0.157 1)
road_den	0.945 8*** (0.175 1)	0.606 6** (0.249 1)	0.770 0*** (0.254 9)			0.931 8*** (0.290 6)
cluster		0.655 8*** (0.102 1)	0.765 3*** (0.129 9)			0.221 4*** (0.074 3)
distance		0.640 7*** (0.186 5)	0.920 8*** (0.217 7)	−1.336 0*** (0.244 7)	1.588 4*** (0.556 2)	1.014 7*** (0.250 6)
subway		0.148 8* (0.083 5)	0.213 8** (0.085 2)		0.435 6** (0.176 1)	0.168 6*** (0.045 5)
zone1			1.123 3*** (0.395 4)		2.391 1** (1.098 6)	0.924 5** (0.445 8)
zone2			−0.221 0 (0.461 3)	2.221 7*** (0.738 7)	2.151 5** (1.038 3)	
cbd			−0.107 9 (0.501 7)	17.821 9*** (0.587 0)	3.749 0** (1.479 6)	
leisure			−0.180 7** (0.074 6)		0.532 0*** (0.190 0)	−0.129 0* (0.075 7)
Log-likelhood	−440.009 3	−379.753 7	−371.808 1	−45.027 6	−40.141 7	−285.191 5
Pseudo R²	0.110 2	0.185 9	0.248 6	0.507 2	0.479 0	0.125 4
Observations	1 656	1 656	1 656	306	258	1 092

注：① 聚类街道以获得稳健的标准误；② ＊表示 p＜0.1，＊＊表示 p＜0.05，＊＊＊表示 p＜0.01。

（3）产业集聚因素（cluster）在第 2、3 列中显著为正，说明购物中心具有"局域集聚化"的现象。在街道范围内，地理邻近不仅有助于购物中心共享基础设施和劳动力，而且能通过优势互补、彼此学习的方式建立共赢生态,从而提升集聚区的专业化服务能力,获得规模报酬递增。

（4）在第2、3列中,距市中心距离（distance）对购物中心区位选择的影响显著为正。这一方面表明,由于外来游客停驻时间相对较短,且大多数旅游消费发生在景区之间,从而导致外来游客接近度对购物中心并没有太大的吸引力。另一方面则印证了上述购物中心"全域分散化"的布局特征,即中心城区市场拥挤加剧和外围地区人口数量增长推动了购物中心选址向外延伸。

（5）在第2、3列中,地铁站数量（subway）分别在10％和5％水平上显著为正,表明轨道交通导向下的开发模式已受到购物中心的广泛重视。轨道交通有利于促使土地类型均质化,从而为不同地区的商业发展创造了机遇。既有研究发现,轨道交通建设具有强化核心商圈优势、提升次级商圈等级、推动社区商圈形成的作用。因此,购物中心通过开辟地下商业街、建设连接走廊可以实现与地铁站点的有效对接,进而最大限度地引导客流消费,提升经营效益。

（6）制度因素也对购物中心区位选择产生一定的影响,表现为市级中心公共活动区（zone1）的影响系数显著为正,而市级副中心公共活动区（zone2）和中央商务区（cbd）的影响系数并不显著。也就是说,购物中心对市级中心公共活动区具有明显偏好,而中央商务区和市级副中心公共活动区对购物中心的吸引能力有限。可能的原因在于,中央商务区内已形成以金融、保险、咨询等高端服务业为主的产业体系,缺乏购物中心的发展空间,而市级副中心公共活动区的基础设施、商业活力等也不及市级中心公共活动区。

（7）资源丰裕度（leisure）的影响显著为负,与预期假设并不一致。一个可能的解释是,为适应居民多元化的消费需求,购物中心的服务业态不断更新,特别是近年来新建的购物中心逐渐改变了以往以实体消费为主的经营模式,而是将展览馆、影院、游乐场、花园等体验性的消费业态融入其中,以期打造一站式的休闲空间。因此,为提升配套设施的利用效率,部分购物中心选择与外部休闲资源展开错位竞争,表现出远离休闲吸引物的布局趋势。

2. 不同时段计量结果分析

不同时段各因素对购物中心区位选择的影响可能存在差异。因此,为进一步识别不同时期影响购物中心区位选择的关键因素,并消除潜在共线性的影响,本文采用逐步回归的条件 Logit 模型进行估计,结果见表6-4 第 4、5、6 列。

(1)在平稳增长阶段(1999—2004 年)。距市中心的距离(distance)、是否位于中央商务区(cbd)或市级副中心公共活动区(zone2)是影响购物中心区位选择的主要因子。

第一,距市中心的距离对购物中心区位选择的影响显著为负,表明该阶段购物的区位选择具有强烈的市中心偏好。以人民广场为核心的区域是当时外来游客旅游观光和本地居民日常休闲的首选场所,同时这一片区也是上海休闲娱乐产业和文化的聚集地。这种市场接近优势和文化积淀优势无疑对购物中心具有很强的吸引力。

第二,购物中心倾向于布局在中央商务区和市级副中心公共活动区。这一阶段购物中心的开发商以外资企业为主,由于对上海的经营环境并不熟悉,因此在选址时更为谨慎,主要落地在政府规划的 CBD、公共活动区范围内,既能贴合政府的中心城区开发计划,有效地享受政府政策的优惠,也可以接近消费者,规避经营风险。值得注意的是,市级中心公共活动区并被引入,这是因为 1999 年前,上海第一批购物中心大多建设于此,并产生了一定的市场影响力,而随着浦东开发的深入以及市级副中心功能地位的确定,这些地区对购物中心的吸引力逐渐增强,有助于不同开发商率先占据"新兴休闲市场"。

（2）在规模扩张阶段（2005—2009年）。这一时期购物中心选址受到多种因素的共同影响，决策过程更为理性化。

首先，人口密度（pop_den）显著为正，而距市中心距离（distance）的影响系数由负值转变为正值。这表明购物中心选址开始出现"全域分散化"的布局特征，人口郊区化进程降低了市中心地区的消费强度，引致购物中心布局向外扩散。与此同时，逐步完善的轨道交通体系（subway）既有效缩短了居民出行的时间成本，也增大了沿线地区购物中心的客流规模，从而进一步为非市中心地区的项目落地奠定基础。

其次，除CBD、市级副中心公共活动区（zone2）外，市级中心公共活动区（zone1）也被引入。可见，政府规划仍对购物中心区位选择起到一定的引导作用。并且，通勤客流的增加使得市级中心公共活动区对一些社区型购物中心的吸引力增强。这些购物中心通过配置餐馆、咖啡厅、便利店、健身房等设施，有效地满足了通勤客流就近放松的基本休闲需求，与周边高端购物中心间形成了差异互补的关系。

最后，资源丰裕度（leisure）对购物中心选址也有显著的正向影响。购物中心通过接近其他休闲资源形成"商娱文"联动的发展模式，既能分享彼此客流的溢出效应，也能完善地区休闲功能，满足居民多元化的休闲需求，进而提升地区的整体吸引力。

（3）在爆发增长阶段（2010年后）。各因素对购物中心区位选择的作用方向与第3列基本一致。

与前两个阶段相比，首先，道路密度、距市中心的距离均被引入，说明该阶段购物中心会选择布局在接近市场且具备完善基础设施的地区，以实现自身利润的最大化。

其次，集聚因素对购物中心区位选择的影响显著为正，而资源丰裕度

的影响则转变为负。这说明 2010 年后,购物中心"局域集聚化"的特征开
始显现,越来越多的商家倾向于通过产业集聚获得规模收益。并且为尽
可能地覆盖细分市场,购物中心在丰富自身业态的同时,降低了对其他休
闲资源的依赖,从而产生空间错位竞争的现象。

最后,仅市级中心公共活动区(zone1)仍受到购物中心的青睐,表明
随着营商环境的不断完善以及规划片区市场趋向饱和,政策因素对购物
中心区位选择的影响力有所下降。

第五节　结论与启示

购物中心是满足城市居民休闲需求的核心载体,也是完善城市休闲
功能、重塑城市空间格局的重要力量。本文以上海为例,结合地图数据和
网络数据,运用空间分析法和条件 Logit 模型对购物中心的时空演化特征
及区位选择因素进行了实证分析。

(1)上海购物中心的发展经历了 4 个阶段,整体上呈现出由市中心集
聚建设、到外围地区零散分布、再到由内至外有序扩散的空间演化过程。

(2)上海购物中心具有"全域分散化"与"局域集聚化"并存的空间演
化特征。一方面,随着时间推移,内环以外地区的购物中心数不断增加,
中心性布局特征有所减弱,基于区县和街道层面的空间单元统计差异也
逐步缩小。另一方面,购物中心的集聚模式也由"单核集聚"转向"多级引
领",初步形成以"南京东路—南京西路—淮海中路"为中心的核心集聚
区,以及以"陆家嘴—张杨路""徐家汇""中山公园—天山""五角场"为代
表的次级集聚区。

(3)理论分析和计量检验结果均表明,上海购物中心的区位选择受到
区位因素、集聚因素和政策因素的共同作用。其中,市场潜能、地租成本、

产业集聚、交通可达性、政策规划对购物中心区位选择均具有显著的正向影响,而资源丰裕度的影响显著为负。

(4)不同阶段,各因素对购物中心区位选择的影响存在差异。在平稳增长阶段,政策规划及距市中心距离是影响其区位选择的主要因子。在规模扩张阶段,人口密度、轨道交通、资源丰裕度进入购物中心选址的考量范畴,距市中心距离的影响则由负向转变为正向。在爆发增长阶段,集聚因素的影响逐渐显现,政策规划的影响有所减弱,而资源丰裕度的影响则由正向转变为负向。

以上结论为上海及类似城市的购物中心布局和城市空间优化提供了一定的科学支撑。对政府部门而言,人口向郊区疏散已成为城市发展的普遍特征,但与城市非中心地区快速增加的人口相比,购物中心的空间扩散速度则相对较慢,导致休闲供给与需求在空间上不相匹配,这既增加了居民开展休闲活动的出行成本,也降低了土地资源的综合利用效率。因此,政府部门一方面应出台相应的激励政策(如地价和税收优惠),配套完善的基础设施(如建设轨道交通),为非中心地区的招商引资提供有力支持,完善这些地区的就业、居住与休闲功能;另一方面应从功能互补和空间结构方面深化城市规划,监督购物中心的市场进入与退出行为,并基于动态演化的视角,合理分析不同地区市场潜力、需求类型、业态组合等特征,细致引导购物中心的空间布局,实现城市不同功能区块间的协调优化。

对购物中心企业而言,一是评估区位因素,提升经营效益。购物中心在选址时,不仅需要考虑不同地区的需求规模,而且也应考虑城市道路、轨道交通等对城市空间的改造效应,进而根据市场定位确定合适区位,实现利润最大化。二是关注集聚因素,强化合作分工。不同购物中心既可依附其他休闲资源,丰富区域内休闲服务的供给类型,形成联系紧密、功能互补的休闲娱乐集聚区,也可加强与其他购物中心的合作,通过建立资源共享、分工鲜明的购物中心集聚区,提高市场竞争壁垒,打造区域品牌效应。三是甄别政策因素,降低投资风险。购物中心在选址时,应充分考虑城市不同区域的功能定位与特征,识别不同区域在城市发展中的比较优势,从而实现购物中心区位选择与城市空间结构的协调统一,有助于购物中心获得稳定的营商环境。

参考文献

［1］Del Valle R S S, Ortega C, Cuenca M. Leisure, making innovation a tradition-the role of leisure in a city's transformation: the case of Bilbao［J］. World Leisure Journal, 2014, 56(1): 6-26.

［2］Hernandez T, Bennison D. The art and science of retail location decisions［J］. International Journal of Retail & Distribution Management, 2000, 28 (8): 357-367.

［3］宁越敏.上海市区商业中心区位的探讨［J］.地理学报,1984,(2): 163-172.

［4］Thomas C J, Bromley R D F. Retail revitalization and small town centres: The contribution of shopping linkages［J］. Applied Geography, 2003, 23(1): 47-71.

［5］叶强,谭怡恬,谭立力.大型购物中心对城市商业空间结构的影响研究——以长沙市为例［J］.经济地理,2011,31(3): 426-431.

［6］张小英,巫细波.广州购物中心时空演变及对城市商业空间结构的影响研究［J］.地理科学,2016,36(2): 231-238.

［7］浩飞龙,王士君,冯章献,等.基于POI数据的长春市商业空间格局及行业分布［J］.地理研究,2018,37(2): 366-378.

［8］王德,王灿,谢栋灿,等.基于手机信令数据的上海市不同等级商业中心商圈的比较——以南京东路,五角场,鞍山路为例［J］.城市规划学刊,2015(3): 50-60.

［9］Shi Y, Wu J, Wang S. Spatio-temporal features and the dynamic mechanism of shopping center expansion in Shanghai〔J〕. Applied Geography，2015，65：93 - 108.

[10] Wassmer R W. Fiscalisation of land use，Urban growth boundaries and non-central retail sprawl in the western United States〔J〕. Urban Studies，2002，39 (8)：1307 - 1327.

[11] 邱灵.北京市生产性服务业空间结构演化机理研究〔J〕.中国软科学,2013(5)：74 - 91.

[12] Ertekin O，Dokmeci V，Unlukara T，et al. Spatial distribution of shopping malls and analysis of their trade areas in Istanbul〔J〕. European Planning Studies，2008，16(1)：143 - 156.

[13] 王士君,浩飞龙,姜丽丽.长春市大型商业网点的区位特征及其影响因素〔J〕.地理学报,2015,70(6)：893 - 905.

[14] Ronse W，Boussauw K，Lauwers D. Shopping centre siting and modal choice in Belgium：A destination-based analysis〔J〕. European Planning Studies，2015，23 (11)：2275 - 2291.

[15] 林耿,张小英,马扬艳.广州市地铁开发对沿线商业业态空间的影响〔J〕.地理科学进展,2008,27(6)：104 - 111.

[16] Koster H R A，Van Ommeren J，Rietveld P. Agglomeration economies and productivity：A structural estimation approach using commercial rents〔J〕. Economica，2014，81(321)：63 - 85.

[17] Kickert C，vom Hofe R. Critical mass matters：The long-term benefits of retail agglomeration for establishment survival in downtown Detroit and The Hague〔J〕. Urban Studies，2018，55(5)：1033 - 1055.

[18] 鲁成,汪泓,柳琳.零售商圈辐射范围比较模型构建与上海商圈实证〔J〕.经济地理,2015,35(11)：133 - 137.

[19] 楼嘉军.上海城市娱乐区布局结构及特点研究〔J〕.旅游科学,2007,21(5)：

12 - 17.

[20] 王俊松,潘峰华,郭洁.上海市上市企业总部的区位分布与影响机制[J].地理研究,2015,34(10)：1920 - 1932.

[21] 朱鹤,刘家明,陶慧,等.北京城市休闲商务区的时空分布特征与成因[J].地理学报,2015,70(8):1215 - 1228.

[22] 翁瑾,张希蒙.上海市中心地体系的演化——以酒店业为例[J].经济地理,2014,34(5):55 - 62.

[23] 冯健,陈秀欣,兰宗敏.北京市居民购物行为空间结构演变[J].地理学报,2007,(10):77 - 90.

[24] Head K，Mayer T. Market potential and the location of Japanese investment in the European Union [J]. Review of Economics and Statistics，2004，86(4)：959 - 972.

[25] 韩会然,杨成凤,宋金平.北京批发企业空间格局演化与区位选择因素[J].地理学报,2018,73(2)：219 - 231.

[26] Martin P，Ottaviano G I P. Growth and agglomeration [J]. International Economic Review, 2001, 42(4): 947 - 968.

[27] 李子联,朱江丽.收入分配与自主创新：一个消费需求的视角[J].科学学研究,2014,32(12):1897 - 1908.

[28] 张军,刘晓峰,谢露露.中国服务业的新经济地理特征[J].统计研究,2012,29(5)：66 - 72.

[29] Ozuduru B H，Varol C. Spatial statistics methods in retail location research：A case study of Ankara，Turkey [J]. Procedia Environmental Sciences, 2011, 7: 287 - 292.

[30] Dökmeci V，Berköz L. Transformation of Istanbul from a monocentric to a polycentric city [J]. European Planning Studies，1994，2(2)：193 - 205.

[31] 孙斌栋,尹春.人口密度对居民通勤时耗的影响及条件效应——来自上海证据

[J].地理科学,2018,38(1):41-48.

[32] Florida R. Agglomeration and industrial location: An econometric analysis of Japanese-affiliated manufacturing establishments in automotive-related industries [J]. Journal of Urban Economics,1994,36(1):23-41.

[33] Lee Y, McCracken M. Centripetal and centrifugal movement: Shopping centres in Denver, USA, and Brisbane, Australia [J]. Urban Studies,2012,49(7): 1489-1506.

[34] Ertekin O, Dokmeci V, Unlukara T, et al. Spatial distribution of shopping malls and analysis of their trade areas in Istanbul [J]. European Planning Studies, 2008,16(1):143-156.

[35] 何舜辉,杜德斌,王俊松.上海市外资研发机构的空间演化及区位因素[J].地理科学进展,2018,37(11):1555-1566.

[36] 胡平,伍新木,文余源.基于面板数据SDM的长江中游城市群FDI决定因素分析[J].经济地理,2014,34(1):15-21+60.

[37] Fogarty M S, Garofalo G A. Urban spatial structure and productivity growth in the manufacturing sector of cities [J]. Journal of Urban Economics,1988,23 (1):60-70.

[38] Oppewal H, Holyoake B. Bundling and retail agglomeration effects on shopping behavior [J]. Journal of Retailing and Consumer Services,2004,11(2):61-74.

[39] 张军,刘晓峰,谢露露.中国服务业的新经济地理特征[J].统计研究,2012,29(5): 66-72.

[40] Teller C, Schnedlitz P. Drivers of agglomeration effects in retailing: The shopping mall tenant's perspective [J]. Journal of Marketing Management, 2012,28(9-10):1043-1061.

[41] Tabuchi T. Urban agglomeration and dispersion: A synthesis of Alonso and Krugman [J]. Journal of Urban Economics,1998,44(3):333-351.

[42] Dong H. Concentration or dispersion? Location choice of commercial developers in the Portland metropolitan area, 2000 - 2007 [J]. Urban Geography, 2013, 34 (7): 989 - 1010.

[43] Hong J. Firm heterogeneity and location choices: Evidence from foreign manufacturing investments in China [J]. Urban Studies, 2009, 46 (10): 2143 - 2157.

[44] 田纪鹏,何建民.上海旅游业区域差异研究——基于旅游资源,企业,政策与旅游经济关系的视角[J].旅游科学,2011,25(3):1 - 13.

[45] 陈晨,王法辉,修春亮.长春市商业网点空间分布与交通网络中心性关系研究[J].经济地理,2013,33(10):40 - 47.

[46] 汪德根,孙枫,刘昌雪,等.公共交通系统对城市游憩空间格局影响——以苏州城区为例[J].旅游学刊,2017,32(10):78 - 90.

[47] 王俊松,潘峰华,田明茂.跨国公司总部在城市内部的空间分异及影响因素——以上海为例[J].地理研究,2017,36(9):1667 - 1679.

[48] Pan F, Guo J, Zhang H, et al. Building a "headquarters economy": The geography of headquarters within Beijing and its implications for urban restructuring [J]. Cities, 2015, 42: 1 - 12.

[49] 杨勇,丁雪,魏伟,等.地区适宜性、空间分类效应与区域引资绩效研究[J].中国软科学,2017(8):112 - 120.

[50] Rigall-I-Torrent R, Fluvià M. Managing tourism products and destinations embedding public good components: a hedonic approach [J]. Tourism Management, 2011, 32(2): 244 - 255.

[51] Moeller K. Culturally clustered or in the cloud? How amenities drive firm location decision in Berlin [J]. Journal of Regional Science, 2018, 58 (4): 728 - 758.

[52] Allard T, Babin B J, Chebat J C. When income matters: Customers evaluation of

shopping malls' hedonic and utilitarian orientations [J]. Journal of Retailing and Consumer Services，2009，16(1)：40－49.

[53] 楼嘉军,徐爱萍.上海城市休闲功能发展阶段与演变特征研究[J].旅游科学，2011,25(2)：16－22.

[54] Hausman J A，McFadden D. Specification tests for the multinomial logit model [J]. Econometrica，1984，52(5)：1219－1240.

[55] Ronse W，Boussauw K，Lauwers D. Shopping centre siting and modal choice in Belgium：A destination-based analysis [J]. European Planning Studies，2015，23(11)：2275－2291.

[56] 杨秋彬,何丹,高鹏.上海市体验型商业空间格局及其影响因素[J].城市问题，2018,(3):34－41.

[57] 陈蔚珊,柳林,梁育填.广州轨道交通枢纽零售业的特征聚类及时空演变[J].地理学报,2015,70(6):879－892.

[58] 柳英华,白光润.城市娱乐休闲设施的空间结构特征——以上海市为例[J].人文地理,2006,(5):6－9.

第七章　上海黄浦江滨水公共空间游憩感知价值与行为意向研究[①]

第一节　研究背景

城市滨水区景观是城市中重要的景观要素,成功的滨水区开发不仅可以改善城市的景观质量,还能促进城市功能的转变,提高城市的品质。黄浦江曾是进出上海的标志,两岸45公里岸线上遍布着工业时代的码头、仓库等建筑,在上海建设国际化大都市的背景下,其工业功能退出成为必然趋势。2002年上海市政府正式提出"黄浦江两岸地区综合开发",并于2003年颁布实施《黄浦江两岸开发建设管理办法》。经多年开发建设,2017年12月31日,黄浦江两岸从杨浦大桥至徐浦大桥45公里岸线公共空间宣告贯通,从2018年1月1日起,正式向市民开放,生产岸线转为生活岸线。目前,该区域已经成为居民观赏江景、游玩、体育锻炼、游憩、参加艺术活动的集中区域。2018年,浦江两岸实施新一轮3年行动计划,按照"迈向世界级滨水公共开放空间"的愿景,将浦江两岸打造为可漫步、可阅读、有温度的魅力水岸空间,成为"全球城

---

① 本章作者:李佳仪,毛润泽(上海师范大学旅游学院)。

市生活核心的美好舞台"①。

　　贯通后的黄浦江两岸核心地段采用相同色彩和材质建设了"漫步道、跑步道、骑行道",两岸公共空间建设贯穿统一标准。黄浦江核心段的贯通涉及 5 个行政区,包括杨浦(3.4 公里)、黄浦(8.3 公里)、虹口(2.5 公里)、徐汇(8.9 公里)和浦东(22 公里)(如表 7-1 所示)。

表 7-1　各行政区贯通现状统计表

区　域	贯通长度	主　题	主　要　节　点
杨浦滨江	3.4 公里	工业历程	渔人码头(中国第一鱼市场),英商怡和纱厂旧址,杨树浦发电厂,杨树浦水厂,丹东路轮渡站,芦池杉径
虹口滨江	2.5 公里	文艺风情	海鸥饭店,上海港国际客运中心,北外滩滨江绿地,犹太难民纪念馆,外白渡桥,建投书局,扬子江码头
黄浦滨江	8.3 公里	摩登岁月	外滩万国建筑博览群,十六铺水岸,浦江游览游船码头,老码头,上海当代艺术博物馆
徐汇滨江	8.9 公里	邂逅西岸	西岸艺术中心,余耀德美术馆,龙美术馆,油罐艺术公园,龙华寺,上海摄影艺术中心
浦东滨江	22 公里	现代风貌	东方明珠,上海城市历史发展陈列馆,陆家嘴滨江绿地,前滩休闲公园,世博公园,民生码头,上海中心大厦

　　在未来,上海市有关部门将进一步对浦江两岸的开发建设作出规划,充分挖掘两岸的文化元素,整合旅游资源,提升滨江公共空间的景观品质和服务品质,致力于将浦江旅游培育成为上海市的旅游品牌,在浦江两岸打造更多的文化地标,增设更多的体育文化设施,增加市民的品质生活空

---

①　张奕.黄浦江两岸 45 公里公共空间如今贯通,新一轮三年行动计划启动[EB/OL].https://www.jfdaily.com/news,2017.12.31.

间,打造生态休闲区。[①]

第二节　实证分析

一、问卷设计与发放

所谓城市滨水公共空间是指城市特定的空间地段,泛指毗邻河流、湖泊、海洋等水体区域的城市土地,由水域、水际线、陆域等三部分组成。一般认为,城市滨水区范围包括 200～300 米水域空间及与之相邻的城市陆域空间。

围绕黄浦江滨水空间,本问卷分为两个模块,模块 1 采用李克特 7 级量表对游憩者的感知价值、满意度及行为意愿进行测量,共计 39 题;模块 2 为基本信息收集,共计 11 题。

问卷调研时间从 2018 年 9 月 25 日开始至 2018 年 12 月 15 日结束。共计发放问卷 500 份,对滨江两岸公共空间的游憩者进行调研。调研地选择参考上海市文化和旅游局推出的"滨江微旅游路线",并根据《黄浦江 45 公里岸线综合利用规划公示》中的岸线分类,选取沿岸五个行政区有代表性的景点进行问卷发放。调研地点的选择囊括规划中涉及 3 种岸线类型,即生活岸线、客运旅游岸线以及轮渡岸线。剔除信息不完整及选择过于一致的问卷,最终,本次调研有效问卷共计 464 份,有效率为 92.8%。

二、样本描述

在 464 份有效问卷中,男性受访者为 259 人,占比 55.8%;女性受访者

---

① 丁宁.上海推出黄浦江滨江发现之旅[EB/OL].http://www.ctnews.com.cn,2018.1.4.

为 205 人，占比 44.2%，有效样本中男女比例基本平衡。从年龄结构来看，18~25 岁及 26~40 岁的人群较多，共占比 89.4%。从学历来看，多数受访者的学历集中在本科及以上，游憩者的文化水平偏高。从职业来看，企业职员和在校学生所占的比例比较高，分别为 31.034% 和 34.914%，因此收入水平在 2 000 元以下以及 10 000 元以上的比例相对较高。从目前的居住地来看，居住地为上海的有 365 人，占比 78.664%，可归纳为本地游憩者。居住在其他地方的 99 人，占比 21.336%，可归纳为外地游憩者。样本基本情况见表 7-2。

表 7-2　样本人口学特征统计表

基本特征	样本分组	频数	百分比（%）	基本特征	样本分组	频数	百分比（%）
性别	男	259	55.8	职业	企业职员	144	31.9
	女	205	44.2		公务员	31	6.7
年龄	18 岁以下	12	2.6		教育科研人员	41	9.1
	18~25 岁	253	54.5		个体经营者	19	4.2
	26~40 岁	162	34.9		在校学生	162	35.9
	41~60 岁	31	6.7		专业技术人员	21	4.7
	60 岁以上	6	1.3		自由职业者	23	5.1
学历	高中或以下	29	6.3		离退休人员	6	1.3
	大专	77	16.6		其他	5	1.1
	本科	195	42.0	居住地	上海	365	78.7
	硕士及以上	163	35.1		其他地区	99	21.3
月收入	2 000 元以下	114	24.6				
	2 000~4 999 元	95	20.5				
	5 000~7 999 元	72	15.5				
	8 000~9 999 元	87	18.7				
	10 000 元及以上	96	20.7				

对于本地游憩者而言，在滨江地区的主要休闲目的为放松身心、消遣

时光及陪伴家人，对于非上海的游憩者而言，在黄浦江两岸进行休闲的主要则集中在其他目的，包括演唱会、展览、拍照、旅游等。见图 7-1。

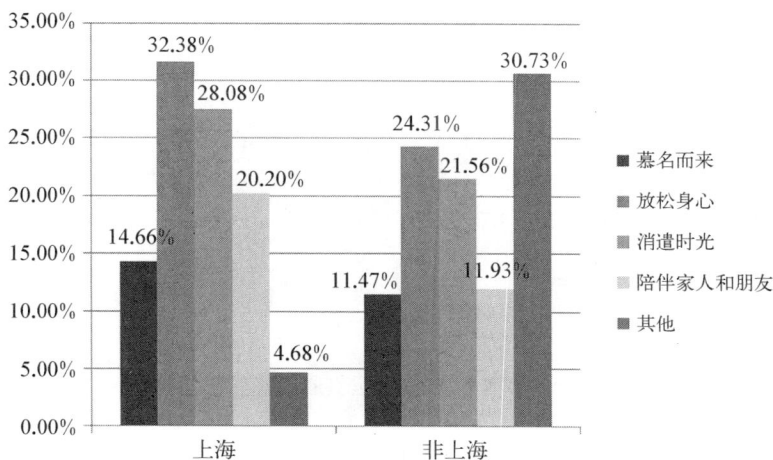

图 7-1　游憩者休闲目的对比图

对于上海游憩者而言，到达滨江时间为 30 分钟内的有 41 人，占接受调研的上海人群的 11.23%；30～60 分钟 181 人，占接受调研的上海人群的 49.59%；1～2 小时的 117 人，占接受调研的上海人群的 32.05%；2 小时以上的 26 人，占接受调研的上海人群的 7.13%。见图 7-2。

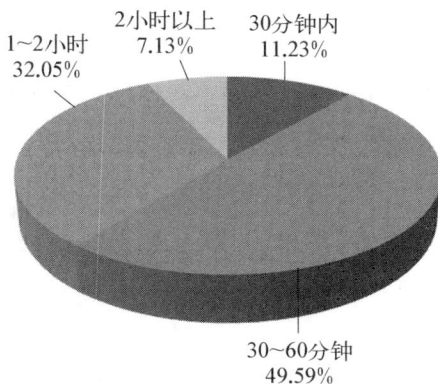

图 7-2　上海游憩者到达滨江时间对比图

无论是上海还是非上海的游憩者，对于滨江地区被贯通事件非常了解的所占比例都是最低的。接近一半的外地游憩者并不知道上海黄浦江两岸 45 公里实现贯通的事实；而在上海游憩者中，完全不了解的人群也占到 41.10%，见图 7-3。

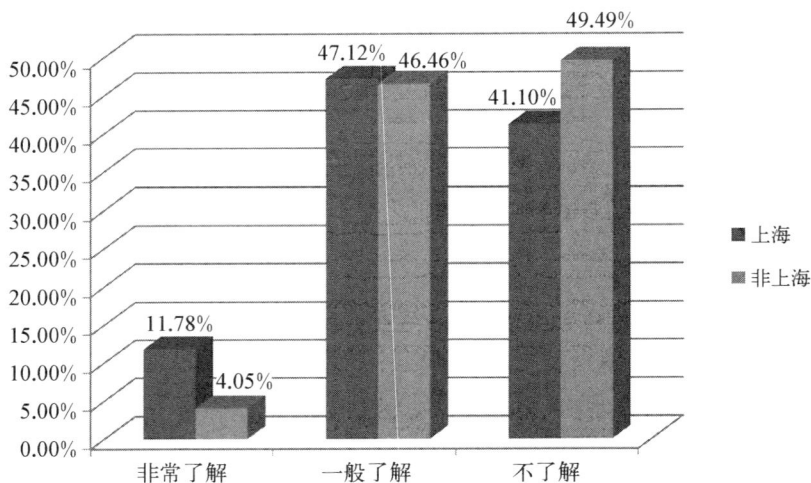

图 7-3 对黄浦江 45 公里贯通了解程度调查

从调查看,游憩者到达滨江时间越短,或者说,居住地距离滨江地区越近,对于黄浦江贯通事件的了解程度越高。因滨江地区的居民多数为滨江公共环境的使用者,在这里散步、晨跑、锻炼的居民数量可观,因而对于滨江地区的发展了解程度也会相对较高。达到滨江地区的时间超过 2 小时的游憩者中没有对黄浦江贯通事件非常了解的人群,见图 7-4。

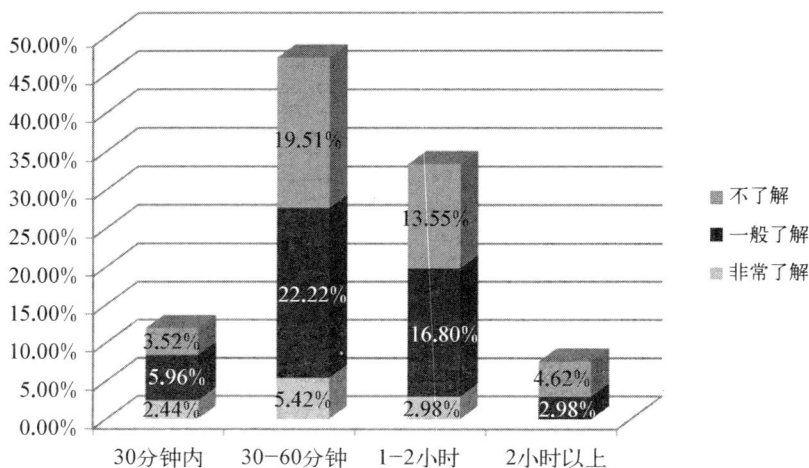

图 7-4 上海游憩者居住距离——贯通了解程度交叉分析

目前黄浦江45公里被贯通的事件还未被游憩者广泛认知,事实上,除了新闻报道之外,对于滨江核心地段实现贯通的事件宣传力度还远远不够,沿岸的导览牌、解说牌均未涉及滨江贯通相关事宜,因而大众对于黄浦江核心地段被贯通的事件认知并不强烈。

三、数据描述

利用 SPSS22.0 软件对所得数据进行均值和标准差计算,所有问项的均值都集中在 5 左右,方差在 1 左右,代表游憩者对于黄浦江各个方面的感知水平处于比较满意的水平。其中 X16(黄浦江的游艇很多)得分低于5,为 4.92。X26(黄浦江沿岸的老建筑和工业遗产很多)得分最高,为5.81。游憩者的方差大于1,表明游憩者对黄浦江环境、文化等方面的感知存在一定差异,见表 7 - 3。

表 7 - 3　变量均值与方差统计表

维度	题目	均值	方差	题目	均值	方差
感知价值	X1	5.25	1.17	X17	4.99	1.19
	X2	5.28	1.05	X18	5.32	1.11
	X3	5.37	1.09	X19	5.27	1.09
	X4	5.44	1.01	X20	5.25	1.09
	X5	5.42	1.01	X21	5.26	1.03
	X6	5.50	1.13	X22	5.23	1.17
	X7	5.18	0.97	X23	5.72	0.99
	X8	4.99	1.12	X24	5.68	1.10
	X9	5.27	1.12	X25	5.77	1.01
	X10	5.05	1.15	X26	5.81	1.01
	X11	5.16	1.03	X27	5.13	1.31
	X12	5.17	1.03	X28	5.54	1.13

(续表)

维度	题目	均值	方差	题目	均值	方差
感知价值	X13	5.44	0.96	X29	5.55	0.94
	X14	5.35	1.00	X30	5.57	0.94
	X15	5.22	1.06	X31	5.56	1.04
	X16	4.92	1.17	X32	5.57	0.93
满意度	X33	5.54	0.88			
	X34	5.17	1.08			
	X35	5.55	0.89			
	X36	5.53	0.93			
行为意向	X37	5.50	0.93			
	X38	5.46	0.95			
	X39	5.28	1.00			

四、因子分析

1. 探索性因子分析

借助 SPSS22.0 软件,采用主成分分析法,提取游憩者对于在黄浦江两岸的游憩活动感知的重要因素。发现相互关系矩阵的 Bartlett 球形度检验显著性水平为 0.000,统计量为 11 175.604,KMO 值为 0.921,表明原始变量之间存在相关性,适合做因子分析,见表 7 - 4。

表 7 - 4　KMO 和巴特利检验表

KMO 取样适切性量数		0.921
Bartlett 的球形度检验	上次读取的卡方	11 175.604
	自由度	496
	显著性	0.000

用最大方差正交旋转法抽取特征值大于 1 的为公因子。通过主成分分析法共提取 6 个公因子,解释了原始变量 68.871% 的总方差,具有较好

的代表性。6 个因子包括 28 个题目(其中 4 个项目载荷小于 0.6,被删除)包含了原问卷的大部分信息,分别被命名为情感感知价值、设施及服务感知、环境感知、滨水活动感知、文化感知和水上活动感知。

经探索性因子分析提取 6 个公因子之后,通过可靠性检验(克朗巴哈系数)判断问卷的可靠性和每个公因子的内部一致性。检验结果如表 7-5 所示,6 个因子 α 值介于 0.828 和 0.916 之间,大于可接受水平 0.50,表明量表符合信度要求,各构面具有良好的内部一致性和稳定性,见表 7-5。

表 7-5　游客感知价值探索性因子分析结果

维度	题　目	命名	因子载荷量	解释变异量(%)	克朗巴哈系数
情感感知价值	X29 我在黄浦江游玩感到舒适惬意	FPV3	0.81	15.014	0.901
	X30 我在黄浦江游玩感到放松	FPV4	0.752		
	X28 我在黄浦江游玩感到安全和放心	FPV2	0.744		
	X31 我认为黄浦江沿岸是上海市休闲旅游特色	FPV5	0.725		
	X32 我认为在黄浦江沿岸游玩很顺畅	FPV6	0.673		
	X27 我认为黄浦江沿岸的空间开放性很强	FPV1	0.666		
设施及服务感知	X8 黄浦江沿岸的解说牌内容翔实	FAC2	0.836	13.527	0.892
	X12 我认为黄浦江沿岸的观景台设置合理	FAC6	0.77		
	X7 黄浦江沿岸的指示牌设置合理	FAC1	0.764		
	X11 我认为黄浦江沿岸的防护栏构建合理	FAC5	0.68		
	X10 黄浦江沿岸的工作人员态度友善	FAC4	0.671		
	X9 黄浦江沿岸的公共设施周全	FAC3	0.652		

（续表）

维度	题　　目	命名	因子载荷量	解释变异量(%)	克朗巴哈系数
环境感知	X5 黄浦江沿岸的景观雕塑有文化底蕴	EVN5	0.876	12.917	0.916
	X4 黄浦江沿岸的建筑与这里的景观协调	EVN4	0.832		
	X1 黄浦江的水体质量很好	EVN1	0.803		
	X3 黄浦江沿岸公共空间绿化很好	EVN3	0.743		
	X2 黄浦江沿岸公共空间环境干净整洁	EVN2	0.705		
滨水活动感知	X19 黄浦江沿岸的艺术展演活动很多	ACT2	0.863	10.109	0.895
	X21 我认为在这里进行的休闲活动形式新颖	ACT4	0.811		
	X20 我认为在这里进行的休闲活动种类很多	ACT3	0.77		
	X18 黄浦江沿岸的展览馆很多	ACT1	0.736		
文化感知	X24 我认为在黄浦江沿岸的文化底蕴很丰厚	CUL3	0.842	9.34	0.898
	X25 黄浦江沿岸的老建筑和工业遗产很多	CUL4	0.787		
	X23 我在黄浦江沿岸能感受到过去上海的百年文化	CUL2	0.772		
	X22 我在黄浦江沿岸能感受到现代上海的城市文化	CUL1	0.669		
水上活动感知	X15 黄浦江的游艇很多	WAT2	0.862	7.964	0.828
	X14 黄浦江的游船很多	WAT1	0.77		
	X16 黄浦江沿岸的码头很多	WAT3	0.755		

2. 验证性因子分析

（1）测量模型的验证性因子分析。将通过探索性因子分析的题目保留,并建立结构方程模型。结构方程模型包含探索性因子分析提取的 6 个公因子以及游憩者的满意度和行为意向,共计 8 个测量模型。利用 AMOS22.0 对 8 个测量模型进行验证性因子分析,剔除因子载荷量小于 0.6 或者超过 0.95 的题目。ACT2、EVN4 由于标准化系数过高,EVN5 由于标准化估计值超过 1,说明三个因子可能存在较高的共线性,因而被剔除,保留剩余 32 题,见表 7-6。

表 7-6　验证性因子分析结果统计

构　面	题项	标准化系数	结论	构　面	题项	标准化系数	结论
设施及服务感知	FAC1	0.741	保留	滨水活动感知	ACT1	0.731	保留
	FAC2	0.899	保留		ACT2	0.973	删除
	FAC3	0.679	保留		ACT3	0.775	保留
	FAC4	0.694	保留		ACT4	0.832	保留
	FAC5	0.696	保留	环境感知	EVN1	0.794	保留
	FAC6	0.855	保留		EVN2	0.634	保留
情感感知价值	EPV1	0.645	保留		EVN3	0.699	保留
	EPV2	0.765	保留		EVN4	0.957	删除
	EPV3	0.921	保留		EVN5	1.003	删除
	EPV4	0.819	保留	满意度	SAS1	0.805	保留
	EPV5	0.755	保留		SAS2	0.672	保留
	EPV6	0.771	保留		SAS3	0.895	保留
文化感知	CUL1	0.672	保留		SAS4	0.858	保留
	CUL2	0.801	保留	行为意向	BI1	0.764	保留
	CUL3	0.945	保留		BI2	0.841	保留
	CUL4	0.881	保留		BI3	0.782	保留
水上活动感知	WAT1	0.739	保留				
	WAT2	0.948	保留				
	WAT3	0.683	保留				

（2）收敛效度检验。通过对 CFA 验证的 32 个题目进行收敛效度检验，Z-value 值大于 1.96 即为显著，表明所有题目的非标准化估计结果显著，所有因子标准化估计值介于 0.6~0.95 之间，SMC（题目信度）介于 0.416~0.899 之间，大于 0.36 可接受水平。8 个构面的 CR（组成信度）值介于 0.824~0.904 之间，高于建议值 0.7，AVE 值介于 0.586~0.691 之间，高于接受标准 0.36，在理想水平，证明 8 个构面内部的题目相关度和一致性较高，见表 7-7。

表 7-7 收敛效度检验表

构面	指标	参数的显著性检验				标准化系数	题目信度	组成信度	收敛效度
		非标准化系数	标准误差(S.E.)	Z-value	P		SMC	CR	AVE
情感感知价值	EPV1	1.000				0.645	0.416	0.904	0.614
	EPV2	0.987	0.070	14.147	＊＊＊	0.765	0.585		
	EPV3	1.192	0.074	16.165	＊＊＊	0.921	0.848		
	EPV4	1.175	0.079	14.912	＊＊＊	0.819	0.671		
	EPV5	0.961	0.069	13.998	＊＊＊	0.755	0.570		
	EPV6	1.020	0.072	14.228	＊＊＊	0.771	0.594		
设施及服务感知	FAC6	1.000				0.855	0.731	0.893	0.586
	FAC5	0.816	0.048	16.920	＊＊＊	0.696	0.484		
	FAC4	0.904	0.054	16.861	＊＊＊	0.694	0.482		
	FAC3	0.865	0.053	16.365	＊＊＊	0.679	0.461		
	FAC2	1.142	0.046	24.767	＊＊＊	0.899	0.808		
	FAC1	0.820	0.044	18.524	＊＊＊	0.741	0.549		
环境感知	EVN3	1.098	0.075	14.666	＊＊＊	0.852	0.726	0.827	0.615
	EVN2	0.954	0.065	14.570	＊＊＊	0.772	0.596		
	EVN1	1.000				0.724	0.524		

（续表）

构面	指标	参数的显著性检验				标准化系数	题目信度	组成信度	收敛效度
		非标准化系数	标准误差(S.E.)	Z-value	P		SMC	CR	AVE
滨水活动感知	ACT4	1.000				0.807	0.651	0.824	0.611
	ACT3	0.922	0.060	15.250	＊＊＊	0.846	0.716		
	ACT1	0.789	0.056	14.072	＊＊＊	0.683	0.466		
文化感知	CUL4	1.000				0.881	0.776	0.898	0.691
	CUL3	1.070	0.037	28.738	＊＊＊	0.945	0.893		
	CUL2	0.992	0.045	22.232	＊＊＊	0.801	0.642		
	CUL1	0.744	0.044	16.819	＊＊＊	0.672	0.452		
水上活动感知	WAT3	1.000				0.683	0.466	0.838	0.637
	WAT2	1.372	0.097	14.179	＊＊＊	0.948	0.899		
	WAT1	0.967	0.067	14.513	＊＊＊	0.739	0.546		
满意度	SAS4	1.000				0.858	0.736	0.884	0.659
	SAS3	0.997	0.042	23.530	＊＊＊	0.895	0.801		
	SAS2	0.913	0.057	15.961	＊＊＊	0.672	0.452		
	· SAS1	0.887	0.043	20.614	＊＊＊	0.805	0.648		
行为意向	BI1	1.000				0.764	0.584	0.838	0.634
	BI2	1.116	0.071	15.824	＊＊＊	0.841	0.707		
	BI3	1.096	0.070	15.560	＊＊＊	0.782	0.612		

注：表中SMC为标准化因素负荷量平方；CR为组成信度；AVE为平均提取方差值。

（3）区别效度检验。表7－8为构面之间的区别效度检验表，其中对角线值为构面AVE开根号值，下三角为构面的皮尔森相关。经对比，行为意向构面的AVE开根号值略小于满意度的皮尔森相关，满意度的AVE开根号值小于情感感知价值的皮尔森相关，情感感知价值的AVE

开根号值略小于满意度的皮尔森相关,但差异不大,仍在可接受范围内,因而各个构面之间具有区别效度。

表 7 - 8   区别效度检验表

构　面	行为意向	满意度	水上活动感知	文化感知	滨水活动感知	环境感知	设施及服务感知	情感感知
行为意向	**0.796**							
满意度	0.802	**0.812**						
水上活动感知	0.338	0.429	**0.798**					
文化感知	0.587	0.616	0.395	**0.831**				
滨水活动感知	0.513	0.530	0.452	0.523	**0.782**			
环境感知	0.568	0.591	0.379	0.529	0.484	**0.784**		
设施及服务感知	0.538	0.570	0.401	0.484	0.557	0.539	**0.766**	
情感感知价值	0.760	0.824	0.422	0.577	0.500	0.600	0.596	**0.784**

注:对角线粗体字为 AVE 的开根号值,下三角为构面的皮尔森相关。

第三节   结构方程模型分析

一、模型检验

为简化模型,将环境感知、文化感知、设施及服务感知、滨水活动感知和水上活动感知建立二阶构面并进行检验。一阶模型将环境感知、文化感知、设施及服务感知、滨水活动感知和水上活动感知 5 个构面相关联,得到标准化估计结果,见图 7 - 5。

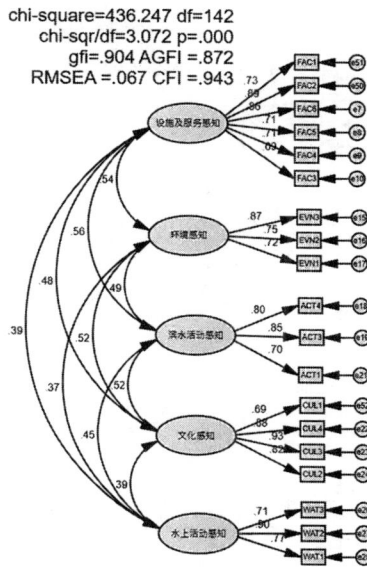

图 7-5　一阶模型标准化估计结果图

拟合度指标整理图表 7-9 所示，Chi-sqr/df 值为 3.072，符合小于 5 的标准，GFI、NFI、IFI、CFI 均大于 0.9，AGFI 为 0.872，略小于 0.9，RMESA 为 0.067，符合小于 0.08 的标准。

表 7-9　拟合度指标检验对比表

拟合指标	chi-square	Chi-sqr/df	RMESA	GFI	NFI	IFI	CFI	AGFI
一阶	436.247	3.072	0.067	0.904	0.901	0.943	0.943	0.872
二阶	442.304	3.099	0.066	0.904	0.916	0.953	0.942	0.876

引入二阶潜在变量功能感知价值后，二阶模型的标准化估计结果如图 7-6 所示，拟合度指标如表 7-9 所示，GFI、NFI、IFI、CFI 均大于 0.9，AGFI 为0.876，略小于 0.9，RMESA 为 0.066，符合小于 0.08 的标准。二阶模型的卡方值（chi-square）为 442.304，一阶构面的卡方值为 436.247，二者之比接近于 1，证明二阶构面能很好地取代一阶构面，二阶构面构建合理。

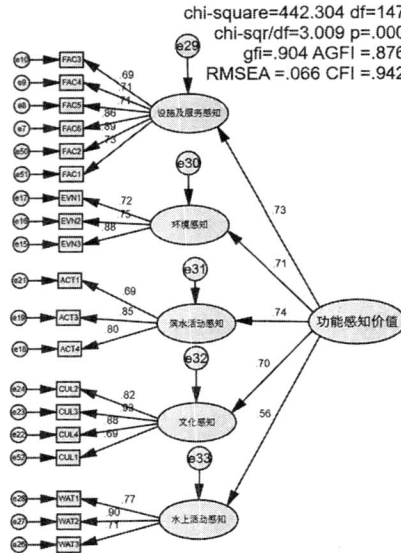

图 7 - 6　二阶模型标准化估计结果图

二、初始结构模型检验与修正

据此,构建本研究的结构方程模型如图 7 - 7 所示,估计结果如表 7 - 10 所示,方差为正且显著,代表模型没有违规估计,标准化系数显著,研究假设 H1、H2、H3、H4、H5、H6 均显著存在,(P 值小于 0.05 即显著,小于 0.001 用＊＊＊)标准化因素负荷量均达到 0.6 以上水平。初始结构方程模型标准化估计结果如图 7 - 7 所示。

表 7 - 10　初始结构模型估计结果统计表

路　　径	Unstd.	S.E.	C.R.	P	Label	Std.
功能感知价值→情感感知价值	0.922	0.085	10.786	＊＊＊	H1	0.788
功能感知价值→满意度	0.473	0.087	5.42	＊＊＊	H2	0.396
情感感知价值→满意度	0.522	0.073	7.142	＊＊＊	H4	0.512
功能感知价值→设施及服务感知	1					0.728

（续表）

路　　　径		Unstd.	S.E.	C.R.	P	Label	Std.
功能感知价值→环境感知		0.971	0.091	10.643	＊＊＊		0.732
功能感知价值→滨水活动感知		1.02	0.094	10.802	＊＊＊		0.698
功能感知价值→文化感知		1.01	0.084	12.042	＊＊＊		0.729
功能感知价值→水上活动感知		0.715	0.083	8.607	＊＊＊		0.541
情感感知价值→行为意向		0.213	0.082	2.613	0.009	H5	0.216
满意度→行为意向		0.428	0.086	4.984	＊＊＊	H6	0.441
功能感知价值→行为意向		0.266	0.102	2.616	0.009	H3	0.23
设施及服务感知	FAC6	1					0.859
	FAC5	0.829	0.047	17.533	＊＊＊		0.71
	FAC4	0.919	0.053	17.47	＊＊＊		0.708
	FAC3	0.875	0.052	16.858	＊＊＊		0.691
	FAC2	1.116	0.046	24.516	＊＊＊		0.882
	FAC1	0.804	0.044	18.248	＊＊＊		0.73
环境感知	EVN3	1.105	0.068	16.184	＊＊＊		0.863
	EVN2	0.929	0.062	14.944	＊＊＊		0.756
	EVN1	1					0.728
滨水活动感知	ACT4	1					0.802
	ACT3	0.93	0.054	17.368	＊＊＊		0.848
	ACT1	0.801	0.055	14.632	＊＊＊		0.688
文化感知	CUL4	1					0.881
	CUL3	1.05	0.037	28.415	＊＊＊		0.926
	CUL2	1.015	0.044	22.991	＊＊＊		0.82
	CUL1	0.767	0.044	17.478	＊＊＊		0.692
水上活动感知	WAT3	1					0.717
	WAT2	1.229	0.077	15.938	＊＊＊		0.891
	WAT1	0.965	0.063	15.223	＊＊＊		0.775

（续表）

路　　径		Unstd.	S.E.	C.R.	P	Label	Std.
情感感知价值	EPV1	1					0.666
	EPV2	0.961	0.065	14.808	＊＊＊		0.77
	EPV3	1.124	0.067	16.79	＊＊＊		0.897
	EPV4	1.149	0.073	15.735	＊＊＊		0.827
	EPV5	0.931	0.064	14.578	＊＊＊		0.756
	EPV6	1.003	0.067	15.03	＊＊＊		0.783
满意度	SAS3	1					0.865
	SAS2	0.974	0.057	17.002	＊＊＊		0.691
	SAS1	0.946	0.042	22.388	＊＊＊		0.827
	SAS4	1.039	0.044	23.852	＊＊＊		0.858
行为意向	BI1	1					0.796
	BI2	1.067	0.057	18.776	＊＊＊		0.838
	BI3	1.005	0.061	16.561	＊＊＊		0.747

注：表中 Unstd 为非标准化系数；S.E. 为标准误差；C.R. 为组成信度；Label 为假设；Std 为标准化系数。

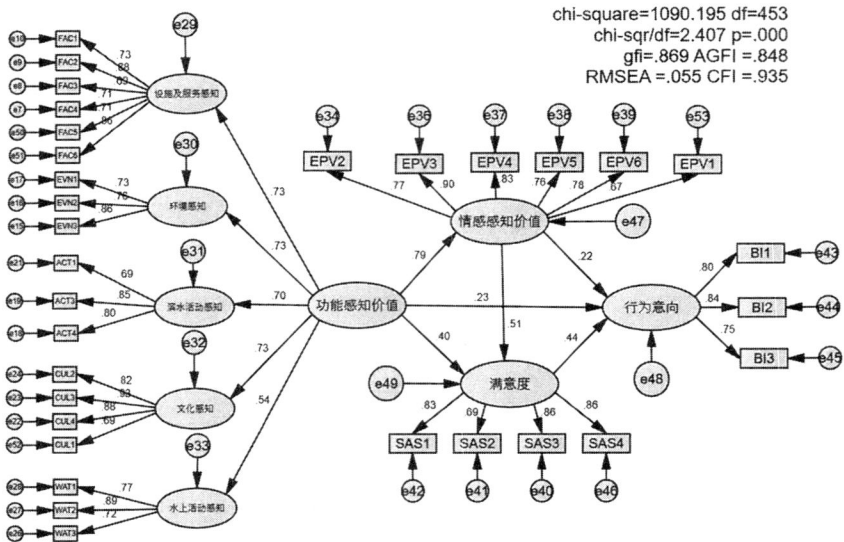

图 7-7　初始结构方程模型标准化估计结果图

拟合度指标基本已经达到建议水平,但仍可继续优化。经检验,FAC1、FAC2、CUL1、EPV1的卡方值较高,剔除这4个因子之后,得到修正后的结构方程模型拟合度指标。绝对拟合指数、相对拟合指数和简约拟合指数均达到理想标准,其中AGFI的指标为0.89,略低于0.9,仍在可接受范围内,具体见见表7-11。修正后的结构模型图见图7-8。

表 7-11　初始结构模型拟合度检验表

拟合指标	拟合指数	拟合标准	修正前	修正后
绝对拟合指数	CMIN/df	1~5	2.407	1.969
	GFI	＞0.9	0.869	0.908
	RMESA	＜0.08	0.055	0.046
	AGFI	＞0.9	0.848	0.89
	SRMR	＜0.08	0.057	0.051
相对拟合指数	NFI	＞0.9	0.894	0.922
	RFI	＞0.9	0.884	0.913
	IFI	＞0.9	0.935	0.96
	CFI	＞0.9	0.935	0.96
简约拟合指数	PNFI	0.5~1	0.816	0.827
	PGFI	0.5~1	0.746	0.758

三、相关关系和路径分析

1. 结构模型路径分析及假设检验

根据图7-9修正后模型标准化估计结果,首先对结构模型进行分析。功能感知价值对于情感感知价值的非标准化估计P值显著,证明影响作用显著存在。标准化估计系数为0.77＞0,假设H1成立,游憩者的功能感知价值对情感感知价值具有显著的正向作用。功能感知价值对于满意度的标准化估计值为0.41＞0,非标准化估计P值显著,假设H2成立,功能

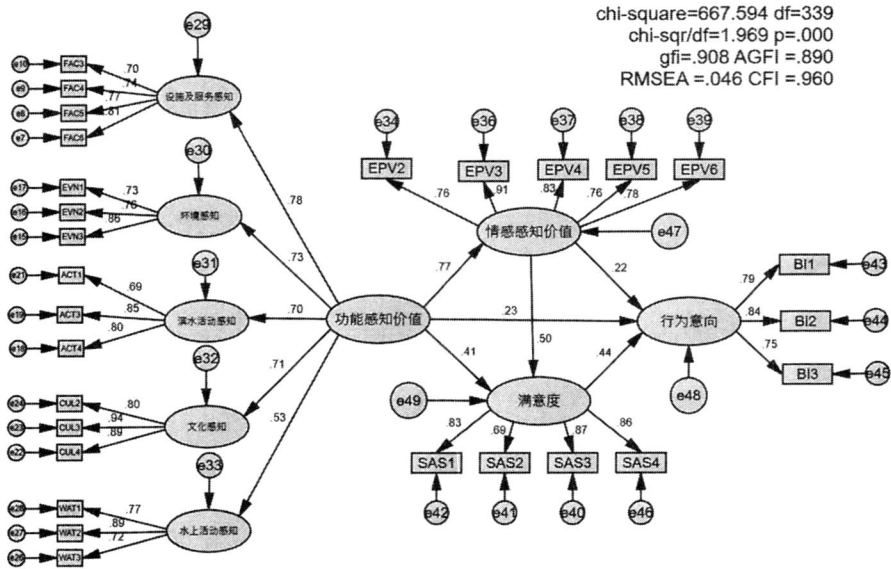

图 7 - 8 修正后的模型标准化估计结果图

感知价值对于满意度具有显著的正向影响作用。功能感知价值对于行为意向的直接影响标准化估计值为 0.23,非标准化估计显著,假设 H3 成立,即功能感知价值对于行为意向具有显著的正向影响。情感感知价值对于满意度的标准化估计系数为 0.50,非标准化估计显著,假设 H4 成立,即情感感知价值对于满意度具有显著的正向作用。情感感知价值对于行为意向的标准化估计系数为 0.22>0,非标准化估计 P 值显著;假设 H5 成立,游憩者的情感感知价值对于行为意向具有显著的正向影响。满意度对于行为意向的标准化估计值为 0.44>0,非标准化估计显著,假设 H6 成立,即满意度对于行为意向具有显著的正向影响。据此,本研究所有假设验证成立。

2. 测量模型路径分析

在功能感知价值二阶构面中,各因子的影响比重存在一定的差异,作用系数范围为 0.53~0.78,影响力大小的排序为:设施及服务感知、环境感知、文化感知、滨水活动感知和水上活动感知。

　　测量模型中标准化因子系数的大小代表其影响能力。在测量模型设施及服务感知中,因子系数为 0.701～0.808;在环境感知测量模型中,因子系数变化范围为 0.728～0.863;在滨水活动感知测量模型中,因子系数范围为 0.69～0.848;文化感知测量模型中,因子系数范围为 0.796～0.963;水上活动感知测量模型中,因子得分系数在 0.717～0.891 之间;在情感感知价值测量模型中,因子得分系数在 0.756～0.909 之间;满意度测量模型中,因子得分系数在 0.691～0.866 之间;在行为意向测量模型中,因子得分系数为 0.745～0.841 之间。

四、中介效应分析

　　本文采用 bootstrap 法进行中介效应检验。表 7－13 为功能感知价值对于行为意向的影响路径估计,由结构模型图可知,功能感知价值通过情感感知价值和满意度对行为意向产生影响,即情感感知价值(表 7－12 中用 EPV 表示)和满意度(表 7－12 中用 SAS 表示)都是其中介变量。

表 7－12　修正后的结构模型估计结果统计表

路　　径	Unstd.	S.E.	C.R.	P	Label	Std.
功能感知价值→情感感知价值	0.845	0.074	11.488	＊＊＊	H1	0.775
功能感知价值→满意度	0.483	0.084	5.744	＊＊＊	H2	0.410
情感感知价值→满意度	0.538	0.073	7.398	＊＊＊	H4	0.498
功能感知价值→设施及服务感知	1					0.784
功能感知价值→环境感知	0.957	0.090	10.638	＊＊＊		0.732
功能感知价值→滨水活动感知	1.009	0.093	10.820	＊＊＊		0.700

（续表）

路　　径		Unstd.	S.E.	C.R.	P	Label	Std.
功能感知价值→文化感知		0.985	0.083	11.851	＊＊＊		0.709
功能感知价值→水上活动感知		0.698	0.082	8.538	＊＊＊		0.535
情感感知价值→行为意向		0.229	0.082	2.789	0.005	H5	0.219
满意度→行为意向		0.426	0.084	5.071	＊＊＊	H6	0.441
功能感知价值→行为意向		0.261	0.097	2.683	0.007	H3	0.229
设施及服务感知	FAC6	1					0.808
	FAC5	0.956	0.056	17.025	＊＊＊		0.770
	FAC4	1.018	0.063	16.248	＊＊＊		0.738
	FAC3	0.945	0.062	15.315	＊＊＊		0.701
环境感知	EVN3	1.106	0.068	16.163	＊＊＊		0.863
	EVN2	0.931	0.062	14.938	＊＊＊		0.757
	EVN1	1					0.728
滨水活动感知	ACT4	1					0.801
	ACT3	0.930	0.054	17.354	＊＊＊		0.848
	ACT1	0.803	0.055	14.660	＊＊＊		0.690
文化感知	CUL4	1					0.894
	CUL3	1.044	0.036	28.992	＊＊＊		0.936
	CUL2	0.970	0.044	22.284	＊＊＊		0.796
水上活动感知	WAT3	1					0.717
	WAT2	1.228	0.077	15.924	＊＊＊		0.891
	WAT1	0.964	0.063	15.223	＊＊＊		0.775
情感感知价值	EPV2	1					0.756
	EPV3	1.206	0.058	20.762	＊＊＊		0.909
	EPV4	1.221	0.065	18.729	＊＊＊		0.830
	EPV5	0.985	0.059	16.804	＊＊＊		0.756
	EPV6	1.063	0.061	17.526	＊＊＊		0.784

（续表）

路　径		Unstd.	S.E.	C.R.	P	Label	Std.
满意度	SAS3	1					0.866
	SAS2	0.972	0.057	16.995	＊＊＊		0.691
	SAS1	0.944	0.042	22.383	＊＊＊		0.826
	SAS4	1.038	0.043	23.875	＊＊＊		0.858
行为意向	BI1	1					0.795
	BI2	1.072	0.057	18.808	＊＊＊		0.841
	BI3	1.004	0.061	16.497	＊＊＊		0.745

表 7 - 13　功能感知价值对行为意向的影响路径估计

变　量	点估计值	系数相乘积		Bootstrapping			
				Bias - corrected 95％CI		Percentile 95％CI	
		SE	Z	lower	upper	lower	upper
FPVtoEPVtoBI	0.194	0.078	2.487	0.048	0.360	0.034	0.350
FPVtoSAStoBI	0.206	0.065	3.169	0.098	0.364	0.091	0.354
Total IE	0.400	0.090	4.444	0.237	0.577	0.230	0.572
DE	0.261	0.118	2.212	0.028	0.490	0.034	0.500
TE	0.661	0.087	7.598	0.485	0.825	0.496	0.838

　　DE 是功能感知价值对于行为意向的直接效应,其置信区间为(0.028,0.490),(0.034,0.500),置信区间和校正区间都不包含 0,证明直接效应是显著存在的(假设 H6 成立)。情感感知价值对功能感知价值的中介效应的置信区间和校正区间分别为(0.048,0.360),(0.034,0.350),不包含 0,证明情感感知价值的中介作用显著存在;满意度对功能感知价值的中介效应置信区间和校正区间分别为(0.098,0.364),(0.091,0.354),不包含 0,证明满意度的中介作用显著存在。

　　表 7 - 13 中的点估计值为非标准化值,因非标准化值代表的斜率,即影响能力,具有统计学意义。从表 7 - 13 中点估计值数据可见,Tatal IE(总间接效果)/DE(直接效果)＝1.53,说明功能感知价值通过中介对行为

意向产生的影响更大。FPVtoEPVtoBI（情感感知价值为中介）/FPVtoSAStoBI（满意度为中介）＝0.94，说明相对于情感感知价值来说，满意度对于功能感知价值的中介效果更明显。

表7-14是满意度作为情感感知价值对于行为意向的中介分析表，IE是情感感知价值通过满意度对行为意向的间接影响，其置信区间为（0.124，0.386），（0.115，0.372），置信区间和校正区间都不包含0，证明间接效果是显著存在的。DE是情感感知价值对行为意向的直接效应，置信区间和校正区间分别为（0.052，0.417），（0.038，0.398），不包含0，证明情感感知价值对行为意向的直接影响显著存在，因而满意度为部分中介。

表7-14　情感感知价值对行为意向的影响路径估计

变　量	点估计值	系数相乘积		Bootstrapping			
				Bias-corrected 95%CI		Percentile 95%CI	
		SE	Z	lower	upper	lower	upper
IE	0.229	0.065	3.523	0.124	0.386	0.115	0.372
DE	0.229	0.091	2.516	0.052	0.417	0.038	0.398
TE	0.459	0.093	4.935	0.265	0.634	0.259	0.628

从表7-14中点估计值数据可见，IE（间接效果）/DE（直接效果）＝1，说明直接效果和间接效果的影响力相当。

第四节　结论与建议

一、主要结论

1. 游憩者感知价值由两大类感知价值6个维度构成

通过探索性因子分析可知，游憩者感知价值由功能感知价值和情感感知价值两大类感知构成,其中,游憩者功能感知价值由 5 个维度构成,根据结构模型路径分析可知,其重要性依次为:设施及服务感知、环境感知、文化感知、滨水活动感知和水上活动感知。

2. 感知价值内部存在层次作用关系

根据结构模型路径分析结果可知,游憩者功能感知价值对于情感感知价值具有显著的正向作用,且情感感知价值同时是功能感知价值的重要中介,影响游憩者的满意度和行为意向。

3. 感知价值与满意度及行为意向之间具有嵌套作用机制

作用过程包括游憩者感知价值内部的层次作用、满意度的中介作用和感知价值的直接作用。首先,功能感知直接正向影响情感感知价值,情感感知价值是功能感知价值的重要中介作用;其次,功能感知价值和情感感知价值对游憩者满意度具有直接正向影响,且功能感知价值通过情感感知价值对满意度产生间接正向影响;最后,游憩者满意度与行为意向的作用关系为,满意度直接正向影响行为意向。

二、对策建议

1. 滨水公共空间游憩者功能感知价值的提升是基础

(1)硬件条件建设做基石。在滨江环境建设方面,游憩者对于水质、绿化、景观都提出相关改进建议,因而在现有基础上,应进一步改善黄浦江的水体环境以及沿岸的自然景观建设。包括增加滨江沿岸的绿化面积、保持沿岸公共环境的干净整洁、注意水体质量的进一步提升和改善、进一步增加公共空间的宽阔性等。

(2)软件条件完善做支点。文化是旅游的灵魂,滨水公共空间的文化建设也是提高其旅游吸引力的重要途径。在文化感知方面,游憩者期望能有更多的人文性、文化性、国际性。在后续的建设中,可以进行挖掘的元素包括黄浦江的文化底蕴、沿岸的老建筑和工业遗产以及上海过去的历史文化,应实现多样化的改造,如转型成为各类文化主题公园、文化主题广场、博物馆等,丰富游憩者的游览形式和体验。

（3）活动项目开发做引力。活动项目对带动滨江地区的活力具有重要的作用,是实现游憩者与环境之间进行互动、吸引眼球、聚集人气的有效方式。因而滨江地区的建设应该充分考虑不同游憩者的需求,重视人口统计学特征对游憩者感知带来的差异,通过开发更加多元丰富的滨江活动,提高游憩者的参与性,从而满足不同游憩者的休闲需求。

2. 滨江公共空间游憩者情感感知价值的营造是核心

游憩者的情感感知价值主要包括该地的可达性、安全性、宜人性等,体现在游憩者对于滨江地区的景观感受、氛围感受、主题特色感受等方面。对于游憩者情感感知价值的建立,应先关注游憩者的舒适性,其次为游憩者在沿岸的放松感、滨江地区道路的通畅性,最后打造滨江地区休闲的特色性,并进一步提升游憩者在滨江地区活动的安全感。提升滨江地区游憩者情感感知价值的核心在于营造滨江地区的休闲氛围,创造滨江地区的情景价值,通过创意主题,打造自然与人文协调的公共空间,明确滨江休闲文化主题,提高游憩者在滨江地区活动的舒适性与愉悦性。

3. 滨水公共空间游憩者休闲满意度的提升是目标

游憩者的满意度是其重游意愿以及口碑宣传的重要影响因素,因而目前滨江地区的开发建设应该充分收集和重视游憩者的评价和建议。提高游憩者的满意度首先应减少游憩者的成本付出和感知,让其认为在滨江地区游玩是值得的,通过基础设施的完善、服务的提升、活动的增加、文化的注入,带给游憩者新奇感和惊喜感,达到游览超出其预期的效果,进一步提升游客的总体满意度。通过调研可知,仍有部分游憩者对于目前滨江两岸的游憩体验满意度较低,因而在后续开发中,要有针对性地对这些游憩者的意见进行开发,尽量削减游憩者感知价值、满意度两极分化现象。

参考文献

［1］岳华.英国城市滨水公共空间的复兴[J].国际城市规划,2015(02):130－134.

［2］郝静婷.济南老城区滨水空间浅析[J].城市建筑,2013(22):12－13.

［3］邓彦,宋端.城市滨水景观设计中人的心理需求[J].城市规划设计,2008(03):52－58.

［4］[美]布拉德伯恩,萨德曼,万辛克.问卷设计手册[M].赵铎,译.重庆大学出版社,2010:194－195.

［5］张圆刚,余向洋等.基于 TPB 和 TSR 模型构建的乡村旅游者行为意向研究[J].地理研究,2017,36(09):1725－1741.

［6］Hayes, Andrew F. Beyond Baron and Kenny: Statistical Mediation Analysis in the New Millennium [J]. Communication Monographs, 2009,76(04):408－420.

［7］韩春鲜.旅游感知价值和满意度与行为意向的关系[J].人文地理,2015(03):137－144.

［8］党宁,吴必虎,张雯霞.计划行为还是理性行为? 上海居民近城游憩行为研究[J].人文地理,2017(06):137－145.

［9］郭安禧,黄福才.旅游动机、满意度、信任与重游意向的关系研究[J].浙江工商大学学报,2013(01):78－87.

［10］何琼峰.沿海城市游客满意度的内在机制及提升战略[J].旅游科学,2012(05):65－75.